Meet the Expert: Wissen aus erster Hand

Reihenherausgeber
Birgit Spinath, Psychologisches Institut, Universität Heidelberg, Heidelberg, Baden-Württemberg, Deutschland

Die Reihe „Meet the Expert: Wissen aus erster Hand" widmet sich aktuellen, angewandten Themen aus Psychologie und angrenzenden Wissenschaften, die für eine breite Leserschaft von Interesse sind. Das Besondere der Reihe ist das Format, in dem das Wissen vermittelt wird. Es handelt sich um Interviews mit führenden Expertinnen und Experten, die Auskunft über den Stand der Erkenntnisse in ihrem Gebiet geben. Die Interviews sind sowohl als Text als auch als Video verfügbar. Auf diese Weise vermittelt die Reihe nicht nur Wissen über interessante Inhalte, sondern stellt auch die Wissenschaftlerinnen und Wissenschaftler vor, die sich mit diesen Themen befassen. Die Reihe adressiert eine breite Leserschaft. Durch den Interview-Stil sind die Bücher angenehm zu lesen und daher auch als Freizeitlektüre geeignet. Die Bücher können auch als Grundlage für Lehrveranstaltungen in Schulen und Hochschulen dienen.

Nida ul Habib Bajwa · Cornelius J. König
(Hrsg.)

Karriereperspektiven in der Arbeits- und Organisationspsychologie

Darstellung aktueller und zukünftiger Tätigkeitsfelder

2. Auflage

Hrsg.
Nida ul Habib Bajwa
Arbeits- & Organisationspsychologie
Universität des Saarlandes
Saarbrücken, Deutschland

Cornelius J. König
Arbeits- & Organisationspsychologie
Universität des Saarlandes
Saarbrücken, Deutschland

Die Online-Version des Buches enthält digitales Zusatzmaterial, das durch ein Play-Symbol gekennzeichnet ist. Die Dateien können von Lesern des gedruckten Buches mittels der kostenlosen Springer Nature „More Media" App angesehen werden. Die App ist in den relevanten App-Stores erhältlich und ermöglicht es, das entsprechend gekennzeichnete Zusatzmaterial mit einem mobilen Endgerät zu öffnen.

ISSN 2569-9660   ISSN 2569-9679 (electronic)
Meet the Expert: Wissen aus erster Hand
ISBN 978-3-662-65820-8   ISBN 978-3-662-65821-5 (eBook)
https://doi.org/10.1007/978-3-662-65821-5

Die Deutsche Nationalbibliothek verzeichnet diese Publikation in der Deutschen Nationalbibliografie; detaillierte bibliografische Daten sind im Internet über ▶ http://dnb.d-nb.de abrufbar.

© Der/die Herausgeber bzw. der/die Autor(en), exklusiv lizenziert an Springer-Verlag GmbH, DE, ein Teil von Springer Nature 2018, 2022
Das Werk einschließlich aller seiner Teile ist urheberrechtlich geschützt. Jede Verwertung, die nicht ausdrücklich vom Urheberrechtsgesetz zugelassen ist, bedarf der vorherigen Zustimmung des Verlags. Das gilt insbesondere für Vervielfältigungen, Bearbeitungen, Übersetzungen, Mikroverfilmungen und die Einspeicherung und Verarbeitung in elektronischen Systemen.
Die Wiedergabe von allgemein beschreibenden Bezeichnungen, Marken, Unternehmensnamen etc. in diesem Werk bedeutet nicht, dass diese frei durch jedermann benutzt werden dürfen. Die Berechtigung zur Benutzung unterliegt, auch ohne gesonderten Hinweis hierzu, den Regeln des Markenrechts. Die Rechte des jeweiligen Zeicheninhabers sind zu beachten.
Der Verlag, die Autoren und die Herausgeber gehen davon aus, dass die Angaben und Informationen in diesem Werk zum Zeitpunkt der Veröffentlichung vollständig und korrekt sind. Weder der Verlag, noch die Autoren oder die Herausgeber übernehmen, ausdrücklich oder implizit, Gewähr für den Inhalt des Werkes, etwaige Fehler oder Äußerungen. Der Verlag bleibt im Hinblick auf geografische Zuordnungen und Gebietsbezeichnungen in veröffentlichten Karten und Institutionsadressen neutral.

Einbandabbildung: © contrastwerkstatt/Fotolia

Planung/Lektorat: Eva Brechtel-Wahl
Springer ist ein Imprint der eingetragenen Gesellschaft Springer-Verlag GmbH, DE und ist ein Teil von Springer Nature.
Die Anschrift der Gesellschaft ist: Heidelberger Platz 3, 14197 Berlin, Germany

Springer Nature More Media App

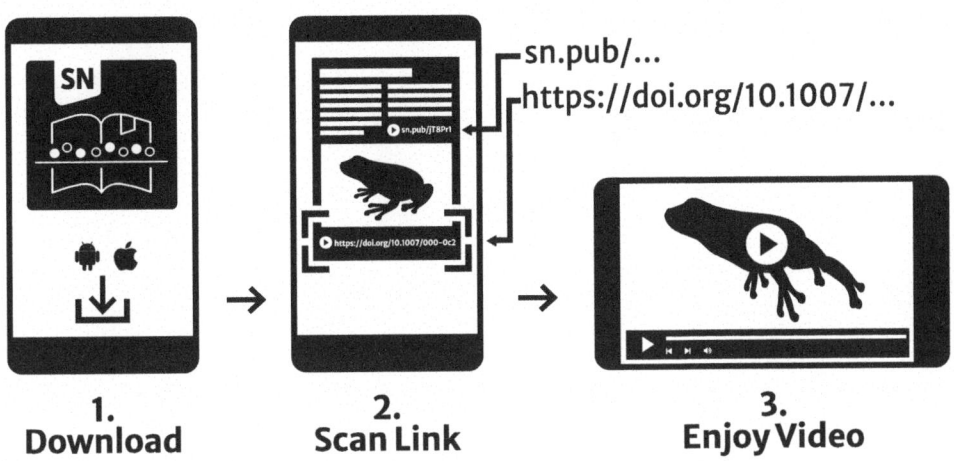

1. Download
2. Scan Link
3. Enjoy Video

Support: customerservice@springernature.com

Vorwort 2. Auflage

Für die erste Auflage dieses Buch haben wir viel positives Feedback bekommen, und wir freuen uns, dass es jetzt zur 2., unveränderten Auflage kommt. Wenn wir uns die aktuellen Entwicklungen der Arbeitswelt anschauen, so zeigt sich, dass der Bedarf an Arbeits- und Organisationspsycholog:innen in Organisationen stetig am Steigen ist. Personalauswahl, Personalentwicklung und Organisationsentwicklung als traditionelle Themen in Unternehmen sind weiterhin klassische Berufsfelder für Arbeits- und Organisationspsycholog:innen, die sich manchmal auch Wirtschaftspsycholog:innen nennen. Aber auch in interdisziplinären Themenfeldern wie Entrepreneurship und Human Factors hat sich in den letzten Jahren viel getan, sodass die psychologische Perspektive auf diese Themen mittlerweile kaum wegzudenken ist. Die Zeiten, in denen Psychologie sofort mit Psychotherapie assoziiert wurden, sind vorbei – die Bedeutung der Psychologie für eine funktionierende Wirtschaft hat sich herumgesprochen. Wir sehen uns durch die Neuauflage bestärkt in unserem Ansatz: Dieses Buch soll helfen, Studieninteressierten die Vielfalt an Arbeitsfeldern in der Arbeits- und Organisationspsychologie aufzeigen und einen Einblick in mögliche Tätigkeitsfelder geben. Interessierte sollen neugierig werden, was man alles mit arbeits- und organisationspsychologischen Wissen bewegen kann, im Sinne der Organisationen und im Sinne der Arbeitnehmer:innen. Wenn dieses Buch dazu beitragen kann, diese Neugierde zu wecken, indem Karriereperspektiven für Arbeits- und Organisationspsycholog:innen aufgezeigt werden, hat sich die Arbeit gelohnt.

Nida ul Habib Bajwa
Cornelius J. König
Saarbrücken
Mai 2022

Inhaltsverzeichnis

1	**Ziel dieses Buchs**..	1
	Nida ul Habib Bajwa und Cornelius J. König	
1.1	Einleitung...	2
1.2	Arbeits- und Organisationspsychologie.................................	2
	Literatur...	5
2	**Personalauswahl**...	7
	Panja Goerke und René I. Kusch	
2.1	Einleitung...	8
2.2	Assessment Center: Interview mit Panja Goerke desDeutschen Zentrums für Luft- und Raumfahrt (DLR).............................	9
2.3	Personaldiagnostik in der Managementberatung:Interview mit Dr. René I. Kusch der RELEVANT Managementberatung...........	24
	Literatur...	35
3	**Personalentwicklung**...	37
	Ulrich Bernecker und Gunter König	
3.1	Einleitung...	38
3.2	Personalentwicklung: Interview mit Ulrich Berneckerder Firma ZF Friedrichshafen AG...	39
3.3	Coaching: Interview mit Gunter König, Gunter KönigCoaching........	55
4	**Organisationsentwicklung**...	65
	Silvan Winkler, Edgar Lessel und Jens Quandte	
4.1	Einleitung...	66
4.2	Unternehmensumfragen: Interview mit Dr. SilvanWinkler der GfK Switzerland..	67
4.3	Change Management: Interview mit Dr. Edgar Lesselder Firma PSYTEC GmbH........	88
4.4	Interview mit Dr. Jens Quandte, ehemaligerGeschäftsführender Partner der Firma PE-Solution undGründer von Change-Designer..................	102
	Literatur...	118
5	**Human Factors**...	119
	Konstanija Petrovic und Gesine Hofinger	
5.1	Einleitung...	120
5.2	User Experience und agile Softwareentwicklung:Interview mit Konstanija Petrovic, HERE DeutschlandGmbH.......................	121
5.3	Human-Factors-Psychologie: Interview mit Dr. GesineHofinger von Team HF........	134
	Literatur...	149
6	**Arbeits- und Gesundheitsschutz**...	151
	Cornelia Schneider	
6.1	Einleitung...	152

6.2	Gesundheitsmanagement: Interview mit CorneliaSchneider der Firma GGW Homburg	153
	Literatur	177
7	**Forschung**	179
	Michael Gielnik	
7.1	Einleitung	180
7.2	Entrepreneurship: Interview mit Prof. Dr. MichaelGielnik der Leuphana Universität Lüneburg	182
8	**Weitere Berufsfelder/Bundeswehr**	195
	Roland Motsch	
8.1	Einleitung	196
8.2	Truppenpsychologie: Interview mit Roland Motsch,Truppenpsychologe der Luftlandebrigade 1	197

Herausgeber- und Autorenverzeichnis

Dr. Nida ul Habib Bajwa
Universität des Saarlandes
Campus A13
66123 Saarbrücken
Deutschland
E-mail: n.bajwa@mx.uni-saarland.de

Ulrich Bernecker
ZF Friedrichshafen
Südring
66117 Saarbrücken
Deutschland
E-mail: Ulrich.Bernecker@zf.com

Prof. Dr. Michael Gielnik
Leuphana Universität Lüneburg
Scharnhorststr. 1
21335 Lüneburg
Deutschland
E-mail: michael.gielnik@leuphana.de

Dr. Panja Goerke
Deutsches Zentrum für Luft- und Raumfahrt (DLR)
Sportallee 54a
22335 Hamburg
Deutschland
E-mail: panja.goerke@gmail.com

Dr. Gesine Hofinger
Team HF
Hohenheimer Str. 104
71868 Remseck
Deutschland
E-mail: gesine.hofinger@team-hf.de

Prof. Dr. Cornelius J. König
Universität des Saarlandes
Campus A13
66123 Saarbrücken
Deutschland
E-mail: ckoenig@mx.uni-saarland.de

Gunter König
KönigsCoaching
Klosterstraße 11
74523 Schwäbisch Hall
Deutschland
E-mail: Koenig@Gunter-Koenig.de

Dr. René I. Kusch
Relevant Managementberatung
Königsallee 92a
40212 Düsseldorf
Deutschland
E-mail: rene.kusch@relevantmanagementberatung.de

Dr. Edgar Lessel
Psytec GmbH
Im Königsfeld 1
66130 Saarbrücken
Deutschland
E-mail: edgar.lessel@psytec.com

Roland Motsch
LuftLandeBrigade 26
Wallerfanger Straße 31
66740 Saarlouis
Deutschland
E-mail: RolandMotsch@bundeswehr.org

Kostanija Petrovic
Here.com
Invalidenstrasse 117
10115 Berlin
Deutschland
E-mail: kostanija.petrovic@here.com

Dr. Jens Quandte
Kastanienallee 2c
14548 Schwielowsee
Deutschland
E-mail: uandte@change-designer.de
▶ http://www.change-designer.de

Cornelia Schneider
GGW Homburg
Talstraße 49
66424 Homburg
Deutschland
E-mail: cornelia.schneider@ggw-homburg.de

Dr. Silvan Winkler
GfK
Schützengasse 4
8001 Zürich (CH)
Schweiz
E-mail: silvan.winkler@gfk.com

Ziel dieses Buchs

Nida ul Habib Bajwa und Cornelius J. König

Inhaltsverzeichnis

1.1 **Einleitung – 2**

1.2 **Arbeits- und Organisationspsychologie – 2**

Literatur – 5

© Der/die Autor(en), exklusiv lizenziert an Springer-Verlag GmbH, DE, ein Teil von Springer Nature 2022
N. Bajwa und C. König (Hrsg.), *Karriereperspektiven in der Arbeits- und Organisationspsychologie*,
Meet the Expert: Wissen aus erster Hand, https://doi.org/10.1007/978-3-662-65821-5_1

1.1 Einleitung

Abiturienten und Studienanfänger stehen bei der Wahl eines Studiums oder von Studienschwerpunkten häufig vor der Herausforderung, wie sie sich ein realitätsnahes Bild vom späteren Berufsleben zu machen. Bei einem Schwerpunkt in Klinischer Psychologie mag es Studienanfängern noch leicht fallen, sich mit dem klassischen Berufsbild des Psychotherapeuten auseinanderzusetzen. Bei der Arbeit als Arbeits- und Organisationspsychologe fällt es schon schwerer, von dem *einen* klassischen Karriereweg zu sprechen, da die spätere Arbeit je nach Interessenslage sehr unterschiedlich ausfallen kann. Dieses Buch hat deshalb zum Ziel, Studieninteressierten sowie Studienanfängern einen guten Einblick in vielfältige Arbeitsfelder als Arbeits- und Organisationspsychologe zu geben. Aufgrund der Fülle der möglichen Betätigungsfelder ist es natürlich schwierig, einen erschöpfenden Einblick in die unterschiedlichsten Arbeitsfelder zu geben, jedoch haben wir bei der Zusammenstellung der Kapitel darauf geachtet, neben weiter verbreiteten Arbeitsfeldern wie beispielsweise Personalentwicklung aktuelle Nischenfelder für Psychologen, z. B. die Mensch-Maschine-Interaktion und die Unternehmerforschung, zu berücksichtigen. Wir hoffen, dass Sie als Leser somit einen guten Überblick über mögliche Arbeitsfelder von Arbeits- und Organisationspsychologen gewinnen können.

1.2 Arbeits- und Organisationspsychologie

Die Arbeits- und Organisationspsychologie beschäftigt sich mit dem Erleben und Verhalten von Menschen am Arbeitsplatz. Nach Kauffeld (2011, S. 1) besteht die Aufgabe der Arbeits- und Organisationspsychologie darin, „menschliche Arbeit sowie menschliches Erleben und Verhalten in Organisationen (1) zu beschreiben, (2) zu erklären, (3) vorherzusagen und (4) zu beeinflussen". Gängige Fragen, denen in diesem Arbeitsfeld nachgegangen wird, sind beispielsweise:

- Welchen Stellenwert hat die Arbeit für Menschen?
- Wie suche ich den geeignetsten Bewerber für einen Arbeitsplatz aus?
- Welchen Fortbildungsbedarf hat ein Mitarbeiter?
- Was zeichnet eine gute Führungskraft aus?
- Wie motiviert man Mitarbeiter?
- Welchen Einfluss haben Veränderungen im Unternehmen (z. B. Umstrukturierungen von Abteilungen oder die Integration gekaufter Unternehmen) auf die Mitarbeiter?
- Wie wirkt sich Stress am Arbeitsplatz aus?
- Was macht Kundenzufriedenheit aus?

Entsprechend diesen Fragestellungen lassen sich die Gegenstände der Arbeits- und Organisationspsychologen in Unternehmen unter den Schlagwörtern „Arbeit", „Organisation", „Personal" und „Kunde" bzw. „Markt" zusammenfassen. Aus diesen unterschiedlichen Aufgabengebieten ergibt sich für Arbeits- und Organisationspsychologen eine breite Fülle an möglichen Einsatzgebieten, die in diesem Buch dargestellt werden.

Ziel dieses Buchs

Aufgrund des Charakters als Anwendungsfach ist die Arbeits- und Organisationspsychologie geprägt von Ereignissen in der Unternehmenswelt sowie politischen Entwicklungen. Beispielsweise erfordern die seit Jahrzehnten voranschreitende Globalisierung, die zunehmende Digitalisierung (zuletzt auch häufig unter dem Stichwort „Industrie 4.0" zu finden) sowie nicht planbare Ereignisse wie Wirtschaftskrisen von Organisationen, sich möglichst schnell und effizient auf neue Gegebenheiten anpassen zu können. Da der Mensch auch am Arbeitsplatz ein Gewohnheitstier ist, ist es Aufgabe von Arbeits- und Organisationspsychologen, die Sorgen, Motivationen und Anliegen von Mitarbeitern bei organisationalen Veränderungen zu verstehen und bei der Gestaltung von ebendiesen Veränderungsprozessen zu berücksichtigen. Gleichzeitig sind die Arbeitsanforderungen im Kontext der „Industrie 4.0", beispielsweise durch kollaboratives Arbeiten mit Robotern, zunehmend mehr kognitiver als körperlicher Natur. Diese Entwicklung hat bereits Mitte des letzten Jahrhunderts durch den vermehrten Einsatz von Computertechnik in der Industrie begonnen, sodass die aktuelle Entwicklung bezüglich der Arbeitsplätze der Zukunft insbesondere eine Neudefinierung der Arbeitsanforderungen bedingt. Das bedeutet demnach, dass die notwendigen Kompetenzen identifiziert werden müssen, was ebenfalls zum Aufgabenspektrum von Arbeits- und Organisationspsychologen gehört. Zuletzt gehört auch die seit 2013 vom Gesetzgeber vorgeschriebene Durchführung von Gefährdungsbeurteilungen, d. h. die Analyse von möglichen psychischen Gefahrenquellen am Arbeitsplatz, die die psychische Beanspruchung und Belastung von Mitarbeitern erhöhen können, zu aktuellen und zukünftigen Arbeitsfeldern für Arbeits- und Organisationspsychologen.

Die Arbeits- und Organisationspsychologie hat sich entsprechend in den letzten Jahrzehnten vor allem auch in Deutschland sehr gut etabliert, sowohl innerhalb der Psychologie, die an Hochschulen gelehrt wird, als auch in der Wirtschaft. Den Stellenwert des Fachs kann man an vier Punkten festmachen:

1. *Die Arbeits- und Organisationspsychologie ist ein zentrales Anwendungsfach der Psychologie:* Das Fach Arbeits- und Organisationspsychologie ist unter den Studierenden sehr beliebt. So gaben in einer Befragung der Deutschen Gesellschaft für Psychologie (DGPs) unter Bachelorabsolventen der Psychologie 40 % Arbeits- und Organisationspsychologie als einen Schwerpunkt an (Wentura et al., 2013). Neben der Betrachtung der Studiengänge und Schwerpunkte im Studium kann man die Wichtigkeit des Fachs innerhalb der Psychologie auch eindrucksvoll über die Anzahl an ausgeschriebenen Jobangeboten festmachen: 30 % aller Stellenangebote für Psychologen richten sich an Arbeits- und Organisationspsychologen (Deutsche Gesellschaft für Psychologie, 2015). Diese Zahl ist sicherlich noch eine Unterschätzung, da bei diesen 30 % Stellenangeboten diejenigen unberücksichtigt bleiben, die Psychologen nicht explizit erwähnen (beispielsweise Stellenausschreibungen für Personalreferenten, bei denen ein Hochschulabschluss mit wirtschaftswissenschaftlichem Hintergrund gefragt ist), auf deren Profil Psychologen aber ebenso passen und solche Stellen häufig auch mit Psychologen besetzt werden.
2. *Das Studienfach Wirtschaftspsychologie an Fachhochschulen:* Vor über einem Jahrzehnt, vor der Bologna-Reform, durften Fachhochschulen keine Diplompsychologen ausbilden, sodass die Arbeits- und Organisationspsychologie nur an Universitäten gelehrt wurde. In den letzten Jahren haben jedoch staatliche sowie private Fachhochschulen eine große Anzahl an Bachelor- und

Masterstudiengängen für Wirtschaftspsychologie geschaffen, die inhaltlich stark an die Ausbildung von Arbeits- und Organisationspsychologie angelehnt sind. Zwar gibt es eine Debatte, „wie viel" Psychologie in solchen Studiengängen stecken muss, damit sich diese auch so bezeichnen dürfen, jedoch zeigt diese Entwicklung, dass es einen großen Bedarf an Arbeits- und Organisationspsychologen in der Wirtschaft gibt.

An dieser Stelle bietet es sich an, einen kurzen Exkurs hinsichtlich der Unterschiede zwischen der universitären und Fachhochschulausbildung im Bereich der Arbeits- und Organisationspsychologie zu machen: Da die meisten universitären Psychologieinstitute einen allgemeinen Bachelor oder Master in der Psychologie als Studiengang anbieten, ist die universitäre Ausbildung von Arbeits- und Organisationspsychologen inhaltlich deutlich breiter aufgestellt. Beispielsweise werden Fächer wie die Klinische Psychologie an Fachhochschulen mit Studiengängen wie Wirtschaftspsychologie gar nicht oder nur in seltenen Fällen angeboten. Gerade die Klinische Psychologie bietet jedoch im Hinblick auf eine spätere Tätigkeit im Bereich der Personalentwicklung (z. B. bei der Gestaltung von Stressmanagementtrainings), des betrieblichen Konfliktmanagements oder Einzelcoachings von Arbeitnehmern, um nur einige Beispiele zu nennen, einen großen Methodenkoffer. Gleichzeitig liegt der Fokus an den Universitäten auf Forschung und die Erkundung von bisher unbekannten und neuen Fragestellungen, sodass die Studierenden geschult werden, Probleme aus verschiedenen Perspektiven zu betrachten. Die Ausbildung an den Fachhochschulen ist hingegen deutlicher geprägt von anwendungsorientiertem Unterricht, der darauf abzielt, den Studierenden möglichst schnell und früh Einblicke in konkrete Herausforderungen von Unternehmen zu geben. Da Forschung an Fachhochschulen eine vernachlässigbare Rolle spielt, ist insbesondere ein Fachhochschulstudium der Wirtschaftspsychologie für solche Studierende empfehlenswert, die praxisorientierter lernen möchten.

3. *Die gesellschaftliche Relevanz der arbeits- und organisationspsychologischen Themen:* Auch heute sind die Themen der Arbeits- und Organisationspsychologie von großer allgemeiner Relevanz. Trotz oder gerade wegen der fortschreitenden Digitalisierung und Automatisierung von Arbeiten sind arbeits- und organisationspsychologische Erkenntnisse gefragt wie nie: Ingenieure und Informatiker realisieren beispielsweise, dass sie technisch Ideen umsetzen können, die vor ein paar Jahren niemand für möglich gehalten hätte, dass aber bei all den Ideen der Faktor Mensch eine zentrale Rolle für die Akzeptanz und somit den Erfolg dieser Technologien spielt. Stellen Sie sich vor, ein Werk, in dem Automobile produziert werden, agiert nahezu vollautomatisiert. Trotz dieser Automatisierung wird es Menschen bedürfen, die dort den Überblick über die Maschinen behalten. Als Arbeits- und Organisationspsychologe wird man hier gefragt sein, denn wie gestaltet man die Arbeit eines solchen Menschen, sodass er am Ende des Tages einen Sinn in seiner Tätigkeit sieht? Welche Kompetenzen werden stärker in den Vordergrund rücken und müssen ggf. frühzeitig trainiert werden?

Zudem wird die Relevanz der Arbeits- und Organisationspsychologie auch deutlich durch die große Medienpräsenz von Themen, die etwas mit der Arbeits- und Organisationspsychologie zu tun haben. So findet man in Zeitungen und in anderen Medien immer wieder Berichte über den Stress bei der Arbeit, der beispielsweise zu einem Anstieg von Fehltagen aufgrund psychischer

Erkrankungen beiträgt; ein anderes Beispiel ist die Beobachtung, dass immer noch wenige Frauen in deutschen Chefetagen zu finden sind, und die daran anschließende Frage, welche Faktoren den Aufstieg von Frauen behindern.
4. *Die wissenschaftliche Etablierung:* Die Arbeits- und Organisationspsychologie hat sich in Deutschland auch in der Wissenschaft etabliert. An nahezu jedem der psychologischen Institute an Universitäten gibt es mindestens eine eigene Professur für Arbeits- und Organisationspsychologie. Hinzu kommt, dass sich die überwältigende Mehrheit an Forschern mittlerweile international orientiert und in den weltweit wichtigsten und etablierten wissenschaftlichen Fachzeitschriften regelmäßig Publikationen deutscher Arbeits- und Organisationspsychologie-Forscher vorkommen. Der wissenschaftliche Nachwuchs, in Gestalt von Doktoranden und Postdoktoranden, schreibt mittlerweile selten Bücher, sondern hauptsächlich wissenschaftliche Fachartikel in englischer Sprache. All dies wirkt sich auch auf die Mitgliedszahlen der DGPs aus (des zentralen Vereins der in Forschung und Lehre tätigen Psychologen): Die Fachgruppe Arbeits-, Organisations- und Wirtschaftspsychologie ist mittlerweile die größte Fachgruppe innerhalb der DGPs (Margraf, 2015).

Literatur

Deutsche Gesellschaft für Psychologie e. V. (2015). Nachrichten. *Psychologische Rundschau, 66,* 189–197.
Kauffeld, S. (2011). Einführung in die Arbeits-, Organisations- und Personalpsychologie. In *Arbeits-, Organisations- und Personalpsychologie* (S. 1–13). Springer. ▶ https://doi.org/10.1007/978-3-642-16999-1_1.
Margraf, J. (2015). *Zur Lage der Psychologie. Psychologische Rundschau, 66,* 1–30.
Wentura, D., Ziegler, M., Scheuer, A., Bölte, J., Rammsayer, T., & Salewski, C. (2013). Bundesweite Befragung der Absolventinnen und Absolventen des Jahres 2011 im Studiengang BSc Psychologie. *Psychologische Rundschau, 64,* 103–112.

Personalauswahl

Panja Goerke und René I. Kusch

Inhaltsverzeichnis

2.1 Einleitung – 8

2.2 Assessment Center: Interview mit Panja Goerke des Deutschen Zentrums für Luft- und Raumfahrt (DLR) – 9

2.3 Personaldiagnostik in der Managementberatung: Interview mit Dr. René I. Kusch der RELEVANT Managementberatung – 24

Literatur – 35

Ergänzende Information Die elektronische Version dieses Kapitels enthält Zusatzmaterial, auf das über folgenden Link zugegriffen werden kann ▶ https://doi.org/10.1007/978-3-662-65821-5_2. Die Videos lassen sich durch Anklicken des DOI Links in der Legende einer entsprechenden Abbildung abspielen, oder indem Sie diesen Link mit der SN More Media App scannen.

© Der/die Autor(en), exklusiv lizenziert an Springer-Verlag GmbH, DE, ein Teil von Springer Nature 2022
N. Bajwa und C. König (Hrsg.), *Karriereperspektiven in der Arbeits- und Organisationspsychologie*, Meet the Expert: Wissen aus erster Hand, https://doi.org/10.1007/978-3-662 65821-5_2

2.1 Einleitung

Nida ul Habib Bajwa und Cornelius J. König

Wenn Unternehmen neue Mitarbeiter einstellen wollen, stehen sie immer vor der Herausforderung, die „richtige" Person für den Job zu finden. Eine Herausforderung stellt diese Mitarbeiter- bzw. Personalauswahl deshalb dar, weil selten nur die fachliche Qualifikation eine Rolle spielt. Stellen Sie sich vor, ein großer deutscher Autohersteller sucht für seine Forschungs- und Entwicklungsabteilung einen Ingenieur. Instinktiv denkt man hier an den akademischen Abschluss, die Berufserfahrung und ggf. weitere Fortbildungen im Gebiet des Ingenieurwesens. Gelungene Personalauswahl beinhaltet jedoch neben dem Betrachten der fachlichen Qualifikation auch und vor allem die überfachlichen Qualifikationen. Bleiben wir beim Beispiel der Arbeit in einer Forschungs- und Entwicklungsabteilung, so erscheint es ebenso eingängig, dass ein geeigneter Kandidat für diese Tätigkeit ein hohes Maß an Kreativität sowie die Fähigkeit, gut in Teams arbeiten zu können, mitbringt. Anders als die fachlichen Qualifikationen, die man etwa aus Zeugnissen und Urkunden ablesen könnte, ist die Diagnose bei den überfachlichen Qualifikationen schwieriger. Wie will man feststellen, dass jemand sehr kreativ denken kann? Wann kann man jemanden als guten Teamplayer bezeichnen? Und wie schafft man es, diese Fähigkeiten so festzustellen, dass ein großes Unternehmen Hunderte von Bewerbern möglichst objektiv miteinander vergleichen kann? Solche Fragen können Arbeits- und Organisationspsychologen beantworten.

Die Personalauswahl gehört zu den klassischen Arbeitsfeldern der Arbeits- und Organisationspsychologen. Sie führen Anforderungs- und Tätigkeitsanalysen von Arbeitsplätzen durch, erstellen Arbeitsprofile für spezifische Jobs und wollen geeignete Kandidaten aus einem großen Pool an Bewerbern auswählen. Hierbei können sie gut auf ihr aus dem Studium erlangtes Wissen über psychometrische Testverfahren, wie beispielsweise Persönlichkeits-, Intelligenz- und kognitive Leistungstests, und über strukturierte Interviewverfahren zurückgreifen, um Unternehmen bei der Auswahl von neuen Mitarbeitern zu helfen und somit die Wahrscheinlichkeit von Fehlbesetzungen zu reduzieren. Gleichzeitig ist die moderne Personalauswahl sehr datenorientiert, was es Arbeits- und Organisationspsychologen mit ihrem Repertoire an statistischen Kenntnissen ermöglicht, auch jenseits der individuellen Gespräche und Verfahren neue und innovative Möglichkeiten der Personalauswahl am Arbeitsplatz zu erforschen.

Neben gängigen Personalauswahlmethoden wie psychometrischen Testverfahren und Interviews ist auch das Assessment Center ein Klassiker für Arbeits- und Organisationspsychologen. Eine kleine Gruppe von Bewerbern (meist weniger als zwölf) wird gemeinsam für ein bis zwei Tage eingeladen und führt eine Vielzahl von Job-nahen Übungen aus. Dabei werden die Bewerber von mehreren Personen genau beobachtet. Für diese Tätigkeit kommt Arbeits- und Organisationspsychologen ihre über den Verlauf des Studiums geschärfte Beobachtungsfähigkeit (unter Reduzierung gängiger Beobachtungsfehler) zugute. Das Assessment Center erfreut sich bei Unternehmen großer Beliebtheit, da Vorgesetzte die Möglichkeit erhalten, Kandidaten über einen längeren Zeitraum in alltagsnahen Situationen zu sehen, und bietet somit gerade bei überfachlichen Qualifikationen der Bewerber eine gute und transparente Form der Erfassung.

Personalauswahl

Um einen Einblick in die Tätigkeit von Arbeits- und Organisationspsychologen in der Personalauswahl zu geben, stellen zwei Gesprächspartner Auszüge aus diesem Tätigkeitsfeld dar. Zum einen beschreibt Dr. Panja Goerke ihre Tätigkeit beim Deutschen Zentrum für Luft- und Raumfahrt (DLR). Zum anderen stellt Dr. René I. Kusch von Relevant Managementberatung psychometrische Werkzeuge vor, die zur Personalauswahl genutzt werden können.

2.2 Assessment Center: Interview mit Panja Goerke des Deutschen Zentrums für Luft- und Raumfahrt (DLR)

Das Interview und die Transkription führten Marina Raupach und Julius Frankenbach durch.

- **Interviewer:**

Hallo, Frau Goerke, vielen Dank, dass Sie sich Zeit genommen haben für das Interview. Womit beschäftigt sich das Deutsche Zentrum für Luft- und Raumfahrt (DLR) ganz allgemein?

- **Panja Goerke:**

Das Deutsche Zentrum für Luft- und Raumfahrt ist eine große Forschungseinrichtung, die sich mit fünf großen Themenfeldern beschäftigt. Diese sind die Felder Luftfahrt, Raumfahrt, Energie, Verkehr und Sicherheit. Unsere Abteilung ist im Bereich Raumfahrt angesiedelt. Wir gehören zum Institut für Luft- und Raumfahrtmedizin und sind die Abteilung für Luft- und Raumfahrtpsychologie mit Sitz in Hamburg. Dabei liegt unser Fokus hauptsächlich auf der Luft- und Raumfahrtpsychologie.

- **I:**

Würden Sie sich eher als Dienstleister oder als Forschungseinrichtung sehen?

- **PG:**

Von der Grundausrichtung und unserer Beauftragung vom Bund sind wir auf jeden Fall eine Forschungseinrichtung. Da wir zur Helmholtz-Gemeinschaft gehören, liegt unser Fokus auf der Forschung. Nichtsdestotrotz machen wir hier als Abteilung auch relativ viel Dienstleistung im Rahmen der Eignungsdiagnostik.

- **I:**

Nach einem Studium der Psychologie mit den Schwerpunkten Klinische Psychologie, also der Auseinandersetzung mit psychischen Störungen, und Arbeits- und Organisationspsychologie entschieden Sie sich für letzteres. Wie kam es dazu?

- **PG:**

Ich glaube, mein Fokus lag schon immer auf dem Bereich der Arbeits- und Organisationspsychologie. Damals bei uns war es so, dass man zwei Schwerpunkte wählen musste. Ich fand den klinischen Bereich auch spannend und denke nach wie vor, dass man als Psychologe hierzu auch Grundkenntnisse haben sollte. Aber der

Bereich Arbeits- und Organisationspsychologie war eigentlich etwas, das mich von Anfang an mehr angesprochen hat. Das hat sich durch das Studium nur noch einmal bestätigt.

- **I:**

Wie sind Sie dann auf das DLR als Arbeitgeber aufmerksam geworden?

- **PG:**

Es lag ein bisschen daran, dass ich im Anschluss an das Studium zuerst promoviert habe. Dadurch war ich der Forschung sehr zugetan und suchte für mich einen Job, der die Brücke zwischen Wissenschaft und Praxis bildet. Das wissenschaftliche Arbeiten hat mir Spaß gemacht, aber eine reine akademische Karriere war nicht das, was ich mir direkt vorstellen konnte. Ich wollte aber trotzdem die wissenschaftlichen Grundkenntnisse, die ich im Studium erworben hatte, gerne weiter anwenden und war daher auf der Suche nach einem Mittelweg, der beides abbildet. Eine Freundin hat mir damals den Tipp gegeben, dass es hier in Hamburg eine Abteilung gibt, die beide Bereiche anspricht. Damals war eine entsprechende Stelle ausgeschrieben, das passte dann ganz gut.

- **I:**

Können Sie näher beschreiben, was Luftfahrtpsychologie eigentlich ist, und Einblicke in genaue Aufgabenfelder geben?

- **PG:**

Wir beschäftigen uns mit Themen, die rund um die Luftfahrt angesiedelt sind. Da gehört zum einen unser Schwerpunkt Eignungsdiagnostik im Bereich der Luftfahrt dazu. Wir entwickeln und führen hier Auswahlverfahren für Piloten, für Fluglotsen und in seltenen Fällen auch für Astronauten durch. Das heißt, ein Fokus liegt darauf, die jeweiligen Anforderungen zu identifizieren, dann spezifische eignungsdiagnostische Verfahren dazu zu entwickeln, um diese Anforderungen abzubilden und – was natürlich auch immer dazugehört – im Anschluss diese Verfahren zu validieren. Im Rahmen der Luftfahrtpsychologie beschäftigen wir uns aber auch mit verschiedenen Forschungsthemen wie dem Zusammenwirken der Mensch-Maschine-Interaktion oder der Wahrnehmung von Klimaparametern in der Flugzeugkabine. Es gibt somit verschiedene Forschungsprojekte in verschiedenen Bereichen. Also überall dort, wo der Faktor Mensch im Bereich der Luftfahrt relevant ist, setzen wir an.

- **I:**

Bewerbungsverfahren sind etwas, das fast jede Person in ihrem Berufsleben einmal durchlaufen muss. Warum braucht man als Unternehmen überhaupt mehr als ein persönliches Interview mit Bewerbern, um die Eignung für eine Position zu beurteilen?

- **PG:**

Ein persönliches Interview ist sicherlich nicht schlecht, um Bewerber kennenzulernen. Nichtsdestotrotz gibt es meistens eine Vielzahl von Anforderungen, die man gründlich vorher mit einer Anforderungsanalyse identifizieren muss. In den meisten

Fällen bieten verschiedene andere Verfahren noch mehr Möglichkeiten, diese Anforderungen gründlich zu erfassen. Man kann natürlich auch ein Interview ausweiten, indem man ein multimodales Interview durchführt und dabei verschiedene Aspekte einbringt. Aber gerade, wenn es um kognitive Leistungsvoraussetzungen geht, ist es wahrscheinlich schwierig, diese im Interview zu erfassen. Von daher glaube ich, dass durch ein Interview eine nicht so große Bandbreite berufsrelevanter Eigenschaften erfasst werden kann.

- **I:**

Würden Sie einmal ganz kurz skizzieren, was für Verfahren Bewerber durchlaufen müssen, wenn sie sich auf eine Stelle als Pilot bewerben?

- **PG:**

Wir haben ein mehrstufiges Verfahren und verfolgen dabei den multimodalen Ansatz nach Schuler: eigenschaftsorientiert, simulationsorientiert und biografieorientiert. Unser Auswahlverfahren gliedert sich in mehrere Stufen. In der ersten Auswahlstufe werden computerbasiert eine ganze Reihe kognitiver Tests bzw. Leistungstests sowie Wissenstests durchgeführt. Darunter fallen im Bereich der Wissenstests die Themenfelder englische Sprache, Technik und Mathematik. Das gilt zumindest für diejenigen, die sich für die Ausbildung als Pilot bewerben, was bei uns in den vergangenen Jahren einen Großteil der Bewerber ausgemacht hat. Darüber hinaus wenden wir Leistungstests in den Bereichen Konzentration und optische Wahrnehmung, Merkfähigkeit sowie Tests zum räumlichen Orientierungsvermögen an. Zusätzlich kommt bei uns ein Test zur Ermittlung psychomotorischer Fähigkeiten zum Einsatz, d. h. ein Test zur Ermittlung der Hand-Auge-Koordination mittels Joystick. Dies entspricht jedoch keinem reinen Test, sondern geht schon ein bisschen in die Richtung Arbeitsprobe, denn es ist einem kleinen Simulator nachempfunden. Dennoch fällt er unter den Bereich der kognitiven Tests. Zusätzlich füllen die Bewerber in dieser Stufe noch einen Persönlichkeitsfragebogen aus. Dieser dient uns später zur Hypothesengenerierung für das Interview. In der ersten Auswahlstufe werden also eigenschaftsorientierte Verfahren nach Schuler eingesetzt.

Wenn die Bewerber diese Hürde nehmen, werden sie zur zweiten Auswahlstufe eingeladen. Diese gliedert sich wiederum in verschiedene Teile und beginnt mit einer verhaltensorientierten Diagnostik, was ist im Grunde einer Art Assessment Center (AC) entspricht. Dort finden ein Rollenspiel und Gruppenübungen statt. Parallel dazu läuft noch eine Übung zu zweit am Computer, die sich dyadischer Kooperationstest nennt. Diese ist einer Cockpitsituation nachempfunden, in welcher die Bewerber zu zweit zusammenarbeiten müssen. Diese Stufe entspricht den simulationsorientierten Arbeitsproben nach Schuler. Die Ergebnisse aus diesen Auswahlübungen werden zusammengefasst, um so am Ende des Tages eine Auswahlentscheidung zu können. Dabei schauen wir uns an, welche Bewerber weiterkommen und von welchen wir uns verabschieden müssen.

Am nächsten Tag absolvieren die restlichen Bewerber als Erstes eine Flugsimulatorübung. Dabei handelt es sich natürlich nicht um einen Full-Flight-Simulator, der sich bewegt, aber er ist schon durch ein Steuerhorn in einer Kabine einer richtigen Flugübung nachempfunden. Die Bewerber bekommen dafür relativ viele

Übungsmöglichkeiten, weil die meisten Bewerber keine Flugerfahrung vorweisen können. Nach dieser Übung gibt es am Ende mehrere Testdurchgänge. Wird auch diese Hürde erfolgreich absolviert, gibt es abschließend noch ein Interview, in dem wir alle Informationen zusammenfassen, die wir aus den vorangehenden Auswahlstufen gewinnen konnten. Diese dienen als Grundlage, um das hypothesenorientierte Interview durchzuführen.

- **I:**

Wie viele Bewerber sind anfangs dabei, und wie viele kommen dann noch zum Interview?

- **PG:**

Im Schnitt schaffen ungefähr 30 % die erste Auswahlstufe. Dabei werden keine Spitzenleistungen in jedem Bereich verlangt. Was es häufig schwierig macht, ist, dass in allen Bereichen konstant eine durchschnittliche Leistung erbracht werden muss. Folglich kann nicht nur die einzelne Aufgabe als Hürde gesehen werden, sondern die Kombination aller Bereiche. Wenn die Bewerber beispielsweise nur im Bereich Mathematik die Hürde nicht nehmen, ist leider das ganze Ergebnis negativ, und es gibt auch keine Option, dieses auszugleichen. Das teilen wir den Bewerbern am Morgen des ersten Testtages auch ganz transparent mit. Es sind, wie gesagt, ca. 30 %, die die erste Stufe schaffen, und dann noch mal ungefähr 30 %, die die zweite Stufe schaffen. Am Ende des Verfahrens bleiben ungefähr 10 % übrig. Voraussetzung für eine Einladung zum Auswahlverfahren ist bei der Lufthansa beispielsweise nur ein bestandenes Abitur. Ansonsten gibt es eigentlich nur medizinische Voraussetzungen, die sich immer mal wieder ändern, beispielsweise wie viel Dioptrien eine Sehschwäche betragen darf.

- **I:**

Gehen wir noch einmal einen Schritt zurück zur Anforderungsanalyse. Bevor man ein Auswahlverfahren durchführt, muss man natürlich ein gutes Bild von dem Beruf haben. Woher bekommt man solche Informationen? Was zeichnet beispielsweise einen guten Piloten aus?

- **PG:**

Bevor das Verfahren ursprünglich aufgestellt wurde, hat eine Anforderungsanalyse stattgefunden. Idealerweise fragt man natürlich dazu die Jobinhaber, also in diesem Fall Piloten. Es gibt eine Untersuchung, bei der 144 Piloten befragt wurden. Darin wurde der *Fleishman Job Analysis Survey* um vier luftfahrtspezifische Skalen ergänzt und durchgeführt. Dabei wurden Piloten um ihre Einschätzungen der Wichtigkeit der Anforderungen für ihren Beruf gebeten, aus welchen das Anforderungsprofil abgeleitet wurde. Die relevanten Anforderungen sind im Grunde genommen die, die ich bereits geschildert habe, nämlich die, die wir auch in unseren Verfahren abdecken. Es sind natürlich eine ganze Reihe von kognitiven Grundvoraussetzungen nötig, die ein Pilot mitbringen muss. Beispielsweise sind Konzentration, Aufmerksamkeit, räumliches Orientierungsvermögen, Merkfähigkeit und die Grundkenntnisse in den Wissensbereichen relevante Anforderungen.

Personalauswahl

Darüber hinaus haben seit den neunziger Jahren die zwischenmenschlichen Aspekte, also die Zusammenarbeit im Cockpit – das sogenannte Crew-Ressource-Management – in der Forschung und überhaupt im Luftfahrtbereich zunehmend Aufmerksamkeit bekommen. Man hat erkannt, dass bei Unfällen häufig auch menschliche Fehler mit reinspielen, das heißt, dass u. a. Kommunikation im Cockpit besonders wichtig ist. Deswegen haben wir in unserem Auswahlverfahren verstärkt unseren Fokus auf diese Teammerkmale gelegt. Grob sind da Aspekte wie Führung, Zusammenarbeit und Kommunikation relevante Bereiche. Über die ursprüngliche Anforderungsanalyse hinaus muss man natürlich beachten, dass sich Anforderungen auch verändern. Darum wird regelmäßig überprüft, was noch aktuell ist und was nicht. Wir haben zum Beispiel in einem unserer Forschungsprojekte eine neue Anforderungsanalyse durchgeführt, in der es um Piloten ging, die später andere ausbilden. Konkret ging es um die Frage, wie sich die Anforderungen hier von den Anforderungen an die Piloten unterscheiden. In diesem Projekt haben wir zusätzlich auch die Anforderungen an Piloten im Allgemeinen erneut abgefragt. Es hat sich gezeigt, dass immer noch dieselben Bereiche relevant sind, sich nur der Fokus etwas verschoben hat. Generell ist natürlich wichtig, dass man nach einer gewissen Zeit noch mal überprüft, ob die Anforderungen noch aktuell sind oder sich durch veränderte Technik etwas geändert hat.

- **I:**

Ein Pilot sollte ganz andere Voraussetzungen mitbringen als ein Astronaut (physische Voraussetzungen). Wie unterscheiden sich die Testverfahren bei den unterschiedlichen Berufen?

- **PG:**

Für Astronauten gibt es eine ganze Reihe von Voraussetzungen, sicherlich auch physische, die allerdings nicht in unserem Aufgabenfeld liegen. Diese wurden in dem Auswahlverfahren von 2008 von der ESA (European Space Agency) aus medizinischer Sicht abgeklärt. Unser Fokus lag damals auf den kognitiven Grundvoraussetzungen sowie auf der Zusammenarbeit, Teamaspekten und persönlichen Eigenschaften. Deshalb sind es von den Grundprinzipien her ähnliche Dinge wie bei der Auswahl von Piloten, die relevant sind. Nichtsdestotrotz unterscheiden sich die Profile geringfügig. Es gibt einen Artikel von Kollegen von mir, die damals an der Auswahl beteiligt waren, in dem genau beschrieben wird, wo die Unterschiede zwischen Airline-Piloten und Astronauten liegen (Maschke et al., 2011).

- **I:**

Sie legen bei der Auswahl von Piloten einen besonderen Fokus auf Assessment Center (AC). Wie kann man sich solch ein Verfahren vorstellen, und warum sind insbesondere Psychologen geeignet, diese zu konzipieren und durchzuführen?

- **PG:**

Es ist kein besonderer Fokus, aber es ist natürlich ein Bestandteil unseres Verfahrens. Der Begriff „Assessment Center" ist sehr breit, und es wird Unterschiedliches darunter verstanden. In der Praxis fallen manchmal viele verschiedene Bestandteile darunter, zum Teil werden auch etwa Postkorbübungen, also kognitive Übungen, mit eingebunden, gelegentlich auch Intelligenztests oder Persönlichkeitsfragebögen. Wir verwenden hier ein multimethodales Verfahren, und unser AC ist eher ein kleiner Teil davon. Wir nennen es auch nicht AC, sondern verhaltensorientierte Diagnostik, weil bei uns Verhalten im Vordergrund steht. Kollegen von mir haben unser AC in einer Veröffentlichung beschrieben (Höft & Marggraf-Micheel, 2007). In diesem wollen wir Verhalten von Bewerbern sehen und beobachten. Wir haben dazu aktuell zwei Übungen, ein Rollenspiel und eine Gruppenübung mit mehreren Komponenten. Wir haben dabei das große Glück, dass wir erfahrene Testleiter haben, die die Übungen anleiten. Wir Psychologen fungieren nur als Beobachter, das heißt, wir müssen nicht selbst als Testleiter oder als Rollenspieler tägig werden, sondern überlassen das ausgebildetem Personal. Das ist natürlich sehr vorteilhaft, weil wir uns so rein auf die Beobachtung konzentrieren können. Meiner Meinung nach sind Psychologen besonders gut dafür geeignet, weil sie im Studium viel über Verhalten erfahren und relevante Grundkenntnisse erwerben. Dadurch sind Psychologen gut qualifiziert, solche Verfahren zu konzipieren. Wohingegen man zum Beobachten nicht unbedingt Psychologe sein muss. Es ist aber eine wichtige Voraussetzung, dass man für diese Tätigkeit gut geschult ist. Man muss die Verfahren gut kennen und wissen, wie die Übung und die Beobachtungsdimensionen aussehen, damit man weiß, welches Verhalten beobachtet und registriert werden soll.

- **I:**

Welche Konstrukte messen Sie genau mit den beiden Übungen, die Sie durchführen?

- **PG:**

Zu sehr darf ich da nicht ins Detail gehen, aber wir halten das Verfahren relativ transparent und teilen Folgendes den Bewerbern mit: Es geht bei uns einerseits um Aspekte der Führung, weil das natürlich für einen Piloten auch wichtig ist, denn später als Kapitän führt man unter Umständen – wenn man ein großes Flugzeug fliegt – eine gesamte Mannschaft von bis zu 24 Leuten. Da hat man natürlich die Verantwortung für alle in der Kabine. Darüber hinaus ist die Kooperationsfähigkeit ein weiteres wichtiges Kriterium. Als Pilot muss man sowohl im Cockpit als auch mit dem Bodenpersonal und verschiedenen anderen Bereichen eng zusammenarbeiten. Weiterhin ist Kommunikation ein wichtiger Bereich und wird durch verschiedene Übungen miterfasst. Zusätzlich haben wir noch Aspekte von Beanspruchung und Belastbarkeit, die wir berücksichtigen. Das sind die großen Hauptthemen, die wir als Konstrukte erfassen.

- **I:**

Aus der Forschungsperspektive gefragt, kann das AC diese Dimensionen trennscharf messen, oder wird doch nur ein globaler Faktor erfasst?

- **PG:**

Aus der Forschung wissen wir, dass es in ACs schwierig ist, Konstruktvalidität auf einzelne Konstrukte herzustellen. Bei ACs hat man allerdings den Vorteil, dass sie kriteriumsvalide sind. Natürlich ist es auch bei uns so, dass man nicht jede dieser einzelnen Dimensionen ganz trennscharf erfassen kann. Nichtsdestotrotz messen

Personalauswahl

wir unterschiedliche Bereiche. Wir versuchen, die Daten ein wenig zu ergänzen, beispielsweise mit dem DCT (dyadischer Kooperationstest), indem es auch um Zusammenarbeit und um Führung geht. Wir versuchen also, die Ergebnisse aus den verschiedenen Bereichen unseres multimethodalen Ansatzes zu integrieren. Insgesamt gehen wir nicht davon aus, dass alle Dimensionen unserer Verfahren nur einen globalen Faktor messen; nichtsdestotrotz muss man natürlich die anderen wissenschaftlichen Erkenntnisse aus diesem Bereich im Hinterkopf behalten.

- **I:**

Bewertet werden die Teilnehmer dann ja von Ihnen als Beobachterin. Sitzen auch andere Experten wie bspw. Piloten mit in der Beobachtung?

- **PG:**

Ja, wir haben bei den Auswahlverfahren immer mindestens einen Piloten mit dabei. Das sind stets erfahrene Kapitäne, die außerdem Ausbilder sind und folglich auch in ihrer Tätigkeit als Piloten noch eine Zusatzfunktion haben und dort in der Regel regelmäßige Checks abnehmen. Piloten müssen alle sechs Monate vorfliegen und eine Prüfung ablegen, die u. a. von diesen Ausbildern abgenommen wird. Zu Beginn ihrer Einsätze in unserem Auswahlverfahren und sobald sich Verfahrensteile ändern, werden sie von uns gründlich geschult. Es macht natürlich immer Sinn, die Jobinhaber dabeizuhaben, weil die noch einmal einen anderen Blick auf die Thematik haben.

- **I:**

Welche Probleme können bei der Beobachtung auftreten, und wie kann man diesen entgegenwirken?

- **PG:**

Immer, wenn Menschen beteiligt sind, ist es natürlich eine subjektive Einschätzung, die abgegeben wird. Deswegen kann es zu Beobachterfehlern kommen. Dem wirken wir entgegen, indem wir versuchen, alles so objektiv wie möglich zu gestalten. Das machen wir, indem wir möglichst viel Struktur für die Beobachtung und Bewertung vorgeben und die Übungen strukturieren, damit jeder weiß, wie die Übung abläuft. Darüber hinaus schulen wir die Beobachter ausführlich, sodass sie genau wissen, was sie beobachten sollen. Wichtig ist, dass sie nicht einfach sämtliches Verhalten registrieren, sondern nur das, was relevant für die Anforderungen ist. Dabei geben wir den Beobachtern so viel wie möglich an die Hand, um alles möglichst objektiv zu gestalten und potenzielle Beobachterfehler zu vermeiden.

- **I:**

Da gibt es die typischen Beispiele wie Halo-Effekt. Reicht es, wenn man vorher den Leuten bewusst macht, dass es diese gibt, um Verzerrungen zu vermeiden? Oder gibt es auch Schulungen in die Richtung?

- **PG:**

Das ist immer ein Teil unserer Schulung. Jedes Kommissionsmitglied bekommt, bevor es überhaupt bei uns eine Beobachterlaufbahn durchläuft, eine zweitägige

Präsenzschulung, in der wir sehr gründlich die Verfahren schildern und die Beobachtung und Bewertung genau thematisieren. Hier werden beispielsweise konkret ein Verhaltensausschnitt und die relevante Anforderung gezeigt. Dann erklären und diskutieren wir, was man registrieren müsste. Zusätzlich gibt es dazu ein Computerbasiertes Training (CBT) mit kleineren Übungen. Die Beobachter können sich Videos anschauen und selbst einschätzen, welches Verhalten gezeigt wird und in welche Dimension dieses einsortiert werden würde. Außerdem gibt es auch immer einen Abschnitt zu Beobachterfehlern. Es wird, gerade wenn Kapitäne längere Zeit nicht da waren oder auch ein Psychologe längere Zeit nicht am Verfahren teilgenommen hat, immer angeraten, vor der Beobachtung die CBTs noch einmal zu machen, um das Wissen aufzufrischen und um wieder auf dem Laufenden zu sein. Es wird also empfohlen, kontinuierlich regelmäßige Schulungen zu machen. Wir treffen uns außerdem einmal im Jahr mit allen Auswahlkommissären (Piloten und Psychologen), um uns über Neuerungen abzustimmen. Außerdem gibt es immer dann, wenn ein neues Verfahren eingeführt wird, etwa ein neues Rollenspiel oder eine neue Gruppenübung, auch noch einmal kleinere Präsenzschulungen.

- **I:**

Es könnte auch sein, dass Bewerber durch wiederholte Teilnahme oder gezielte Trainings besser abschneiden. Was könnte man dagegen tun?

- **PG:**

Wiederholte Teilnahme ist bei uns tatsächlich nicht so leicht möglich, weil Lufthansa den Bewerbern bisher nur eine Chance gibt. Sie können noch ein zweites Mal wiederkommen, wenn sie sich selbst entscheiden, trotzdem eine Pilotenlizenz an einer anderen Flugschule zu machen, und sich als fertiger Pilot erneut bewerben. Wenn Lufthansa gerade ausgebildete Piloten sucht, können sie ein zweites Mal kommen, aber da liegt natürlich ein relativ großer Zeitraum dazwischen. In diesem Sinne gibt es bei uns eigentlich keine Übungseffekte, da keine Bewerber bei uns zweimal das gleiche AC innerhalb kürzester Zeit machen. Allerdings gibt es einen relativ großen Vorbereitungsmarkt, der sich entwickelt hat. Es gibt eine ganze Reihe von Anbietern, die Bewerber auf unser Verfahren vorbereiten und trainieren. Das ist nicht per se immer negativ zu sehen. Es ist nicht abschließend geklärt, wie viel einem eine solche Vorbereitung im AC bringt. Aus persönlicher Sicht würde ich sagen, dass es durchaus auch für uns etwas Positives haben kann, wenn die Bewerber zuvor schon einmal in so einer Testsituation waren und darum eventuell weniger aufgeregt sind. Oft zeigen sie dann eher ihr natürliches Verhalten und sind nicht durch die unangenehme Situation blockiert, die sie noch nie erlebt haben. Um jemanden ganz gezielt auf ein Verfahren vorzubereiten, müsste man schon sehr genau wissen, wie unsere Übungen aussehen und wie genau die Anforderungen sind.

Untersuchungen haben gezeigt, dass man nur dann jemanden gut vorbereiten kann, wenn man genau weiß, wie die Anforderungen sind, was beobachtet wird und wenn man im Laufe der Vorbereitung sehr individualisiertes Feedback gibt (Marggraf-Micheel et al., 2006). Da haben wir eher das Gefühl, dass das nicht unbedingt stattfindet. Oft wird in den Vorbereitungsangeboten nur ein sehr globales Feedback gegeben. Darum sehen wir das nicht als großes Problem an. Was manchmal passiert, ist, dass die Bewerber in der Vorbereitung merkwürdiges Feedback bekommen und sich dann in der Testsituation offensichtlich unauthentisch verhalten. Oft fällt das dadurch auf, dass Bewerber merkwürdige Floskeln wiedergeben, was wir dann leider negativ bewerten müssen. Eine Inanspruchnahme solcher Vorbereitungsangebote kann also auch nachteilig für den Bewerber sein. Wenn es allerdings darum geht, ein bisschen mehr Selbstsicherheit in Testsituationen zu gewinnen, ist es eher als positiv einzuschätzen. Aber wie bereits erwähnt müsste man, um sich wirklich ganz gezielt auf unsere Verfahren vorzubereiten, das Verfahren ganz genau kennen und zuvor gründliches, individuelles Feedback erhalten.

- **I:**

Assessment Center sind oft mit hohem Personalaufwand verbunden, da man in der Regel mehrere Beobachter und Testleiter braucht. Rechnen sich diese hohen Kosten für die Klienten bzw. das DLR selbst?

- **PG:**

Ich denke schon. Wenn man den Bewerber persönlich kennenlernen will, müsste man alternativ mit jedem Einzelnen ein Interview führen. Wir sieben nach jedem Schritt weiter aus. Unser Verfahren ist so strukturiert, dass mit dem fortschreitenden Verfahren die Anzahl der Teilnehmer sinkt, während der Personalaufwand für uns größer wird. Wir beginnen mit den kognitiven Tests, an denen in der Regel 40 bis 44 Bewerber von einem Testleiter betreut werden. Anschließend folgt das AC, wo auf acht bis zehn Bewerber vier Beobachter kommen. Das findet alles am ersten Tag statt. Am zweiten Tag gibt es dann in der Simulationsübung eine Eins-zu-eins-Betreuung. Ein Testleiter führt mit den Bewerbern als Arbeitsprobe eine Simulatorübung durch. Im anschließenden Interview sind zwei Psychologen und ein Kapitän beteiligt. Zum Schluss ist also das Verhältnis drei zu eins. Im Laufe der Zeit dreht sich damit der Betreuungsschlüssel um. Von daher ist unser Verfahren auch wirtschaftlich. Alternativ dazu müsste man die Verhaltensebene im Interview abdecken, was jedoch noch aufwendiger wäre.

- **I:**

Berufe wie Pilot oder Astronaut erfreuen sich einer sehr großen Beliebtheit, gleichzeitig ist die Anzahl der Stellen relativ gering im Vergleich zu anderen Tätigkeitsbereichen. Wie geht man mit dem großen Bewerberansturm um?

- **PG:**

Die Bewerbungen gehen in diesem Fall direkt an die Auftraggeber. Wir sind nur Dienstleister für die Personalauswahl und in dem Fall in der angenehmen Situation, dass wir das gesamte Bewerbermanagement gar nicht machen müssen. Wir bekommen von der Lufthansa bzw. anderen Fluggesellschaften fertige Listen mit allen Bewerbern, die zu dem Verfahren eingeladen wurden und die zu uns kommen. Die ESA handhabt das im Falle der Astronautenauswahl genauso. Organisatorisch sind wir folglich weniger beteiligt, wir sind eher eine nachgeschaltete Behörde. Um alles andere kümmern sich die Auftraggeber selbst. Manchmal sortieren die Auftraggeber auch vor. Die ESA hatte bei einer Ausschreibung für Astronauten über 8000 Bewerbungen. Es gab eine Reihe von Kriterien, die dann in ein Punktesystem übersetzt wurden, in dem die Anforderungen entsprechend gewichtet wurden. Anhand dieses Punktesystems wurde eine Liste aufgestellt, und die knapp 1000 besten Bewerber wurden eingeladen, um an dem Auswahlverfahren teilzunehmen. Bei der Lufthansa gibt es hingegen keine Vorauswahl. Abitur ist die einzige Grundvoraussetzung, und alle, die diese Voraussetzung erfüllen, werden auch zu uns eingeladen. Die Lufthansa reguliert die Bewerbermenge relativ aktiv über ihr Personalmarketing. Aktuell werden beispielsweise nur wenige Piloten gesucht, und dann wird weniger Werbung gemacht und auf der Firmenwebsite auch explizit gesagt, dass wenig Personal gesucht wird. Das ist aber wie gesagt nicht unser Aufgabenfeld, sondern wir sind anschließend die durchführende Instanz, die die Eignungstests macht. Das gesamte Bewerbermanagement und die Rekrutierung laufen über die Auftraggeber.

- I:

Bringt ein so großer Bewerberpool für Sie als Forschungseinrichtung auch Vorteile mit sich?

- PG:

Vor allem für Forschungsfragen aus dem eignungsdiagnostischen Kontext ist die große Bewerbermenge natürlich sehr vorteilhaft. Natürlich gilt eine Reihe von Regeln, wenn man in diesem Kontext forschen will. Dabei gibt es diese Verpflichtungen sowohl den Auftraggebern als auch den Bewerbern gegenüber. Beispielsweise darf man die Verfahren nicht grundlegend verändern, und es müssen immer faire Bedingungen für alle Bewerber herrschen. Hier ist für uns ganz wichtig, dass das Verfahren für alle Bewerber vergleichbar ist, es darf also nicht ein Bewerber anders behandelt werden als ein anderer. Dennoch bleibt Spielraum für interessante Forschung, bei der es ein großer Vorteil ist, regelmäßig bis zu 44 echte Bewerber mit echten Bewerberdaten in den Verfahren zu haben. Für unsere Forschung hat das also viele Vorteile, vor allem, dass wir einen einfachen Zugang zu Versuchspersonen haben. Andererseits können wir aber nicht frei experimentell arbeiten, wir können keine großen Veränderungen machen und sind immer an die Rahmenbedingungen gebunden.

- I:

Das Verteilen von Absagen gehört auch zur Personalauswahl dazu. Wie läuft das bei Ihnen ab?

- PG:

Nach der ersten Auswahlstufe melden wir dem Auftraggeber zurück, ob ein Bewerber diesen Teil des Verfahrens bestanden hat oder nicht. Die Auftraggeber schreiben dann die Bewerber an und teilen ihnen das Ergebnis mit. Die Bewerber haben bei Interesse die Möglichkeit, zusätzlich ein individuelles Feedback zu bekommen. Sie melden sich dann noch einmal bei uns und erhalten einen Datenauskunftstermin. Da gibt dann ein Psychologe von uns ein ausführliches und individuelles Feedback über die Ergebnisse. Dieses Feedback wird aus verständlichen Gründen nicht auf Ebene der einzelnen Items gegeben, aber es werden zumindest die Bereiche zurückgemeldet, in denen es nicht ausgereicht hat.

- **I:**

Wird das gerne genutzt?

- **PG:**

Ja, vor allem von denjenigen, die so eine Karriere weiter anstreben und überlegen, ob sie auf eigene Faust eine Ausbildung machen oder nicht. In der zweiten Auswahlstufe, in der das AC, die Simulatorübung und auch das Interview stattfinden, gibt es auch immer im Anschluss an das Verfahren, die Möglichkeit eines Feedbacks, sofern der Bewerber diese Hürde nicht meistern konnte und das wünscht. Das bieten wir jedem an, und die meisten nutzen es auch. Natürlich können wir auch da nicht einzelne Verhaltensweisen ansprechen, sondern geben immer Rückmeldung zu den Dimensionen beziehungsweise Konstrukten, in denen die Bewerber die Anforderungen nicht erfüllt haben.

- **I:**

Ein weit verbreitetes Problem bei der Personalauswahl ist das Faking, also das bewusste Verstellen. Vor allem in Persönlichkeitstests stellen sich die Bewerber häufig besser dar. Welchen Stellenwert hat das Bewerber-Faking beim DLR, und wie wird mit diesem Problem umgegangen?

- **PG:**

Wie wir beim Thema Vorbereitung thematisiert haben, kann unauthentisches Verhalten nachteilig für die Bewerber sein. Im Persönlichkeitsverfahren verwenden wir einen selbst entwickelten Persönlichkeitstest. Dieser Test ist nicht frei erhältlich und wird daher von uns sehr geschützt. Natürlich sind wir uns darüber bewusst, dass man sich in solchen Verfahren positiver darstellen kann. Wir verwenden in diesem Rahmen eine zusätzliche Offenheitsskala, die wir mitlaufen lassen. Wenn diese auffällig ist, würden wir die anderen Werte mit Vorsicht betrachten. Wir betrachten alle Ergebnisse zusammen, also auch die Verhaltensbeobachtungen aus dem AC und die Urteile aus dem Interview, und prüfen, ob das stimmig ist.

- **I:**

Gibt es Unterschiede bei der Durchführung von Personalauswahlverfahren beim DLR im Vergleich zu klassischeren Unternehmen, die nicht nur für Piloten und Fluglotsen Auswahlverfahren anbieten, sondern für ganz viele verschiedene Berufsgruppen?

- **PG:**

Vermutlich gibt es diese Unterschiede. Das kommt natürlich stark auf den jeweiligen Bereich an. Wir haben hier den großen Luxus, dass wir für ein spezielles Berufsfeld seit sehr langer Zeit eine große Bewerberanzahl haben und immer wieder für den gleichen Beruf Personalauswahl betreiben. Deswegen haben wir hier natürlich die Möglichkeit, unsere eigenen Verfahren für die vorher identifizierten Anforderungen zu entwickeln, alles regelmäßig abzugleichen und zu erneuern. Natürlich haben wir auch die Ressourcen, um ein aufwendiges und multimethodales Verfahren durchzuführen. In anderen Bereichen ist das nicht immer so möglich, gerade wenn man beispielsweise nur eine Stelle besetzen möchte und dafür zehn Bewerber hat. In diesem Fall würde man wohl eher kein eigenständiges Verfahren entwickeln. Allgemein versuchen wir sehr stark, unsere Verfahren auf die Anforderungen auszurichten. Dabei orientieren wir uns auch an den Vorgaben des Arbeitskreises Assessment Center und versuchen, möglichst alle Standards und Qualitätsmaße zu erfüllen. Ich glaube und habe selbst in der Praxis erlebt, dass das nicht in allen Bereichen so möglich ist.

- **I:**

Neben der Lufthansa zählen auch internationale Unternehmen wie z. B. Turkish Airlines zu Ihren Auftraggebern. Inwiefern werden die Auswahlverfahren auf die länderspezifischen Bedürfnisse abgestimmt?

- **PG:**

Idealerweise macht man in dem Fall ebenfalls eine Anforderungsanalyse. Viele Dimensionen, beispielsweise die kognitiven Grundvoraussetzungen, sind natürlich sehr ähnlich. Denn es liegt nahe, dass ein Pilot in der Türkei ähnliche kognitive Grundvoraussetzungen haben sollte wie ein Pilot in Deutschland. In dieser kognitiven bzw. Leistungsebene sind die Anforderungen also vergleichbar und auch die Verfahren sehr ähnlich gestaltet. Unterschiede betreffen etwa die verhaltensorientierte Diagnostik. Wir führen in diesen Ländern kein Assessment Center durch, da das relativ aufwendig wäre und häufig auch das Problem besteht, dass wir das nicht in der Muttersprache abdecken können, weshalb ausländische Untersuchungen auf Englisch ablaufen. Wir verwenden einen Persönlichkeitsfragebogen, den wir als Grundlage nehmen. Außerdem führen wir Interviews durch, die ein wenig mehr simulationsorientierte Ansätze enthalten als in unseren Verfahren in Deutschland. Dadurch decken wir Aspekte ab, die wir hier im AC erfassen. Diese Interviews sind natürlich spezifischer auf die jeweilige Kultur ausgerichtet, das heißt, wir beziehen kulturelle Aspekte mit ein. Hierfür sind oft Piloten der Auftraggeber mit im Boot, die dann die kulturellen Aspekte einbringen können. In Bereichen wie Persönlichkeit, Interview und Kultur finden also Anpassungen statt, aber insbesondere die kognitiven Grundvoraussetzungen sind natürlich ähnlich.

- **I:**

Sind Sie häufig von Berufs wegen in verschiedenen Ländern unterwegs?

- **PG:**

Ich bin viel unterwegs gewesen. Familienbedingt hat das in letzter Zeit etwas nachgelassen. Insgesamt verschiebt sich unser Fokus aber aktuell auf das Ausland, das heißt, wir bekommen vermehrt Anfragen aus anderen Ländern, und der Bedarf in diesen steigt. Ich selbst war etwa in der Türkei, in Jordanien und Bahrain unterwegs. Wir haben auch Testräume in der Schweiz und in Österreich, zum Beispiel gibt es momentan ein Projekt in Wien mit Eurowings. Das ist natürlich einerseits spannend und interessant, andererseits stellt es aber auch die Kollegen vor gewisse Herausforderungen, vor allem was die Vereinbarkeit mit der Familie betrifft. Für viele ist eine Woche Geschäftsreise nicht leicht einzuplanen.

Personalauswahl

- **I:**

Sie erwähnten eingangs bereits, dass das DLR hauptsächlich eine Forschungseinrichtung ist. Eine lebhafte Debatte in der arbeits- und organisationspsychologischen Wissenschaft dreht sich um die Unterschiede zwischen Forschung und Praxis, d. h., Forscher interessieren sich vermeintlich wenig für praktisch drängende Fragen, und umgekehrt ignorieren Praktiker häufig wissenschaftliche Erkenntnisse. Wie gelingt dem DLR der Spagat zwischen Forschung und Praxis?

- **PG:**

Bei uns ist das gar kein so großes Problem, weil wir zwar grundsätzlich Grundlagenforschung machen – was auch der Auftrag des DLR ist –, aber immer einen angewandten Fokus behalten. Rein experimentelle Untersuchungen sind bei uns selten, denn unsere Forschungsfragen betreffen meist einen angewandten Bereich. Von daher lassen sich Forschung und Praxis gut verbinden, vor allem was unsere Eignungsdiagnostik betrifft. Ansonsten arbeiten wir manchmal mit anderen Instituten zusammen, beispielsweise mit Ingenieuren, wenn es um Mensch-Maschine-Interaktion geht. Ingenieure beschäftigen sich eher mit der Maschine, aber um menschliche Aspekte mitberücksichtigen zu können, macht es natürlich Sinn, auch Psychologen hinzuzuziehen, die die menschliche Interaktion betrachten.

- **I:**

Könnten Sie uns einige Forschungsfragen als Beispiele nennen?

- **PG:**

Einen großen Bereich stellt im Moment die Kabinenforschung dar. Kollegen aus dem Ingenieurbereich beschäftigen sich dort mit thermischem Komfort und Lichtkomfort der Passagiere in der Kabine. Natürlich ist es einerseits interessant, die Auswirkungen von Wärme, Temperatur oder Luftzug technisch zu messen, also indem man Dummies in die Flugzeuge setzt und an ihnen Messungen durchführt. Wir wissen aber als Psychologen, dass die subjektive Wahrnehmung sich oft von den objektiven Gegebenheiten unterscheidet. Deshalb macht es Sinn, zusätzlich zu den technischen Methoden auch echte Menschen Einschätzungen abgeben zu lassen. Daher befragen wir Passagiere. Besonders interessant ist es dann zu untersuchen, ob es Unterschiede zwischen subjektiver und objektiver Wahrnehmung gibt, indem wir unsere Ergebnisse mit dem abgleichen, was die Ingenieure gemessen haben.

- **I:**

Wie generiert das DLR Forschungsfragen?

- **PG:**

Da gibt es unterschiedliche Möglichkeiten. Manchmal wird natürlich mit konkreten Fragen an uns herangetreten. Wir haben eine gewisse Grundausrichtung für Fragen, die uns interessieren, aber natürlich kommen auch Aufträge von intern oder extern von anderen Instituten sowie der Industrie, die wir dann auch bearbeiten. Das heißt, es gibt verschiedene Wege für uns, Forschungsfragen zu generieren. Wenn sich etwas findet, das uns interessiert, müssen natürlich auch noch andere Faktoren mitberücksichtigt werden, vor allem die Finanzierung. Oft versuchen wir in eher angewandten Projekten zusätzlich für uns interessante Fragen aus der Grundlagenforschung mit unterzubringen. Der eignungsdiagnostische Bereich ist beispielsweise relativ gut erforscht. Nichtsdestotrotz ergeben sich auch dort ab und an Fragestellungen. Gelegentlich kooperieren wir auch mit den Universitäten, lassen Fragebögen mitlaufen oder entwickeln neue Verfahren.

- **I:**

Greifen Sie bei der Durchführung der ACs auf bekannte Testverfahren wie den IST-2000 zurück, oder entwickeln Sie auch selbst Leistungstests?

- **PG:**

Wir verwenden keine Testverfahren, die anderweitig bekannt sind und genutzt werden. Das liegt einerseits daran, dass wir die Verfahren sehr an den Anforderungen orientiert aufstellen und immer versuchen, Bezüge zur Luftfahrt herzustellen. Wir haben die wissenschaftliche Expertise, die Ressourcen und natürlich die Bewerberanzahl, um alles selbst zu entwickeln. Andererseits gibt es wie bereits erwähnt diese Vorbereitungsindustrie. Deswegen sind wir sehr bedacht darauf, dass unsere Verfahren unbekannt bleiben. Wenn wir bekannte Verfahren verwenden würden, würde sich das sehr schnell herumsprechen und die Verfälschung erleichtern. Darüber hinaus liegt bei uns der Fokus auf ganz spezifischen Anforderungen. Natürlich werden viele Bereiche auch mit gängigen Intelligenztests abgedeckt. Gelegentlich lassen wir auch verbreitete Tests mitlaufen und untersuchen, wie viel Deckung es gibt. Selbstverständlich gibt es meist Überschneidungen, aber es gibt auch Bereiche, die für den Piloten- oder Fluglotsenbereich besonders relevant sind, und dafür entwickeln wir unsere eigenen Tests.

- **I:**

Uns als Studenten interessiert natürlich, wie man in den Bereich Luftfahrtpsychologie kommt. Muss man sich in dem Bereich vorher schon auskennen?

- **PG:**

Es gibt immer die Möglichkeit, bei uns ein Praktikum zu machen. Wir haben regelmäßig Praktikanten, und ein- bis zweimal im Jahr gibt es eine Praktikantenrunde. Das ist ein guter Einstieg, um hier einen Einblick zu bekommen. Sie erhalten alle die Möglichkeit, sich das Auswahlverfahren mal anzuschauen. Ansonsten sind sie in den Forschungsprojekten eingespannt und arbeiten mit. Man muss sich nicht unbedingt speziell vorbereiten, um hier Fuß zu fassen. Ich habe hier vorher nie ein Praktikum gemacht, sondern mich nach der Promotion direkt beworben. Es gibt aber viele Kollegen, die im DLR gewissermaßen groß geworden sind, das heißt, sie haben hier ein Praktikum gemacht oder als Testleiter gearbeitet. Wir haben viele studentische Testleiter gehabt, die Rollenspiele gemacht oder die die kognitiven Tests als Testleiter durchgeführt und anschließend intern promoviert haben. Also es gibt diese beiden Wege. Die meisten Kollegen hier sind promoviert, und diejenigen, die nicht promoviert sind, sind Doktoranden. Dadurch, dass wir eine Forschungseinrichtung sind, wird das auch so angestrebt. Daher gibt es hier auch immer Stellen für Doktoranden, so wie an der Uni auch, die im Rahmen eines der

Forschungsprojekte promovieren oder auch mit einem anderen Thema kommen und das nebenher machen.

Natürlich unterscheiden sich die Stellen von denen an der Uni. Während man an der Uni häufig Studenten betreut, Seminare leitet und am Lehrstuhl mitarbeitet, ist es hier so, dass man in der Regel eine halbe Stelle hat und natürlich auch Eignungsdiagnostik macht. Das heißt, die Doktoranden werden in die Verfahren als Beobachter mit eingebunden. Darüber hinaus arbeiten sie in der Regel in einem der Forschungsprojekte mit, das zu ihrem Promotionsthema gehört. Es gibt also schon einige Unterschiede zu dem, was an der Uni stattfindet. Aber vom Grundprinzip ist es ähnlich. Man hat eine halbe Stelle, die mit gewissen Verpflichtungen einhergeht, und promoviert gewissermaßen in seiner Freizeit.

- **I:**

Welche Jobchancen schließen sich an die Promotion beim DLR an?

- **PG:**

Es gibt die Möglichkeit, hier zu bleiben, und das nehmen auch viele an. Das ist natürlich immer abhängig davon, ob es gerade Projekte gibt oder ob Stellen frei sind. Es ist also durchaus ein üblicher Weg, dass man hier promoviert und im Anschluss auch hierbleiben kann. Es gibt auch mehrere Kollegen, die promoviert haben und sich doch entschieden haben, in die Praxis zu gehen. Prinzipiell gibt es auch die Möglichkeit, zurück an die Uni zu gehen, obwohl wir hier natürlich sehr anwendungsorientiert arbeiten. Das kann es unter Umständen schwieriger machen, eine rein akademische Karriere anzuschließen. Aber je nachdem wie die einzelnen Kollegen ausgerichtet sind, publizieren wir hier auch, fahren zu Kongressen und präsentieren dort unsere Forschungsergebnisse. Das ist sehr ähnlich wie an der Uni, wenn auch nicht mit so einem starken Publikationsdruck. Prinzipiell ist Publizieren erwünscht und ein Teil unserer Arbeit hier.

- **I:**

Durch die zunehmende Automatisierung ändern sich auch die Anforderungen für Berufe wie Pilot oder Fluglotse. Welche zukünftigen Entwicklungen könnten in Ihrem Tätigkeitsbereich dahingehend relevant werden?

- **PG:**

Es gab ein großes Forschungsprojekt, AVIATOR 2030, das sich schon vor ein paar Jahren damit beschäftigt hat, wie sich die Anforderungen an Piloten und Fluglotsen ändern und was daraus folgt. In vielen Bereichen findet zunehmend Automatisierung statt. Für uns bedeutet dies natürlich, dass man regelmäßig die sich ändernden Anforderungen im Blick haben muss und das eignungsdiagnostische Verfahren daraufhin ausrichtet und anpasst.

- **I:**

Welche Schritte würden Sie Studenten empfehlen, die im Bereich Personalauswahl Fuß fassen wollen?

Abb. 2.1 Video 2.1 (▶ https://doi.org/10.1007/000-8hd)

- **PG:**

Ich habe mich nach meiner Promotion auch gefragt, ob ich in die Wissenschaft oder in die Praxis möchte. Damals war ich mir nicht so sicher. Mich hat das wissenschaftliche Arbeiten interessiert, aber ich habe mich auch gefragt, ob man, wenn man rein von der Uni kommt, nachher für die Praxis nicht ein wenig überqualifiziert ist, weil man zu teuer ist, aber keine Praxiserfahrung hat. Wenn man einen reinen Personaler-Job machen will, muss eine Promotion nicht unbedingt sein. Das kommt sicherlich darauf an, in welchen Bereich man möchte, aber ich könnte mir vorstellen, dass da eher Praktika und vielleicht auch studentische Nebenjobs hilfreicher sind als eine Promotion. Gerade über Praktika bekommt man die Möglichkeit, hier und da, vielleicht auch als studentischer Mitarbeiter, in der Personaldiagnostik mitzuhelfen. Ich habe damals bei Kienbaum ein Praktikum gemacht. Da wurden uns Studenten viele Möglichkeiten geboten, und wir durften in vielen Bereichen mitarbeiten. Vermutlich macht es auch Sinn, schon im Studium den Fokus auf Personalauswahl und -entwicklung zu legen und passende Seminare zu belegen. Bei uns gab es beispielsweise Konfliktmanagement und Moderationstechniken als Seminare. Da frühzeitig einen Schwerpunkt zu setzen und sich weiterzubilden, macht sicherlich Sinn.

- **I:**

Vielen Dank für das Interview.
Video des Interviews (siehe. ◘ Abb. 2.1):

2.3 Personaldiagnostik in der Managementberatung: Interview mit Dr. René I. Kusch der RELEVANT Managementberatung

Das Interview und die Transkription führten Anja Frisch und Julia Rothamel durch.

- **Interviewer:**

Herr Kusch, Sie sind als Berater tätig. Geben Sie uns doch bitte einen kurzen Einblick in die Tätigkeit eines Beraters und speziell in Ihren Aufgabenbereich.

Personalauswahl

▪ René I. Kusch:

RELEVANT Managementberatung arbeitet mit Führungskräften, Beratern und Human Resources zusammen. Dabei kommen häufig auch die Online-Persönlichkeitsverfahren von unserem Partner Hogan Assessment Systems zum Einsatz. Führungskräfte begleiten wir a) bei der Auseinandersetzung mit ihren aktuellen und zukünftigen Anforderungen, b) bei der Identifikation von Mitarbeitern, die hierbei einen wichtigen Beitrag leisten können, und c) bei der Gestaltung von Maßnahmen, ihre Wirksamkeit als Führungskraft mit ihren Mitarbeitern, Kollegen und Vorgesetzten zu erhöhen. Beratern sowie Mitarbeitern aus dem Human Resources aus mittelständischen Unternehmen und Konzernen stellen wir die Verfahren von Hogan Assessments zur Verfügung. RELEVANT Managementberatung unterstützt sie dabei, ihren (internen) Kunden wirksame Lösungen entlang des gesamten Employee-Lifecycles zur Verfügung zu stellen. Dazu gehört die Personalauswahl, das Onboarding, die Entwicklung nach dem Prinzip „Werde dein eigener Coach", Entwicklungsmaßnahmen als Team sowie Begleitung von Führungskräften in unterschiedlicher Form.

▪ I:

Was hat Sie damals eigentlich dazu bewegt, Psychologie zu studieren? Wussten Sie von Anfang an, dass Sie später den Fokus auf die Arbeits- und Organisationspsychologie legen werden?

▪ RK:

Das Erleben und Verhalten von Menschen im Alltag hat mich schon immer interessiert. Über die Studienberatung des Arbeitsamts bin ich als Schüler auf die Arbeits- und Organisationspsychologie aufmerksam geworden. Unter anderem die CHE-Studien sagten eine gute Entwicklung dieses Berufszweigs voraus. Die Aussicht, im Laufe des Studiums mehr über die vielen unterschiedlichen Anwendungsbereiche und Arbeitsformen von Arbeits- und Organisationspsychologen zu erfahren, machte diese Wahl besonders attraktiv. Im Laufe des Studiums hatte ich die Chance, auch Inhalte aus der Klinischen Psychologie zu vertiefen. Das in diesem Rahmen gewonnene Wissen, z. B. über die Wirksamkeit unterschiedlicher Therapieformen, ist mir heute eine sehr wichtige Grundlage bei der Gestaltung von Entwicklungsprozessen.

▪ I:

Während des Studiums haben Sie verschiedene Stationen durchlaufen: Von der Universität Mannheim ging es zur San Diego State University und zur Promotion dann wieder zurück nach Deutschland. Inwiefern hat Sie das geprägt und im Hinblick auf Ihren beruflichen Werdegang beeinflusst?

▪ RK:

Ein befreundeter McKinsey-Berater hat mir bereits während meines Grundstudiums den guten Rat gegeben, möglichst für ein ganzes Jahr in den USA zu studieren. Er wusste, dass ich mich mit einer längeren Perspektive vor Ort mehr einlassen würde. So habe ich zu Beginn des Aufenthalts tatsächlich – anders als meine zwei deutschen Kommilitonen, die sich für einen dreimonatigen Aufenthalt entschieden hatten –, eine WG mit einem Amerikaner und einem Brasilianer gegründet, ein eigenes Auto gekauft, den Führerschein vor Ort gemacht und mich erfolgreich gegen einen versuchten Betrug meines Autoversicherers gewehrt. Diese Erfahrungen, mich an einem unbekannten Ort und in einer bis dato unbekannten Kultur zurechtzufinden und Herausforderungen nicht aus dem Weg zu gehen (weil ich ja eh nur drei Monate da bin), haben mein Durchhaltevermögen gestärkt. Die „Ich-kann-das-Mentalität" hat sicherlich auch dazu beigetragen, meine Promotion erfolgreich abzuschließen, nach acht Jahren als angestellter Berater meine eigene Firma zu gründen, relativ schnell eigene Mitarbeiter einzustellen und erfolgreich relativ große internationale Projekte anzunehmen.

Im Nachgang ging ich an die Universität der Bundeswehr nach Hamburg und erlebte auch, dass die von mir wahrgenommenen Unterschiede der Kulturen zwischen Mannheim und San Diego in der Summe geringer waren als die Unterschiede zwischen der Universität Mannheim und der Universität der Bundeswehr. Diese Erfahrung erhöhte sowohl meine Neugierde, mich mehr auf scheinbar Fremdes einzulassen, aber auch scheinbar Bekanntes noch besser kennenlernen zu wollen. Heute habe ich das große Privileg, mit Menschen an unterschiedlichen Orten der Welt zusammenarbeiten zu können und immer wieder Neues zu erfahren und zu lernen.

- **I:**

Wann wurde Ihnen klar, dass Sie nach Ihrem Diplom eine Promotion anstreben?

- **RK:**

Am Ende meines Studiums konnte ich mir grundsätzlich drei Wege vorstellen: einen Job in der Industrie, die Promotion oder die Gründung einer Kirchengemeinde. Anlässlich zweier Promotionsangebote habe ich mich dann konkret mit dieser Option auseinandergesetzt. In der Prüfung beider Optionen haben mich unterschiedliche Menschen ermutigt. Das war mir eine wichtige Unterstützung, die mir Klarheit für diesen Schritt gegeben hat.

- **I:**

Und inwiefern hat Ihnen das, was man in der Promotion über das Studium hinaus lernt, im weiteren Verlauf Ihrer Karriere geholfen?

- **RK:**

Im Rahmen der Promotion habe ich ein Online-Persönlichkeitsverfahren zum Umgang von Mitarbeitern mit organisationalen Veränderungen entwickelt. Mein Doktorvater André Beauducel, der bereits meine Diplomarbeit betreut hatte, ist ausgewiesener Experte im Bereich der psychologischen Diagnostik. Im gemeinsamen Austausch hatte ich die Chance, auf den Kenntnissen aus dem Studium aufbauend, mich sehr tiefgehend mit den Chancen und Grenzen von Psychometrie auseinanderzusetzen. Dieses Wissen und diese pragmatische Art, über Personaldiagnostik zu denken, helfen mir sehr, wenn ich heute Kunden berate. Dabei geht es beispielsweise um die Bedeutung von Persönlichkeit in der Personalauswahl, um die Veränderbarkeit von Persönlichkeit, den Einsatz von Persönlichkeitsfragebögen in Managementteams und in weltweiten Entwicklungsprogrammen für Führungskräfte. Diese ausgewiesene Expertise mit Anwendungsbezug ist auch immer wieder Anlass

Personalauswahl

für Anfragen zu Vorträgen und Publikationen und hat mir immer wieder auch die Aufmerksamkeit meines Partners Hogan Assessment Systems garantiert.

Ähnlich wie bei einem längeren Auslandseinsatz gilt es auch bei einer Promotion, sich durchzubeißen und sein Ziel auch bei Widerständen nicht aus den Augen zu verlieren. Ich kenne niemanden, der eine Promotion abgeschlossen hat, ohne dass sich nicht größere Herausforderungen auf dem Weg ergeben hätten. Ich habe mich beispielsweise im letzten Drittel der Promotion entschieden, aus einer sehr komfortablen Anstellung eines wissenschaftlichen Mitarbeiters in eine Anstellung als Berater mit Führungsverantwortung zu gehen. Ich musste also „extern" meine Promotion abschließen, während ich von Projekt zu Projekt flog. Diese Fähigkeit, Ziele so lange zu verfolgen, bis sie erreicht werden, kommt mir nun auch beim Aufbau meiner eigenen Beratung sehr zugute.

Schließlich muss ich zugeben, dass der Doktortitel immer mal wieder Türöffner in der Anbahnung von Kontakten und Projekten ist und Prozesse und Entscheidungen beschleunigt. Das hat sicherlich damit zu tun, dass der Titel einen gewissen Vertrauensvorschub leistet. Ein Vorgesetzter hat mich einmal zu Recht darauf hingewiesen, dass damit auch Verantwortung einhergeht, dieses Vertrauen und die daran geknüpften Erwartungen zu erfüllen. Was ich daraus gelernt habe? Dass alles, was ich tue und lasse und was mit mir assoziiert wird, meine Reputation beeinflusst.

- **I:**

Zu Beginn 2016 haben Sie sich selbstständig gemacht. Wie sah denn Ihr Weg zur Selbstständigkeit aus, und welche Stationen haben Sie auf diesem Weg durchlaufen?

- **RK:**

Während meiner Promotionszeit habe ich u. a. auch auf der Jahreskonferenz der Fachgruppe Arbeits- und Organisationspsychologie SIOP (Society of Industrial and Organizational Psychology) in den USA teilgenommen. Dort bin ich mit Vertretern von Hogan Assessment Systems in Kontakt gekommen, die mich schließlich mit ihrem damaligen Distributionspartner in Deutschland in Verbindung gebracht haben. Dort habe ich parallel zu meiner Promotion zunächst als freiberuflicher Trainer gearbeitet. Nach zwei Jahren habe ich ein Angebot als fest angestellter Berater angenommen. Nacheinander habe ich die Abteilungen Forschung & Entwicklung, Produktmanagement und Beratung aufgebaut und geleitet. In diesen acht Jahren hatte ich die Möglichkeit, u. a. mit weit über 1000 Personen die Verfahren von Hogan Assessments durchzuführen.

Mit der Gründung der Firma RELEVANT Managementberatung habe ich die Möglichkeit verbunden, den Anteil meiner unternehmerischen Verantwortung zu erhöhen. Die konkreten Angebote von RELEVANT Managementberatung habe ich ja bereits in der ersten Frage dargestellt. Heute ist RELEVANT Managementberatung ein direkter Partner von Hogan Assessment Systems, und ich bin stolz, dass unterschiedliche Entwicklungen es mir erlaubt haben, bereits in den ersten sechs Monaten Personal einzustellen.

- **I:**

Sie als Personalberater setzen sich ja auch mit dem Bereich der Personalauswahl auseinander. Nehmen wir an, ein großes Unternehmen sucht einen neuen

Mitarbeiter. Wann würde ein solches Unternehmen Personalberater, insbesondere Psychologen wie Sie, zurate ziehen?

- **RK:**

Externe Berater werden angefragt, wenn die internen Kapazitäten für einen Auftrag nicht ausreichen, das Know-how für den Auftrag intern nicht verfügbar ist oder Vertraulichkeit sehr große Bedeutung hat. Letzteres ist häufig bei höheren Managementebenen der Fall.

In der Personalauswahl geht es darum, den Kandidaten zu identifizieren, der am besten auf eine vorher definierte Stelle passt. Dabei dreht es sich um die Frage, welcher Kandidat am wahrscheinlichsten einen vorher definierten Aufgabenbereich verantworten kann. Die Beschreibung, Erklärung und Vorhersage des Erlebens und Verhaltens von Menschen sind Kern der Psychologie. Eine gute Ausbildung im Studium kann einen sehr wichtigen Grundstein für diese Tätigkeit legen.

- **I:**

Und welche Instrumente setzen Sie als Personalberater in der Personalauswahl ein?

- **RK:**

Wir setzen Persönlichkeitsfragebögen, Verfahren zur Erfassung kognitiver Leistungsfähigkeit und halbstrukturierte Interviews mit Simulationen ein. Die Prüfung der fachlichen Qualifikationen überlassen wir einem anderen Berater oder einer Person aus der Fachabteilung.

- **I:**

Wie bekommt man eigentlich heraus, welches Testinstrument für die Personalauswahl geeignet ist?

- **RK:**

Gute Frage. Das Instrument sollte vor dem Einsatz in der Personalauswahl erprobt werden. In den Studien sollte der Nachweis erbracht werden, dass das Instrument zwischen Personen, die positionsrelevante Tätigkeiten erfolgreich ausfüllen, und solchen Personen, die diese Tätigkeiten weniger erfolgreich ausfüllen, unterscheiden kann. Bei Autoverkäufern beispielsweise sollte ein Instrument dabei helfen, diejenigen Personen aus einer Gruppe von Bewerbern zu identifizieren, die voraussichtlich die meisten Autos verkaufen. Eine wichtige Voraussetzung für dieses Vorgehen ist ein konkretes Anforderungsprofil, in dem die Kernaufgaben der Position beschrieben werden. In der DIN 33430 sind auch Kriterien gelistet, nach denen Instrument und diagnostische Prozesse danach bewertet werden sollten, inwiefern die Voraussetzungen für die Vorhersagen von Verhalten auch über einen längeren Zeitraum erfüllt sind. Dabei geht es um die Objektivität, Reliabilität und Validität. Aus Rechtsgründen ist die Fairness und für das Personalmarketing die Akzeptanz der eingesetzten Verfahren darüber hinaus wichtig. Unter dem Schlagwort „Gamification" gibt es immer wieder auch Versuche, mit ansprechenderen Assessments als Fragebögen Persönlichkeit zu erfassen. Diese Art der Verfahren steckt allerdings noch in den Kinderschuhen, ebenso wie die Analyse von Facebook-Profilen oder der Sprache. Unternehmen sollten bei der Wahl eines Testinstruments 1) den Anbieter um

Informationen zu den in der DIN 33430 definierten Kriterien bitten und 2) eine Person mit der Auswertung dieser Informationen beauftragen, die das fachliche Know-how hat, diese Informationen interpretieren zu können. In den meisten Fällen sind das aufgrund ihres tiefen Verständnisses dieser Themen Psychologen.

Ein weiterer Punkt bei der Auswahl von Mitarbeitern ist mir noch wichtig: Das Vorgehen, Mitarbeiter für eine definierte Stelle zu identifizieren, macht nur unter zwei Voraussetzungen Sinn: 1) Die heute definierten Anforderungen bleiben auch in der Zukunft relativ konstant. 2) Es gibt mehrere Bewerber, die für dieselbe Position kandidieren. Beides ist aufgrund von Globalisierung, des Fachkräftemangels und der sich gerade vollziehenden Industrialisierung 4.0 immer weniger der Fall. Deswegen weichen manche Organisationen von dem klassischen Vorgehen ab. Sie definieren zwar immer noch Anforderungen, diese sind jedoch eher allgemeiner gehalten und oft funktionsunabhängiger. Anstelle einer Liste von Mitarbeitern steht bei dieser Vorgehensweise der Kandidat mit oft erheblicher Expertise in einem Bereich im Mittelpunkt der Betrachtung. Gemeinsam wird diskutiert und geprüft, wie eine Stelle so gestaltet werden kann, dass sich ein Mitarbeiter optimal einsetzen und weiterentwickeln kann. Viele Organisationen, die ich berate, stehen vor der Herausforderung, sich zunehmend auf diese neue Realität einzustellen.

- **I:**

Gehen wir vielleicht auf einzelne Verfahren genauer ein. Warum ist beispielsweise der Einsatz von Persönlichkeitstests in Abgrenzung zu anderen Verfahren, Ihrer Auffassung nach, sinnvoll?

- **RK:**

Grundsätzlich geht es bei der Auswahl um eine möglichst gute Vorhersage des Befindens und der Leistungsfähigkeit von Mitarbeitern. Mit dem Einsatz unterschiedlicher Methoden wird dies am ehesten ermöglicht. Es geht nicht darum, grundsätzlich unterschiedliche Methoden (z. B. Persönlichkeitsfragebogen oder Interview) gegeneinander auszuspielen, sondern in einem konkreten Fall unterschiedliche Methoden sinnhaft miteinander zu kombinieren, für die der empirische Nachweis erbracht wurde, dass sie die für die Position relevanten Verhaltensweisen vorhersagen. Im diesem Sinne dient der Vergleich zwischen Methoden dem besseren Verständnis um die Besonderheit einer Methode, aber nicht als Argument für den alleinigen Einsatz einer Methode.

Zur Beschreibung von Persönlichkeit hilft das Bild eines Autopiloten. Damit werden Verhaltensweisen beschrieben, die einer Person leicht von der Hand gehen und nicht bewusst gesteuert werden müssen. Diese Verhaltensweisen zeigt der Mitarbeiter mit hoher Wahrscheinlichkeit ohne dass andere ihn dazu auffordern müssten. Alternative Verhaltensweisen sind möglich, benötigen aber bewusste Steuerung und daher mehr Ressourcenaufwand durch die Person. Das Ziel in der Personalauswahl besteht darin, den Kandidaten zu identifizieren, für den die Überlappung zwischen dem persönlichen Autopiloten und den Anforderungen am höchsten ist.

- **I:**

In der Forschung zeigt sich, dass Persönlichkeitsdimensionen keine allzu großen Effekte haben. Was sind Gründe, sie dennoch einzusetzen?

- **RK:**

Zunächst kommt es auf den Vergleich an. So übertreffen die Zusammenhänge zwischen Persönlichkeitsdimensionen und konkretem Verhalten am Arbeitsplatz nicht selten die Zusammenhänge zwischen der Einnahme von Kopfschmerzmitteln und nachlassendem Schmerz. Trotz der niedrigen Wahrscheinlichkeit von Kopfschmerzmitteln, Schmerzen zu lindern, werden sie oft genommen.

Zudem basiert Kritik an der Höhe der Zusammenhänge auf Studien, in denen untersucht wird, wie einzelne Persönlichkeitsmerkmale Leistung vorhersagen. In der Praxis basieren Personalentscheidungen nicht auf Einzeldimensionen. Wenn mehrere Persönlichkeitsdimensionen zur Vorhersage von Leistung kombiniert werden, wird die Vorhersagegüte erheblich gesteigert.

- **I:**

Wenn man von psychometrischen Verfahren spricht, denkt man automatisch auch an Intelligenztests. Welche Relevanz haben Intelligenztests denn in der Personalauswahl?

- **RK:**

Intelligenz ist die Fähigkeit, einer komplexen Situation Struktur zu geben und die richtige Lösung für ein Problem zu finden. Intelligenz hat somit einen erheblichen Einfluss auf die Entscheidungsqualität. Dieser Einfluss ist umso größer, je komplexer die Tätigkeit ist. Das ist häufig bei akademischen Berufen und zunehmender Managementebene der Fall.

Ob eine Person ein Problem im Berufsalltag löst, liegt an zwei Faktoren: 1) Ist der Person die Lösung des Problems wichtig und ist sie bereit, sich dafür einzusetzen? 2) Ist die Person in der Lage, das Problem zu lösen? Während die Persönlichkeit einer Person die erste Frage beantwortet, bezieht sich Intelligenz auf die Beantwortung der zweiten Frage. Das erklärt auch, warum Personen nicht die Leistung bringen, die man aufgrund des ersten Kennenlernens erwartet hätte. Kunden von mir sagen dann: „Ich dachte, er sei smart und könne das Problem schnell lösen." Während die Person dazu kognitiv zwar in der Lage gewesen wäre, kann es gut sein, dass sie schlicht keinen Anlass gesehen hat, sich bei einem Thema zu engagieren. Aus dieser Erfahrung leitet sich immer wieder die Empfehlung ab, auch die Persönlichkeit standardisiert zu erfassen.

- **I:**

Und welchen Mehrwert haben jetzt zum Beispiel Intelligenztests im Vergleich zu Schulnoten?

- **RK:**

Schulnoten und Intelligenz zeigen einen gewissen Zusammenhang. Allerdings sind Noten auch von Rahmenbedingungen wie z. B. dem Bundesland abhängig und daher weniger vergleichbar als Ergebnisse, denen dieselbe Norm zugrunde liegt. Es gibt Beratungen, die die Note im Abitur tatsächlich als Kriterium in der Vorauswahl nutzen. Anstatt die absoluten Werte aber direkt miteinander zu vergleichen, nutzen sie Datenbanken u. a. mit Information zu der Notenverteilung in den Bundesländern. Das erlaubt, die Effekte des Bundeslandes herauszurechnen und damit vergleichbarer zu machen. Die Deutsche Bahn geht einen anderen Weg und verzichtet bei der Auswahl von Azubis komplett auf Noten.

- **I:**

Sie haben im Bereich der Personalauswahl ja viel mit den Hogan Assessments gearbeitet. Was genau verbirgt sich denn dahinter?

- **RK:**

Robert und Joyce Hogan stammen wie ich ursprünglich aus der Wissenschaft. Sie haben bei ihrer Arbeit als Professoren der Arbeits- und Organisationspsychologie an der Universität von Tulsa, Oklahoma in den USA, mit dem California Personality Inventory (CPI) die Erfahrung gemacht, dass dieser Persönlichkeitsfragebogen einen erheblichen Erklärungsgehalt für das Verhalten von Menschen liefert. Auf der Basis dieser Erfahrung haben sie zunächst den Hogan Personality Inventory (HPI) zur Beschreibung und Vorhersage von Verhalten am Arbeitsplatz entwickelt. Eine Besonderheit bei der Entwicklung des HPI besteht darin, dass bereits in sehr frühen Phasen der Fragebogenentwicklung der Erklärungswert jeder Frage für die Vorhersage von Verhalten am Arbeitsplatz herangezogen wurde. Fragen, die zu der Erklärung von Verhalten am Arbeitsplatz beitrugen, wurden beibehalten, die anderen aussortiert oder verändert. Soweit ich weiß, kommt dieser Schritt bei alle anderen Fragebogenentwicklern deutlich später und teilweise erst in einer Phase, in der Veränderungen des Fragebogens deutlich eingeschränkter sind. Aufgrund der großen Nachfrage haben Robert und Joyce Hogan 1987 Hogan Assessment Systems gegründet. Heute arbeitet Hogan über ein Netzwerk von Partnern in über 40 Ländern und Sprachen. RELEVANT Managementberatung ist einer dieser Partner.

Noch mal zu den Inhalten: Der als Erstes entwickelte Hogan Personality Inventory (HPI) orientiert sich an dem Fünf-Faktoren-Modell der Persönlichkeit, dem Referenzmodell zur Erfassung von Persönlichkeit. Mit dem HPI wird beschrieben, welche Verhaltensweisen eine Person normalerweise am Arbeitsplatz zeigt und wie die Person vermutlich Erfolg haben wird. Da beruflicher Erfolg aber nicht nur durch die Anwesenheit von Verhaltensweisen in normalen Situationen, sondern auch durch die Abwesenheit kontraproduktiver Verhaltensweisen in Druck-, Stress- und Trigger-Situationen bedingt ist, haben Robert und Joyce Hogan den Hogan Development Survey (HDS) entwickelt, um Hinweise auf genau diese Verhaltensweisen zu erhalten. Beide Verfahren erlauben Aussagen über die Reputation von Personen. Mit Reputation ist die Bewertung einer Person durch andere gemeint. Die Reputation erfasst, wie eine Person durch andere wahrgenommen, beschrieben und bewertet wird. Damit hat die Reputation oft einen größeren Effekt auf das berufliche Fortkommen als die Selbstbewertung. Datenbanken mit Big Data und Algorithmen zu den Zusammenhängen zwischen den Antworten auf die Persönlichkeitsfragebögen und stukturierten Fremdbewertungen (z. B. Assessment Centers, Vorgesetztenbeurteilungen) erlauben es, hohen, niedrigen und mittleren Ausprägungen jeder Persönlichkeitsdimension typische Fremdbewertungen zuzuweisen und in den Berichten einzubinden.

Der Entwicklung des HPI und HDS folgte schließlich der Motives Values Preferences Inventory (MVPI), ein Verfahren zur Erfassung von Motiven und Werten. Dieses Verfahren eignet sich dazu, die Bedürfnisse und Intentionen von Personen am Arbeitsplatz zu beschreiben. Er gibt Hinweise, nach welchen Kriterien Menschen Bewertungen darüber vornehmen, was sie gut und schlecht finden und wie sie auf dieser Grundlage Entscheidungen treffen. Das Zusammenspiel von HPI, HDS und MVPI erlaubt eine sehr differenzierte Beschreibung von Menschen am Arbeitsplatz, die in der Personalauswahl und -entwicklung sehr viel präziser ist als die Erfassung nur einer der Perspektiven. Odgers Berndtson, eine sehr renommierte weltweit agierende Executive-Search-Firma, nutzt diese Verfahren, um Managementpotenziale zu identifizieren.

- **I:**

Organisationen können sich ja stark voneinander unterscheiden. Passen Sie diese Verfahren in irgendeiner Form auch auf Organisationen an? Oder gibt es ein spezielles Verfahren, das Sie immer anwenden?

- **RK:**

Die Persönlichkeitsfragebögen bleiben bestehen und werden zwischen unterschiedlichen Einsätzen bei Organisationen nicht angepasst. Ansonsten könnten die Normen, mit denen die Personen mit Arbeitnehmern anderer Organisationen verglichen werden, nicht eingesetzt werden. Bei der Definition der Anforderungen in der Personalauswahl oder bei der Entscheidung, wie die Ergebnisse in Berichten dargestellt werden, gibt es Möglichkeiten, auf die Besonderheiten der Organisation einzugehen.

- **I:**

Manche in der Personalpraxis verbreiteten Testverfahren zur Persönlichkeit versuchen, Rückmeldung in Form von Passung zu einem bestimmten Beruf zu geben. Gibt es bei den Hogan Assessments für verschiedene Berufsgruppen auch ideale Persönlichkeitsprofile?

- **RK:**

Für Manager, Vertriebler, Sachbearbeiter, Mitarbeiter mit hohen Anforderungen an Arbeitssicherheit und viele andere existieren Anforderungsprofile. Diese werden immer wieder eingesetzt. Sie basieren auf publizierten Metaanalysen in Fachzeitschriften, Hogan-internen Forschungsarbeiten und Daten aus dem amerikanischen Pendant der Bundesagentur für Arbeit. Diese Profile sind generisch und werden in Projekten eingesetzt, in denen sehr viele Bewerber um wenige Positionen konkurrieren. Es gibt Situationen, in denen die Personalauswahl durch die kundenspezifische Präzisierung der Anforderungsprofile an z. B. Besonderheiten der Organisation deutlich verbessert werden kann.

Je geringer das Verhältnis zwischen Bewerbern und zu besetzenden Stellen ist, je mehr Positionen mit den gleichen Anforderungen in einer Organisation zu besetzen sind, je länger die Kernanforderungen der Stelle auch zukünftig Bestand haben, und je höher die Wertschöpfung von Mitarbeitern in der Position ist, desto eher empfiehlt es sich, ein spezifischeres Anforderungsprofil zu erstellen und die Ergebnisse der Kandidaten mit diesen abzugleichen.

Im Anforderungsprofil werden Bandbreiten für jedes Persönlichkeitsmerkmal dargestellt, das mit Anforderungen der Position zusammenhängt. Personen, deren

Ergebnisse in diesem Bereich der Norm liegen, zeigen geforderte Verhaltensweisen insgesamt häufiger/schneller/erfolgreicher als Personen, die außerhalb dieser Bandbreiten liegen. Natürlich sollte der Abgleich von Ergebnissen aus einem Persönlichkeitsfragebogen und einem Anforderungsprofil aber nur ein Baustein in der Auswahl von Mitarbeitern sein.

- **I:**

Bei Testverfahren zum Thema Persönlichkeit besteht die Gefahr, dass die Antworten bewusst verzerrt werden. Da die meisten Persönlichkeitstests Selbstauskunftsverfahren sind, stellen Bewerber sich gerne besser dar, als sie eigentlich sind, was man im Englischen als Faking bezeichnet. Stellt dieses Faking ein Problem in der Personalauswahl dar, oder ist es vielleicht sogar als Skill zu sehen?

- **RK:**

Nahezu jeder möchte von anderen in einem bestimmten Bild wahrgenommen werden. Dieser Wunsch leitet Verhalten. Ansonsten würden sich an der Schlange in der Kantine mehr Personen vordrängeln oder würden in Meetings mehr Fragen gestellt, wenn etwas unklar ist. Das Maß, mit dem Personen einen guten Eindruck auf andere machen möchten, ist allerdings sehr unterschiedlich ausgeprägt.

Häufig werden als Nachweis Faking-Studien mit Studierenden zitiert. Die Studierenden sollten sich vorstellen, sie seien Bewerber auf eine vorher beschriebene Position und sie sollten den Fragebogen so beantworten, dass ihre Chance auf eine Zusage möglichst hoch ist. Im Vergleich zur Beantwortung des Fragebogens in einer Situation ohne diese Instruktion kann gezeigt werden, dass sich die Ergebnisse in der ersten Bedingung von denen in der zweiten Bedingung tatsächlich unterscheiden und näher am Anforderungsprofil liegen. Personen können also „faken", wenn sie dazu instruiert werden. In echten Auswahlsituationen tritt die Verzerrung von Antworten aber nicht so häufig/so stark auf, dass Ergebnisse aus Persönlichkeitsfragebögen nicht zu interpretieren sind. Zudem können diejenigen Personen, die ohne Instruktion am ehesten dazu tendieren, wünschenswerte Antworten zu geben, anhand einiger Fragen im Persönlichkeitsfragebogen identifiziert werden. Dieses Persönlichkeitsmerkmal – Impression Management bzw. Ability to identify Criteria genannt – ist messbar und für manche Tätigkeiten, z. B. für die Kundenbetreuung, sogar relevant. Die Information über die Höhe des Impression Managements kann sowohl für die Auswahlgespräche als auch für die Phase der Onboardings genutzt werden.

- **I:**

Eine ähnliche Debatte gibt es auch über Trainingseffekte bei Intelligenztests, denn Personen die mehrfach ein gleiches oder ähnliches Testverfahren durchlaufen, können bessere Werte erzielen. Stellen solche Übungseffekte ein Problem bei der Personalauswahl dar?

- **RK:**

Es ist richtig, dass sich Übung positiv auf das Ergebnis in einem Intelligenztest auswirkt. Allerdings wird der Effekt des Trainings mit zunehmender Übung immer kleiner, bis er sich einem individuellen Maximalwert annähert. Aus Gründen der

Fairness sollten Bewerber daher die Gelegenheit bekommen, die Aufgabentypen zu üben, bevor die Testung startet.

- **I:**

Sie selbst publizieren zur Evidenz berufsbezogener Persönlichkeitsverfahren und sind Mitglied des Editorial Review Board des *Consulting Psychology Journal*. Wie sind Sie dazu gekommen, und wie lassen sich Ihre Arbeit und Ihre Forschung vereinen?

- **RK:**

In 2011 habe ich als Leiter Forschung & Entwicklung Daten von Flughafenmanagern ausgewertet. Teil der Daten waren Antworten der Flughafenmanager auf die Fragebögen von Hogan Assessment Systems sowie Bewertungen dieser Manager durch deren Umfeld im Rahmen einer 360-Grad-Beurteilung mit dem Leadership-Versatility-Index von Kaiser Leadership Solutions. Aufgrund einiger Besonderheiten in der Datenauswertung sowie der Bedeutsamkeit der Ergebnisse haben Robert Hogan, Robert Kaiser und ich uns auf der Jahrestagung der SIOP (Society of Industrial and Organizational Psychology) in den USA zusammengetan und aus unterschiedlichen Perspektiven die Zusammenhänge zwischen Persönlichkeit und 360-Grad-Bewertungen präsentiert. Mit seiner Ernennung zum Chief Editors des *Consulting Psychology Journal* (einer Zeitschrift der American Psychological Association) hat mich Robert Kaiser als Reviewer angefragt. Aufgabe ist es, dem Chief Editor eine schriftliche Empfehlung über Annahme, Anpassung oder Ablehnung für eingereichte Manuskripte zu geben. Seine Anfrage war mir natürlich eine große Ehre, und ich mache das sehr gerne. In 2015 habe ich eine Auszeichnung für die besten Reviews erhalten.

Die Frage der Vereinbarkeit von wissenschaftlichem Engagement und meinem Job als Berater stellt sich mir in dieser Form nicht. Erstens kann ich gar nicht anders, als mich intensiv mit den Themen der Persönlichkeitsdiagnostik auseinanderzusetzen. Ich bin Überzeugungstäter. Zweitens macht es mich bei meinen Kunden glaubhaft, wenn ich nicht nur über Wirksamkeit spreche, sondern mich selber dafür einsetze, dass Wirksamkeit überprüft und verbessert wird. Drittens zwingen mich eigene Vorträge, Veröffentlichungen und die Reviews von Manuskripten immer wieder zur Strukturierung meiner Gedanken. Viele Dinge, die mir längst klar waren, lerne ich über diesen Prozess besser zu kommunizieren. Nicht selten resultiert daraus dann eine neue Unterlage für Kunden oder die Erweiterung von Beratungsleistungen.

- **I:**

Um das Interview abzuschließen, noch eine letzte Frage: Welchen Tipp würden Sie einem angehenden Studierenden mitgeben, der im Bereich der Personalauswahl und insbesondere im Bereich der Testentwicklung arbeiten möchte?

- **RK:**

Bei Interesse an Psychometrie und Testentwicklung kommt als Arbeitgeber am ehesten ein Testverlag, ein Institut oder die Mitarbeit an einem Lehrstuhl für Psychologische Diagnostik infrage. Die konkrete Arbeit in der Personalauswahl ist

Personalauswahl

◘ Abb. 2.2 Video 2.2 (▶ https://doi.org/10.1007/000-8hc)

sowohl in Organisationen als auch in Beratungen, die sich darauf spezialisiert haben, möglich. Unternehmen, die Positionen anbieten, auf denen Mitarbeiter Tests selber entwickeln und diese auch in Auswahl- und Entwicklungsprozessen anwenden, sind sehr selten. Solche Positionen sind am ehesten in kleineren Beratungen anzutreffen.

Ansonsten empfehle ich, viel auszuprobieren, das Gespräch z. B. mit erfahreneren Kommilitonen, Professoren und potenziellen Arbeitgebern auf Jobmessen zu suchen und Konferenzen zu besuchen. Dabei sollte es am Ende nicht darum gehen, etwas zu machen, „weil es auf dem Lebenslauf gut aussieht", sondern darum, sich zu orientieren und herauszufinden, was dem Studierenden wichtig ist, in welchen Inhalten er sich wohlfühlt und wie er in Zukunft arbeiten möchte. Das kann bedeuten, ein vielversprechendes Praktikum zu machen, auch wenn es länger als ein Pflichtpraktikum geht, oder aufgrund eines verlängerten Auslandsstudiums ein Semester länger zu studieren, wenn ich mir davon verspreche, die Sprache danach richtig sprechen zu können. Also, ausprobieren und experimentieren, auf die Nase fallen und schlechte Erfahrungen machen, aufstehen. Aber auch: gute Erfahrungen machen und immer wieder neu, das Glück provozieren. Es wird sich einstellen. Viel Erfolg dabei.

Video des Interviews (siehe ◘ Abb. 2.2):

Literatur

Beauducel, A., & Leue, A. (2014). *Psychologische Diagnostik*. Hogrefe.
Blickle, G., Meurs, J. A., Wihler, A., Ewen, C., Plies, A., & Günther, S. (2013). The interactive effects of conscientiousness, openness to experience, and political skill on job performance in complex jobs: The importance of context. *Journal of Organizational Behavior, 34*, 1145–1164.
Höft, S., & Marggraf-Micheel, C. (2007). Assessment Center zur Auswahl von Verkehrsflugzeugführern. In H. Schuler (Hrsg.), *Assessment Center zur Potentialanalyse* (S. 313–329). Hogrefe.
Hogan, J., & Holland, B. (2003). Using theory to evaluate personality and job-performance relations: A socioanalytic perspective. *Journal of Applied Psychology, 88*(1), 100–112.
Hogan, J., Barrett, P., & Hogan, R. (2007). Personality measurement, faking, and employment selection. *Journal of Applied Psychogy, 92*(5), 1270–1285.
Kersting, M. (2008). *Qualität in der Diagnostik und Personalauswahl: Der DIN Ansatz*. Hogrefe.

Kleinmann, M., Ingold, P. V., Lievens, F., Jansen, A., Melchers, K. G., & König, C. J. (2011). A different look at why selection procedures work: The role of candidates' ability to identify criteria. *Organizational Psychology Review, 1,* 128–146.

Kusch, R. I. (2014). Strategische Selbsterkenntnis: Den eigenen Autopiloten erkennen. *Wirtschaftspsychologie Aktuell, 2,* 26–30.

Kusch, R. I., & Hypscher, P. (2017). Manager auf dem Fahrersitz: Wie selbst gesteuerte Entwicklung funktioniert. *Wirtschaftspsychologie Aktuell, 1,* 51–54.

Marggraf-Micheel, C., Höft, S., & Bonnist, H. (2006). Practice und Coaching: Strategien zur Vorbereitung von Teilnehmern auf Assessment-Center-Verfahren. *Wirtschaftspsychologie, 4,* 31–39.

Maschke, P., Oubaid, V., & Pecena, Y. (2011). How do astronaut candidate profiles differ from airline pilot profiles? Results from the 2008/009 ESA astronaut selection. *Aviation Psychology and Applied Human Factors, 1,* 38–44.

Personalentwicklung

Ulrich Bernecker und Gunter König

Inhaltsverzeichnis

3.1 **Einleitung – 38**

3.2 **Personalentwicklung: Interview mit Ulrich Bernecker der Firma ZF Friedrichshafen AG – 39**

3.3 **Coaching: Interview mit Gunter König, Gunter König Coaching – 55**

Ergänzende Information Die elektronische Version dieses Kapitels enthält Zusatzmaterial, auf das über folgenden Link zugegriffen werden kann ▶ https://doi.org/10.1007/978-3-662-65821-5_3. Die Videos lassen sich durch Anklicken des DOI Links in der Legende einer entsprechenden Abbildung abspielen, oder indem Sie diesen Link mit der SN More Media App scannen.

© Der/die Autor(en), exklusiv lizenziert an Springer-Verlag GmbH, DE, ein Teil von Springer Nature 2022
N. Bajwa und C. König (Hrsg.), *Karriereperspektiven in der Arbeits- und Organisationspsychologie*, Meet the Expert: Wissen aus erster Hand, https://doi.org/10.1007/978-3-662-65821-5_3

3.1 Einleitung

Nida ul Habib Bajwa und Cornelius J. König

Stellen Sie sich vor, Sie fangen als Berufseinsteiger in einem großen Unternehmen an. Zu Beginn Ihres Jobs werden Sie sicherlich viele Aufgaben haben, die für Sie neu sind und in die Sie sich einarbeiten müssen. Nach einer gewissen Routine werden Sie effizienter sein und sich weitere Aufgaben wünschen, die Sie übernehmen können. Drehen wir die Zeit noch etwas weiter, so werden Sie sich vielleicht nach wenigen Jahren in derselben Position vielleicht sogar eine Erweiterung Ihres Aufgabenfelds in Form von mehr Personalverantwortung oder einem eigenen Projektteam wünschen. Man könnte das Ganze auch einfacher umschreiben und sagen, Sie wollen die „Karriereleiter" nach oben steigen. Dieser Traum von vielen Arbeitnehmern spielt eine zentrale Rolle bei der Personalentwicklung, denn das Thema Karriere ist für den Arbeitgeber ebenso wichtig wie für den Arbeitnehmer. Eine langfristige Karriere von Mitarbeitern im eigenen Unternehmen bringt große Vorteile für den Arbeitgeber mit sich: Das Personal, das die Geschicke des Unternehmens leitet, ist durch die verschiedenen Stufen des Unternehmens gelaufen und kennt sich somit sehr gut mit den unternehmensinternen Prozessen aus. Um solche Arbeitnehmer langfristig an das eigene Unternehmen zu binden, gezielt zu fördern und für in der Zukunft anstehende Aufgaben vorzubereiten, bedarf es einer kontinuierlichen fachlichen sowie überfachlichen Weiterbildung.

Unter der fachlichen Weiterbildung werden alle Maßnahmen zusammengefasst, die Mitarbeiter in ihrem eigenen Bereich auf dem Laufenden halten. So wären für Pharmazeuten Fortbildungen zu neuen Wirkstoffen, für Ingenieure Fortbildungen im Bereich neuer technischer Entwicklungen und für Ärzte Fortbildungen zu neuen Behandlungsmethoden Beispiele für solche fachlichen Weiterbildungen. Für Arbeits- und Organisationspsychologen ist hingegen der Bereich der überfachlichen Qualifikationen von größerer Relevanz, da es sich hier häufig um Themen handelt, die sich um das Erleben und Verhalten von Menschen am Arbeitsplatz sowie gesundheitliche Aspekte drehen. Häufige überfachliche Themen der Personalentwicklung sind z. B. Zeitmanagement, Projektmanagement, der Umgang mit Konflikten, das Führen von Mitarbeitern, Schulung der Sozialkompetenz sowie Stress- und Burnout-Prävention. Im Vergleich zur Personalauswahl fühlen sich gerade die Arbeits- und Organisationspsychologen in der Personalentwicklung wohler, die Menschen langfristig auf ihrem Karriereweg begleiten und somit viel direkten Kontakt mit diesen Mitarbeitern haben wollen.

Arbeits- und Organisationspsychologen, die sich in Unternehmensberatungen auf das Thema Personalentwicklung spezialisiert haben, arbeiten häufig als Trainer. Dabei konzipieren sie Veranstaltungen, überlegen sich geeignete Inhalte und vor allem den didaktischen Aufbau dieser Schulungen. Da es sich bei den meisten Schulungen um Gruppenverfahren handelt, an denen in der Regel ca. 10 bis 15 Personen teilnehmen, besteht die Herausforderung vor allem darin, die Erwartungen der einzelnen Teilnehmer mit ihren unterschiedlichen Wissensständen zu berücksichtigen und erfahrungsbasiert und spielerisch Problemfelder aufzuzeigen. Neben diesen Gruppenmaßnahmen arbeiten Arbeits- und Organisationspsychologen auch im Bereich des Coachings, welches sich stärker auf die Entwicklungsfelder einzelner

Personalentwicklung

Menschen konzentriert. Dabei kommt das Coaching der Arbeit der klinischen Psychologen sehr nahe, da das Individuum und seine Wünsche nach Veränderung oder Klärung im Vordergrund stehen. Zuletzt arbeiten Arbeits- und Organisationspsychologen auch in der strategischen Personalentwicklung, d. h., sie beschäftigen sich mit der Frage, welchen Bedarf es an Weiterbildung überhaupt in einem Unternehmen gibt und wie man diesen decken kann.

Im Folgenden wird das Thema Personalentwicklung aus zwei dieser Perspektiven beleuchtet werden. Zum einen stellt Ulrich Bernecker den Bereich der strategischen Personalentwicklung bei der ZF Friedrichshafen AG näher vor. Zum anderen beschreibt Gunter König den Bereich des Coachings und zeigt auf, dass auch Psychologen mit Interesse an der Klinischen Psychologie im Bereich der Arbeits- und Organisationspsychologie tätig sein können.

3.2 Personalentwicklung: Interview mit Ulrich Bernecker der Firma ZF Friedrichshafen AG

Das Interview und die Transkription führten Till Yannik Zobel und Andy Kai Bornträger durch.

- **Interviewer:**

Herr Bernecker, Sie arbeiten bei der ZF Friedrichshafen AG in Saarbrücken als Leiter der strategischen Personalentwicklung. Können Sie einen kurzen Einblick in das Unternehmen und Ihre Tätigkeiten geben?

- **Ulrich Bernecker:**

Das Unternehmen ZF Friedrichshafen AG ist in 2015 durch den Zukauf der Firma TRW sehr gewachsen. Wir haben weltweit 134.000 Mitarbeiter. Die alte ZF, ohne TRW, beschäftigt um die 70.000 bis 80.000 Mitarbeiter. Hier in Saarbrücken arbeiten etwa 9000 Mitarbeiter. In der Powertrain-Division sind es etwa 20.000 Mitarbeiter weltweit. Die Powertrain-Division hat ihren Sitz in Saarbrücken, und der Unternehmenssitz der ZF ist in Friedrichshafen.

- **I:**

Können Sie kurz schildern, was Ihre Aufgaben als Leiter der Personalentwicklung sind?

- **UB:**

Ich bin zuständig für alle Weiterbildungsaktivitäten, sowohl in Saarbrücken als auch in der Division. Am Standort Saarbrücken stehen Trainings zu vielen verschiedenen Themen an. Das sind zum einen typische Weiterbildungen im Sinne von Social Skills. Die große Masse sind allerdings qualitätsrelevante Trainings. Wir haben ein umfangreiches Qualitätsmanagement mit sehr hohen Anforderungen an unsere Mitarbeiter, die Qualitätssicherungsprozesse immer richtig anzuwenden. Wir sprechen von statistischer Prozesskontrolle. Übrigens ist das ein Thema, in das sich Psychologiestudenten sehr schnell einarbeiten können, da es im Studium durch Statistik bereits vermittelt wird. Man überprüft stichprobenartig, ob die gefertigten

Teile in den vorgegebenen Toleranzen liegen oder nicht. Mit diesem System steuern wir die Qualität der Produktion, und es ist deswegen wichtig für jeden Mitarbeiter.

Als zweiter Teil sind Verhaltenstrainings zu nennen. Das sind nicht nur die üblichen Seminare wie beispielsweise Gesprächsführung, sondern auch ganze Programme. Ein Beispiel ist das Junior Development Program, das für jeweils etwa 30 Hochschulabsolventen gedacht ist, die dann verschiedene Bausteine durchlaufen. Darüber hinaus machen wir viel für Führungskräfte. Wir beschäftigen hier in Saarbrücken über 80 Meister, die sehr kulturstiftend für das Unternehmen sind, da ein Meister zwischen 70 und 100 Mitarbeiter führt. Es macht einen Unterschied, ob Sie Mitarbeiter im gewerblichen Bereich oder in einem indirekten Bereich führen. Im indirekten Bereich müssen Sie oft kreative und eigenständig arbeitende Mitarbeiter führen, die immer öfter nicht mehr alle am selben Ort arbeiten, weshalb es bei uns den großen Trend des virtuellen Arbeitens und virtuellen Führens gibt.

Ein weiterer Ansatz außerhalb von Saarbrücken: In Nordamerika haben wir ein neues Getriebewerk aufgebaut und mussten eine Antwort auf die Frage finden, wie man dort die vielen neu eingestellten Mitarbeiter am besten an den Maschinen anlernen kann. Da die Anlagen sehr ähnlich sind wie die in Saarbrücken, mussten wir uns überlegen, wie wir einen Anlernprozess für die US-Kollegen von Saarbrücken aus koordinieren.

Ein letzter Strang, darüber erzähle ich eigentlich recht gerne, sind die Konsequenzen des demografischen Wandels. Hier im Saarland sind die Konsequenzen leider überdurchschnittlich akut. Deshalb muss man sich in der Personalentwicklung überlegen, wie man mit einer alternden Belegschaft strategisch umgeht.

Als Divisionsverantwortlicher gibt es darüber hinaus noch die Schnittstelle zur Konzernzentrale, die in ihrer Governance-Funktion strategische Themen vorgibt. Manche Themen verantwortet ausschließlich die Zentrale, bei anderen Themen arbeiten die Personalentwickler aus der Zentrale und den Divisionen eng zusammen. Einheitliche Qualifizierungsprogramme für High Potentials steuert die Zentrale allein, andere Themen rollt man gemeinsam aus.

- I:

Dann würde ich gerne mit Ihrer Ausbildung und bisherigen Karrierelaufbahn starten: Sie haben von 1987 bis 1992 Ihr Diplom im Studiengang Psychologie an den Universitäten in Konstanz und Mannheim absolviert und hierbei Ihren Schwerpunkt auf die Arbeits- und Organisationspsychologie gelegt. Was hat Sie damals dazu bewogen Psychologie zu studieren und sich im nächsten Schritt dann für den Schwerpunkt Arbeits- und Organisationspsychologie zu entscheiden?

- UB:

Mich hat Sozialpsychologie sehr interessiert und hierbei insbesondere deren Einsatz in der Wirtschaft. So gesehen war beispielsweise die Klinische Psychologie für mich nicht von Interesse. Während meines Studiums legte ich besonderen Wert auf Markt- und Meinungsforschung, worin ich auch ein Praktikum gemacht habe. Dieses Praktikum war für mich sehr wichtig, weil es ein sehr unerfreuliches Praktikum war. Es konnte mir dadurch aber zeigen, dass mir diese Art von Arbeit nicht gefällt, und daraufhin habe ich noch ein zweites Praktikum, bei der Fraunhofer Gesellschaft IAO, nachgeschoben. Das war damals schon ein sehr interessantes Institut,

Personalentwicklung

das seiner Zeit voraus war. Es ging besonders um die Einführung von Gruppenarbeit, und hierbei konnten sich insbesondere Psychologen sehr gut einbringen und dies auch als guten Einstieg in die Wirtschaft nutzen. Das Praktikum hat meinen Weg innerhalb der Psychologie dann bedeutend mit vorbestimmt.

- **I:**

Haben Sie Ihre Diplomarbeit auch im Fachbereich der Arbeits- und Organisationspsychologie geschrieben?

- **UB:**

Ja, ich habe sie zum Thema Arbeitszufriedenheit geschrieben. Hierbei ging es um Korrelate der Arbeitszufriedenheit mit der subjektiven Arbeitsanalyse. In Zusammenarbeit mit einem Automobilzulieferer in Rheinland-Pfalz, bei dem wir Befragungen zur Arbeitszufriedenheit und zu den Arbeitsbedingungen durchgeführt haben, sollte herausgefunden werden, welche Faktoren zu hoher Zufriedenheit führen und welche nicht.

- **I:**

Sie haben sowohl in Konstanz als auch in Mannheim studiert. Warum haben Sie sich dazu entschlossen, die Universität zu wechseln?

- **UB:**

Ich bin nicht ganz freiwillig zum Grundstudium nach Konstanz gegangen. Damals gab es noch die zentrale Vergabestelle für Studienplätze, und weil ich aus einem Dorf in der Nähe von Freiburg stamme, das aber zum Landkreis Breisgau-Hochschwarzwald gehört, wurde ich an eine Universität in diesem Landkreis vermittelt. Im Nachhinein hat mir die Universität in Konstanz sehr gut gefallen, da sie stark im Bereich Forschung war – Ich beschäftigte mich intensiv mit Forschung, englischer Fachliteratur und Physiologie, was mir alles sehr viel Spaß gemacht hat. Da ich aber ein großes Interesse an der Sozialpsychologie hatte und das in Konstanz so nicht abgedeckt wurde, wechselte ich nach dem Grundstudium nach Mannheim.

Die Universität in Mannheim setzte auf Praxisnähe statt Grundlagenforschung sowohl in Psychologie als auch in BWL. Hier konnte ich meine gewünschten Schwerpunkte setzen. Ich bin im nachhinein froh, dass ich beides kennenlernen durfte. Aus dieser Erfahrung heraus würde ich jedem Studenten empfehlen, im Studium zwei verschiedene Universitäten zu erleben. Außerdem kann man als Student so auch zwei verschiedene Städte kennenlernen.

- **I:**

Als erste Station in Ihrem beruflichen Werdegang folgte der Automobilhersteller Ford, bei dem Sie zehn Jahre tätig waren. Was waren Ihre Beweggründe, bei Ford und im Automobilsektor Ihre berufliche Karriere zu starten?

- **UB:**

Ich hatte die Möglichkeit, in einem kleinen Werk mit 1000 Mitarbeitern bei Düsseldorf Gruppenarbeit einzuführen. Ich war ganz froh, dass das Werk eher klein war und ich diesen Trainerjob hatte, weil ich dadurch zuerst mit den Gruppensprechern in der Produktion, dann mit den Meistern und schließlich auch mit deren Vorgesetzten arbeiten konnte. Ich habe gelernt, wie eine Organisation aufgebaut ist, wie Entscheidungen gefällt und anschließend kommuniziert werden und wie diese dann wiederum beim Mitarbeiter ankommen und aufgenommen werden. Diese Erfahrung war extrem hilfreich für mein späteres Arbeitsleben im Personalbereich.

- **I:**

Was waren Ihre weiteren Arbeitsfelder bei Ford, abgesehen von der Einführung der Gruppenarbeit?

- **UB:**

Die Gruppenarbeit war so gesehen nur mein Start bei Ford. Nach einem Jahr wechselte ich als Trainingskoordinator in ein mit 6000 Mitarbeitern deutlich größeres Werk nach Saarlouis. Hier konnte ich wesentlich größere Programme koordinieren, war dafür aber weniger in der Trainerrolle. Nach weiteren drei Jahren habe ich nach Köln gewechselt, wo es für mich vielseitiger wurde, da ich nun in anderen Kundenbereichen wie der Produktentwicklung, einem Getriebewerk, der Montage und auf Dienstreisen in einem Trainingscenter in England arbeiten konnte. Hier habe ich europäische Leadership-Programme betreut. Nach weiteren drei Jahren habe ich das Angebot bekommen, nach Saarlouis in meine alte Abteilung zurückzukommen, diesmal als Leiter der Aus- und Weiterbildung. Hier war meine große Erfahrung, erstmals als Führungskraft zu arbeiten. Ich musste mir überlegen, wie ich Führung gestalte, wie ich es in die Praxis umsetzen kann und mit den Erwartungen aus der Organisation an mich als neue Führungskraft umgehe.

Wenn man als Mitarbeiter neu in einen Bereich kommt, wird man stets mit neuen Anforderungen konfrontiert. Ford förderte damals die Rotation der Mitarbeiter sehr aktiv, und so habe ich nach einem Jahr das Angebot bekommen, die Personalabteilung für Endmontage und Lackiererei zu leiten. Ich war kein Personalentwickler mehr, sondern eine HR-Führungskraft für Prozesse und Aufgaben, die ich noch kaum kannte. Es ging um die typischen HR-Prozesse: von der Einstellung von Mitarbeitern über persönliche Anliegen von Mitarbeitern und disziplinarische Themen bis hin zur Beratung bezüglich Altersteilzeitverträgen. Das hat sich natürlich stark von meinen vorherigen Themen unterschieden, und der Fokus vom strategischen nun mehr aufs operative gesetzt wurde. Man kam morgens mit der Einstellung *expect the unexpected* zur Arbeit, und ich habe diese dann auch wertschätzen gelernt, da diese Themen viel Abwechslung mit sich bringen. Nach zwei Jahren war mir klar, dass mir HR-Development-Themen langfristig mehr liegen, und ich habe mich deshalb entschlossen, zur damaligen ZF Getriebe GmbH in Saarbrücken zu wechseln.

- **I:**

Bevor wir auf ZF zu sprechen kommen, eine Frage noch: Welche zusätzlichen Kompetenzen gegenüber Ihrem Studium konnten Sie sich während Ihrer Tätigkeiten bei Ford aneignen?

Personalentwicklung

- **UB:**

Das ist ein sehr weites Feld! In einem Studium lernt man viele Theorien, aber deren Anwendung muss man für sich selbst erst noch erlernen. Wenn man beispielsweise erwartet, hauptsächlich Studienergebnisse und experimentelle Designs in der Praxis anwenden zu können, verfehlt man die Anforderungen in der Praxis. Man muss lernen, welche Forschungsergebnisse sich pragmatisch in den Arbeitsalltag integrieren lassen. Darüber hinaus muss man offen für neue Dinge sein. Als Absolvent in Psychologie ist man für gewisse Aufgaben geeignet, muss aber natürlich alle Aufgaben, die einem vom Arbeitgeber gestellt werden, bearbeiten und lösen. Je größer das Unternehmen ist, desto mehr Abwechslungen werden einem angeboten.

Ich kann sagen, dass sich über die Jahre die Themen und die Anforderungen an mich massiv verändert haben, sodass ich mit Theorien die ich im Studium gelernt habe, oft nicht mehr weiterkam.

Sehr hilfreich war für mich eine systemische Beraterausbildung, die ich nur weiterempfehlen kann; allerdings sollte man diese nicht zu früh in seiner Laufbahn beginnen weil man hierfür erst ein bisschen Erfahrung in einer Organisation benötigt, um das Gelernte richtig verstehen und anwenden zu können.

- **I:**

Inwiefern hat Ihnen die systemische Beraterausbildung geholfen?

- **UB:**

Sie schärft und vermittelt den Perspektivenwechsel. Man lernt zu verstehen, warum sich Akteure so verhalten, wie sie sich verhalten, und man versucht zu verstehen, wie ein Mitarbeiter, eine Führungskraft oder ein Bereichsleiter die Anforderungen und die Organisation sieht. Jeder hat hier ein unterschiedliches Interesse, aber auch einen unterschiedlichen Informationsstand, den man dann versucht, in einer möglichen Intervention zu berücksichtigen, um auf ein gemeinsames Ziel hinzuarbeiten und dieses Ziel für alle Beteiligten transparent darstellen zu können.

Darüber hinaus habe ich in meinem späteren Werdegang mit vielen Menschen aus verschiedenen Kulturen zusammengearbeitet. Ich hatte zwar an der Uni ausländische Studenten kennengelernt, aber es macht einen Unterschied, wenn man im Beruf mit internationalen Kollegen gemeinsam an einem Thema arbeitet.

- **I:**

Nach der Zeit bei Ford ging es zu Ihrem heutigen Arbeitgeber der ZF Friedrichshafen AG. Was hat Sie damals an der neuen Tätigkeit gereizt, und warum sind Sie hierhergekommen?

- **UB:**

In erster Linie hatte ich wieder mehr Lust auf Trainingsthemen und konzeptionelle Arbeit, aber die ZF Friedrichshafen war auch von ihrem Aufbau für mich sehr interessant. Im Vergleich zu Ford befand sich die Geschäftsführung direkt am Standort, an dem ich gearbeitet habe, wodurch eine Auftragsklärung beschleunigt wurde und man direkt mit der Ausarbeitung von zum Beispiel Trainingskonzepten anfangen konnte. Das fand ich damals gut. Natürlich lernt man mit der Zeit, dass es etwas von einem Inseldenken hat, wenn man nur den eigenen Standort oder eigenen

Bereich im Auge hat. So gesehen war die Entwicklung bei ZF sehr interessant, da das Unternehmen stark gewachsen ist. Wir sind als ZF Getriebe in die ZF Friedrichshafen AG überführt worden, also von diesem Standort hier in Saarbrücken in eine große Gesellschaft mit 70.000 Mitarbeitern. Plötzlich muss man Themen ganz anders betrachten, weil man nicht mehr nur noch Saarbrücken im Kopf haben darf sondern auch ganz andere Standorte und auch Themengebiete. Wenn man nun sagt, man möchte ein gemeinsames Talentmanagement oder standardisierte Verfahren für bestimmte Dinge, wird es sehr interessant. Die Entscheidungsfindung wird schwieriger, denn die Komplexität steigt deutlich an.

- **I:**

Ihre Funktion bei ZF ist einerseits die des Leiters der Personalentwicklung und andererseits die des Leiters der Personal- und Organisationsentwicklung in einer Division. Können Sie kurz umreißen, was die Unterschiede zwischen den beiden sind, was die genauen Aufgaben sind und wie Sie sich dazu hingearbeitet haben, beide Funktionen innezuhaben?

- **UB:**

Personalentwicklung und Organisationsentwicklung gehen ineinander über. In manchen Fällen mag das noch sauber voneinander zu trennen sein, wenn beispielsweise ein Training für einen bestimmten Themenbereich durchgeführt wird, aber bereits die nächste Frage, wie dieses Training in einen größeren organisatorischen Rahmen einzubetten wäre, führt oft zu einer Organisationsentwicklungsmaßnahme.

In den letzten beiden Jahren haben wir bei ZF konkret eine Strategie zur Führungskultur abgeleitet, wie sich unsere Führungskräfte entwickeln und verhalten sollen. Das kann auch als typische Organisationsentwicklung angesehen werden. Zuerst wurde ein Projekt aufgesetzt, mit dem herausgefunden werden sollte, wie das aktuelle Führungsbild aussehen soll. Im zweiten Schritt sollte es dann den Führungskräften kommuniziert werden. Das ist keine reine Personalentwicklung, sondern eine Organisationsentwicklung, da hier viele Beteiligte aus dem Personalressort miteinbezogen worden sind, um dieses Leitbild an alle Führungskräfte letztendlich weiterzugeben. Hierfür wurden beispielsweise Großveranstaltungen mit über 100 Teilnehmern und Mitglieder des Vorstands organisiert, um in diesem Rahmen Botschaften zu vermitteln. Darauffolgend wurden dann kleinere Veranstaltungen an den jeweiligen Standorten organisiert, um auch den Meistern das Führungsleitbild näherzubringen. Die Veranstaltungen mit den Meistern haben dann wiederum Führungskräfte durchgeführt, die Teilnehmer bei der Großveranstaltung waren. Dieser Ansatz heißt *train the trainer*, da hier das Leitbild weitergegeben wurde, allerdings konnte jede Führungskraft auch eigene spezifische Aspekte innerhalb seiner Veranstaltung setzen. Das ist auch wiederum Organisationsentwicklung, obwohl sich natürlich auch der Personalbereich selbst weiterentwickelt hat. Zum Beispiel hat er gelernt, wie durch eine solche Kaskadierung Führungsbotschaften in der Organisation weitergegeben werden können. Gleichzeitig hat sich die gesamte Organisation weiterentwickelt, indem Führungskräfte auch eine Trainerfunktion übernehmen können.

Darüber hinaus konnte die Feedbackkultur gefördert werden. Zu diesem Zweck haben wir eine weltweite Mitarbeiterbefragung organisiert, wofür ein weltweites

Personalentwicklung

Netzwerk von Koordinatoren aufgebaut werden musste. Dadurch hatte ich intensiveren Kontakt zu den Ansprechpartnern der 20 Werke in der Division Powertrain weltweit, wodurch sich die interne Kommunikation verbessert hat.

- **I:**

Man lernt im Leben ja nie aus, auch der eigentlich dafür verantwortlich ist, andere weiterzubilden. Wie hält man sich im Berufsleben auf dem Laufenden, und wie bildet man sich selbst fort?

- **UB:**

Bei mir begann es mit Themen, an denen jeder Berufsanfänger feilen sollte, also Moderations- und Präsentationstechniken sowie Gesprächsführung. Nach ein paar Jahren Berufserfahrung habe ich wie bereits erwähnt eine systemische Beraterausbildung gemacht, die ich als sehr sinnvoll ansehe. Danach kamen viele Schulungen, durch die ich gelernt habe, den Kunden besser zu verstehen. Also was ist beispielsweise erforderlich, um in der Qualitätsabteilung ein Programm erfolgreich ausrollen zu können? Warum rollt die Finanzabteilung bestimmte Kennwerte aus? Wenn man das versteht, findet man auch geeignete Formate, wie man solche Themen ausrollen kann. Man muss also schon verstehen, was der Kunde will.

Die Beraterausbildung hat sich für mich auch in anderer Hinsicht als sehr nützlich erwiesen, da ich noch Kontakt zu anderen Kursteilnehmern habe oder beispielsweise in E-Mail-Verteilern oder über Social Networks mit ihnen verbunden bin. So erfahre ich von Themen, mit denen sich aktuell andere Organisationen beschäftigen. Intern haben wir auch einige Bausteine, durch die wir uns selbst fortbilden. Wenn nun ein Kollege an einer Fortbildung teilgenommen hat, kann er seinen Kollegen einige Inhalte weitergeben.

- **I:**

Können Sie hierfür ein Beispiel geben?

- **UB:**

Ein Kollege interessiert sich sehr für die Arbeit in der Matrixstruktur. In dieser Struktur hat ein Mitarbeiter sowohl einen disziplinarischen als auch einen fachlichen Vorgesetzten. Darüber gibt es viele Studien, insbesondere unter welchen Bedingungen so eine Struktur effektiv ist oder es eben nicht ist. Wenn sich der Kollege in ein solches Thema gut eingearbeitet hat, kann er es anderen weitergeben.

- **I:**

Welche Weiterbildungen und Kompetenzen halten Sie für Studierende beziehungsweise Berufsanfänger in der Arbeits- und Organisationspsychologie, aber auch speziell in der Personalentwicklung für besonders wichtig?

- **UB:**

Kompetenzen zur Moderation und Präsentation dienen sicherlich als Basis. Sehr nützlich ist es, wenn man die Möglichkeit hatte, als Trainer einer Gruppe etwas zu vermitteln. Dann kann man einen externen Trainer oder Berater besser steuern. Psychologiestudenten müssen bereit sein, sich für attraktive Jobs in eine

Konkurrenzsituation mit Betriebswirten zu begeben, Durch Kenntnisse der Testdiagnostik hat man bessere Chancen in Assessment Centern. Man erkennt, worauf die Beobachter bei Bewerbern achten und was sie mit den Fragen, die sie stellen, bezwecken.

- **I:**

Personalentwicklung dient ja in erster Linie dazu, den Mitarbeitern neue Kompetenzen zu vermitteln und sie stetig weiterzubilden. Wie sieht exemplarisch ein konkreter Ansatz zur Personalentwicklung aus? Können Sie beispielsweise ein Training für Nachwuchskräfte schildern?

- **UB:**

Man muss sich zunächst überlegen, was man den Teilnehmern, die noch wenig Berufserfahrung haben, vermitteln will. Das mündet in einem Kursdesign: Man nimmt beispielsweise 30 Hochschulabsolventen und sorgt dafür, dass sie sich untereinander vernetzen können. Informelle Strukturen werden umso wichtiger und nützlicher, je größer ein Unternehmen ist. Projektmanagement ist eine sehr wichtige Kompetenz, die man nach zwei bis drei Jahren erlernt haben sollte. Das Nachwuchskräfteprogramm beginnt mit einer kurzen Teambuildingmaßnahme und wird mit dem Baustein Projektmanagement fortgesetzt, in dem ein Projekt definiert und umgesetzt wird. Zum Abschluss wird es den Vorgesetzten präsentiert. Zusätzlich gibt es noch interkulturelle sowie Selbstmanagement- und Konfliktlösungstrainings als weitere Maßnahmen. Ein solches Trainingskonzept für Nachwuchskräfte kann man sich entweder fast komplett extern einkaufen oder intern selbst passend für die eigene Organisation entwickeln. Der normale Weg ist, das Konzept Hand in Hand mit einer Beraterfirma zusammen zu entwickeln.

Ein Programm wird auch nicht einmal entwickelt und bleibt dann für immer unverändert, sondern muss immer wieder angepasst werden. Das gilt natürlich genauso für andere Programme, wie zum Beispiel ein Führungskräfteprogramm.

- **I:**

Können Sie kurz noch eine andere Maßnahme Ihrer Wahl schildern?

- **UB:**

Wir haben zum Beispiel zum Thema psychische Gesundheit in Absprache mit einem leitenden Psychologen einer psychosomatischen Klinik ein Training konzipiert. Führungskräfte sollen erkennen können, wenn sich bei einem Mitarbeiter etwas psychisch verändert. Der nächste Punkt wären der eigene Umgang mit Streßsituationen, also die Resilienz, und das gesunde Führen. Wie kann ich als Führungskraft Rahmenbedingungen schaffen, sodass meine Mitarbeiter gesund arbeiten können und ihr Stresslevel nicht zu hoch ist? Dafür gibt es verschiedene Konzepte, die dann ausgearbeitet werden müssen – tendenziell wiederum mit der Hilfe von externen Beratern.

Personalentwicklung

- **I:**

In einem solch großen Unternehmen wie ZF Friedrichshafen kann Personalentwicklung schwer zentral von nur einer Person ausgehen. Wer ist alles an den Prozessen der Personalentwicklung beteiligt?

- **UB:**

Interne Fachabteilungen fragen bei uns zum Beispiel für eine Moderation eines Workshops zum Thema Projektmanagement an. Daraus ergibt sich oftmals eine Folgemaßnahme, sodass es nicht bei einer Thematik bleibt und danach beispielsweise noch eine Maßnahme zur Teamarbeit folgt. Strategische Personalentwicklung setzt ja voraus, dass das Unternehmen eine Strategie verfolgt, aus der sich dann bestimmte Maßnahmen ableiten. Bei uns aktuell sind das Themen wie die Förderung von Jobrotation oder die Konsequenzen des demografischen Wandels. Letzteres verlangt Lösungen, wie insbesondere die älteren Mitarbeiter leistungsfähig gehalten werden können. In der Regel sind es entweder Anfragen von einzelnen Bereichsleitern oder Maßnahmen werden aus der Strategie abgeleitet. Wenn es nun aber um ein zentrales strategisches Thema geht, spielt die Governance-Funktion der zentralen Personalentwicklung eine wichtige Rolle. Darüber hinaus gibt es für Standorte strategische Themen, die aber nicht konzernweit relevant sind. Die Weiterentwicklung von Gruppenarbeit in der Produktion ist dafür ein Beispiel. Ein interner Personalentwickler kann entweder eine Maßnahme selbst entwickeln und auch selbst durchführen, oder er arbeitet eher als Trainingskoordinator und wählt beispielsweise zum Thema interkulturelle Kompetenz unter mehreren Anbietern einen Trainer aus. Dieser führt die Maßnahme dann komplett eigenständig durch.

Hier stellt sich die Frage nach der Fertigungstiefe: Wie viel Konzept- und Durchführungsarbeit soll nach außen vergeben werden, und wie viel soll intern selbst erstellt und durchgeführt werden? Je mehr Arbeit eine Personalentwicklungsabteilung hat, desto mehr Themen müssen dann an Externe ausgelagert werden, auch wenn man sie selbst hätte konzipieren können. Während der Finanzkrise 2008 und 2009 haben wir dagegen wieder viel mehr selbst entwickelt und mit internen Ressourcen Trainings durchgeführt. Bei als strategisch relevant betrachteten Themen werden in der Regel Projektteams gegründet. Der Projektleiter arbeitet in der Zentrale, und die Projektgruppenmitglieder sind Personalentwickler aus verschiedenen Standorten. Diese Gruppe plant dann eine Maßnahme, die Koordinatoren an allen Standorten, also auch international, ausrollen.

- **I:**

Die Richtung der Maßnahme ist in diesem Fall von der Organisation von oben vorgegeben. Kann man das auch umdrehen, sodass ein Mitarbeiter kommt und sagt, er hat in einem spezifischen Bereich Entwicklungsbedarf, und dann wird eine Maßnahme entwickelt? Welche Eigenverantwortung wird hierbei vom einzelnen Mitarbeiter erwartet?

- **UB:**

Der Prozess des jährlichen Personalentwicklungsgesprächs wird im Dialog zwischen Führungskraft und Mitarbeiter durchgeführt. Hier kann der Mitarbeiter seine Anliegen darlegen, also welche zusätzlichen Qualifikationen er gerne erwerben möchte. Die Führungskraft soll den betrieblich notwendigen Qualifizierungsbedarf darstellen. Zum Beispiel benötigt die Abteilung eine bestimmte Anzahl von Mitarbeitern, die eine gewisse Qualifikation haben müssen. Hier gilt es, eine passende Lösung für beide Seiten zu finden. Der Dialog über Weiterbildungsbedarf ist ein sehr wichtiger Personalentwicklungsprozess, weil er Raum für die Perspektive aus beiden Richtungen ermöglicht. Darüber hinaus gibt es den sogenannten Bildungsurlaub, der durch das Saarländische Weiterbildungsgesetz garantiert wird. Jeder Mitarbeiter hat Anspruch auf Weiterbildungen, die den Kriterien des Gesetzes entsprechen. Der Mitarbeiter muss für derartige Maßnahmen zur Hälfte seine Freizeit einbringen, die andere Hälfte wird als betriebliche Arbeitszeit abgerechnet.

Der größte Teil der Personalentwicklung im Unternehmen ist aber betrieblich notwendig und findet komplett während der Arbeitszeit statt. Dies ist im Tarifvertrag zur Qualifizierung der Metall- und Elektroindustrie, der die ZF angehört, geregelt. Den Tarifpartnern war eine Vereinbarung zur Anpassungsqualifizierung sehr wichtig. Damit ist Folgendes gemeint: Oft wird ein neu entwickeltes Produkt mit zum Teil neuen Maschinen oder Fertigungsprozessen hergestellt. Das bedeutet, dass die Mitarbeiter entsprechend weitergebildet werden müssen, was bei den meisten Mitarbeitern reibungslos funktioniert. Es gibt aber auch eine Minderheit von Mitarbeitern, die kein Interesse zeigen, sich weiterzubilden, und davon ausgehen, einfach an einen anderen Arbeitsplatz versetzt zu werden, dessen Anforderungen sie schon beherrschen.

- **I:**

Wie wird dann letztendlich entschieden, welcher Mitarbeiter an Personalentwicklungsmaßnahmen teilnehmen soll oder muss?

- **UB:**

Wir empfehlen, dass jede Führungskraft eine Qualifikationsmatrix erstellt und sich selbst überlegt, was das Sollprofil für die einzelnen Qualifikationen ist. Diese kann man in einer absoluten Zahl angeben und vergleichen, wie viele Mitarbeiter das schon können. Die Differenz ist der Trainingsbedarf. Die Führungskraft kann fragen, welcher Mitarbeiter sich weiterbilden möchte. Es kann aber auch der Fall sein, dass sich eindeutig herauskristallisiert, wer geschult werden muss. So gesehen ist es eine Mischung zwischen Freiwilligkeit und Pflicht. Und es gibt Pflichtschulungen, weil sie gesetzlich vorgeschrieben sind. Ein Beispiel hierfür wäre eine Ersthelferschulung.

- **I:**

Welchen Einfluss hat die Zentrale in Friedrichshafen auf die Entscheidungen in Saarbrücken? Wie laufen Koordinierungsprozesse zwischen Ihnen in Saarbrücken und der Zentrale ab?

- **UB:**

Der Einfluss der Zentrale hat im Zuge des Wachstums der ZF deutlich zugenommen. Es ist verständlich, dass strategisch relevante Trainings standardisiert über die verschiedenen Standorte hinweg durchgeführt werden. Compliance-relevante Trainings werden standardisiert an die Mitarbeiter vermittelt, zum Beispiel Kartellrecht. Es gab eine Anwesenheitspflicht für all jene Mitarbeiter, die es betrifft.

Beim strategisch wichtigen Thema Führungsleitbild hat die Zentrale bestimmte Eckpunkte vorgegeben, und andere Abteilungen konnten sich dann selbst einbringen und die Thematik mit ausrollen, was auch der bereits angesprochenen Logik entspricht: ein Konzept zentral entwickeln und dieses dann standardisiert ausrollen. In den Standorten muss man dann Mitarbeiter mit den Kompetenzen haben, diese Maßnahme ausrollen zu können.

- **I:**

Was sind neben der bereits angesprochenen Akzeptanz mögliche Probleme und Herausforderungen bei der Durchführung von Personalentwicklung?

- **UB:**

Wenn es für verschiedene Trainings keine guten Rückmeldungen gibt, sind es oft die gleichen Ursachen: Manchmal besuchen Mitarbeiter eine Schulung, die für eine andere Zielgruppe gedacht ist. Solche Teilnehmer können die Lerninhalte dann nicht auf ihren eigenen Arbeitsplatz transferieren. Im besten Fall heißt es dann: „Das war interessant, aber ich weiß nicht, was ich jetzt damit machen soll." In vielen Fällen sind die Rahmenbedingungen des Trainings auch einfach schlecht gewesen. Der Trainingsraum war zu klein oder zu kalt, die Pausen zu kurz, das Essen nicht in Ordnung. Die praktischen Übungen waren nicht gut anmoderiert oder insgesamt die Zeit zu knapp. Auch wenn der Inhalt strategisch noch so wichtig oder sinnvoll gewesen sein sollte, sind die Rückmeldungen dann trotzdem schlecht. Als erste Stufe einer Seminarevaluation kann man einfach die Teilnehmer fragen, wie zufrieden sie im Nachhinein sind. Schwieriger ist es, wenn das strategisch relevante Thema von den Teilnehmern negativ betrachtet wird. In solchen Fällen ist es sehr wichtig, frühzeitig Feedbackschleifen einzubauen. Bevor man eine strategische Initiative überregional und gleichzeitig in mehreren Standorten ausrollt, sollte man einige Pilotveranstaltungen durchführen. Bei kritischen Rückmeldungen der Teilnehmer kann man noch Änderungen am Trainingsdesign vornehmen. Erst nach zwei bis drei erfolgreichen Pilotveranstaltungen sollte die Initiative unternehmensweit ausgerollt werden.

Generell stellt sich bei Trainings die Frage nach der Nachhaltigkeit, ob das Gelernte auch Anwendung findet. Hierfür braucht man eben die Feedbackschleifen, die man sich dann zu Herzen nimmt und daraus Abstellmaßnahmen definiert. Wenn man in solchen Fällen als Personalentwicklung kritikresistent wäre, käme das schnell schlecht bei den Teilnehmern an.

- **I:**

Sobald die eigentliche Maßnahme durchgeführt wurde, endet Personalentwicklung nicht. Kompetenzen wie Führung oder interkulturelle Kommunikation lassen sich nicht an einem Tag vermitteln. Wie stellt man sicher, dass die Maßnahmen auch ihren Zweck erfüllt haben?

- **UB:**

Ein prototypischer Ansatz sieht wie folgt aus: Zuerst wird ein Führungsleitbild ausgerollt und anschließend eine weltweite Mitarbeiterbefragung durchgeführt, in der wir die Mitarbeiter auch zum Führungsstil befragt haben. Über Ergebnisse wie das

Führungsverhalten des direkten Vorgesetzten, aber auch über die Rahmen- und Arbeitsbedingungen bekommt man Hinweise, wie gut die erlebte Führungskultur bereits zur strategisch angestrebten Kultur passt. Dieser Prozess ist leider sehr aufwendig und kann in dem Umfang nicht oft durchgeführt werden. Die Ergebnisse werden standardisiert und konzernweit auch an die Managementebenen rückgemeldet. So können Führungsteams feststellen, wo Entwicklungsbedarfe in den eigenen Verantwortungsbereichen liegen. Ein Trend bei uns ist, diesen Prozess noch nachhaltiger zu gestalten und für alle transparent zu machen. Hier spielt natürlich das Marketing eine große Rolle. Die Ergebnisse werden auch in unseren Mitarbeiterzeitschriften kommuniziert.

- **I:**

Der Aufwand ist also sehr hoch, und die Evaluation kann in diesem Maße nicht immer durchgeführt werden. Wie häufig wird eine Evaluation denn dann durchgeführt?

- **UB:**

Grundsätzlich wird jede Maßnahme evaluiert, allerdings variiert der Aufwand. Das Qualitätsmanagement erfordert einen standardisierten Prozess, durch den wir auch ISO-zertifiziert (ISO steht für „Internationale Organisation für Normung") wurden, sodass Seminarteilnehmer nach jeder Maßnahme befragt werden. Nach drei Monaten wird darüber hinaus immer der Vorgesetzte des teilnehmenden Mitarbeiters angeschrieben und gefragt, wie seine Einschätzung des Trainings war, ob beispielsweise der Transfer oder allgemein die Anwendung des Gelernten geschehen ist. Der weit überwiegende Teil der Evaluation ist positiv, und wir sind eigentlich eher dankbar für negative Punkte, aus denen wir wieder unsere Prozesse verbessern können. Der erste Prozess, direkt nach der Maßnahme, sind die sogenannten Happy Sheets. Fallen diese sehr positiv aus, lief die Maßnahme gut; fallen diese nur gut oder moderat aus, dann lief bei der Maßnahme eher etwas schief. Die Bereitschaft, eine Maßnahme positiv zu bewerten ist seitens der Mitarbeiter normalerweise hoch, weil die Veranstaltungen generell positiv erlebt werden und nur die Aspekte, die auffällig nicht gut waren, rückgemeldet werden.

- **I:**

Kommen wir zu einer eher kontroversen Frage: Wenn Mitarbeiter in einem Unternehmen viele Entwicklungsfelder haben, was ist der konkrete Vorteil von Personalentwicklung gegenüber Personalauswahl? Wäre es hier nicht sinnvoll, neues, jüngeres und besseres Personal einzustellen?

- **UB:**

Ich glaube, das ist eine Frage des unternehmerischen Selbstverständnisses, also eigentlich der Unternehmensethik. Wir wollen unsere Mitarbeiter natürlich motivieren und auch so qualifizieren, dass sie den Anforderungen, die an sie gestellt werden, gerecht werden können. In den meisten Fällen wird das auch von den Mitarbeitern wertgeschätzt. Aber es gibt immer wieder neue strategische Ausrichtungen, die ganz neue Kompetenzen erfordern. Hier kann es sich als schwierig erweisen, eine geeignete Person für eine gewisse Position zu finden, da von ihr diese

Fähigkeiten und das erforderliche Wissen bisher noch nicht verlangt wurden. In diesem Fall muss man dann extern rekrutieren. Wenn dieser Fall allerdings überhandnimmt, folgt ein Motivationsproblem für die Mitarbeiter, da sie nicht den Eindruck haben, dass sie sich weiterentwickeln und Karriere machen können. In manchen Fällen ist dieser Ansatz sinnvoll und notwendig, und es gibt durchaus Unternehmen, für die das Erreichen der Businessziele wichtiger ist, als das bestehende Personal in Richtung neuer erforderlicher Kompetenzen zu entwickeln, aber das ist nicht der Weg von ZF. Wir haben natürlich trotzdem neue Anforderungen, Elektromobilität sei hier als Beispiel genannt. Die Qualifikation muss dann aufseiten der Mitarbeiter aufgebaut werden. In Saarbrücken ist dies im Moment noch kein großes Thema, aber wir haben andere Standorte, wo zurzeit hierzu erste Maßnahmen stattfinden.

Grundsätzlich lässt sich aber durchaus unterscheiden zwischen Mitarbeitern, die konkrete Entwicklungsfelder haben und hier unterstützt werden müssen, und sogenannten Low-Performern, also Mitarbeitern, die nicht in der Lage sind, die geforderte Leistung zu erbringen. Unzureichende Leistungen müssen dem Mitarbeiter rückgemeldet werden. Hier kommen wir wieder zum Thema Feedbackkultur. Dabei ist nicht gemeint, dass man sich von dem speziellen Mitarbeiter trennen will, sondern man sollte ihn auch wieder – und hier liegt die Aufgabe der Personalentwicklung – dabei unterstützen, dass er so schnell wie möglich kein Low-Performer mehr ist. Dem Mitarbeiter muss transparent werden, inwiefern er in der letzten Zeit der erwarteten Leistung nicht gerecht geworden ist. Wenn dafür die Bereitschaft zur Weiterentwicklung von beiden Seiten besteht, dann wird das Ziel in der Regel auch erreicht. Wenn dies nicht der Fall ist, muss der Vorgesetzte auch mal die Entscheidung treffen, dass man getrennte Wege geht, aber das ist die Ausnahme.

- **I:**

Sie haben nun mehrmals den demografischen Wandel angesprochen, insbesondere auch im Saarland. Wie sieht bei älteren Mitarbeitern, deren eigentliche Ausbildung schon weiter zurückliegt, Personalentwicklung aus?

- **UB:**

Wir haben Mitarbeiterbefragungen bezüglich der Teilnahme an Weiterbildungen der Mitarbeiter nach Altersgruppen ausgewertet. Im Produktionsbereich ist aufgefallen, dass besonders die jungen Mitarbeiter weniger Interesse an Weiterbildungen haben, weil sie natürlich erst mal arbeiten und Geld verdienen wollen. Nach spätestens zwei bis drei Jahren Berufstätigkeit kommt bei den interessierten jungen Mitarbeitern der Wunsch nach einer zusätzlichen Meister- oder Technikerausbildung. Die Weiterbildungstage der mittelalten Mitarbeiter sind auch noch relativ hoch. Wenn man nun die älteren Mitarbeiter auswertet, stellt man fest, dass deren Weiterbildung rein quantitativ gesehen abnimmt. Dem muss man entgegensteuern, insofern als zum Beispiel der Vorgesetzte im jährlichen Personalentwicklungsgespräch thematisiert, wie das Verhältnis von Soll- zu Istprofil bei diesen Mitarbeitern ist und ob sie die ihnen vorgegebenen Ziele erreichen. Wenn ein Mitarbeiter eine Qualifikation nicht hat, kann er ja die Arbeit nicht so erledigen, wie es erforderlich ist. Bei manch einem Mitarbeiter ist das möglicherweise ein Motivationsthema, aber für uns als Personalentwicklung ist es auch ein wichtiges Kommunikationsthema. Es ist wichtig, dass sich eine Führungskraft mit den Argumenten der Mitarbeiter auseinandersetzt und mit den Mitarbeitern darüber spricht. Meiner Erfahrung nach sagen ältere Mitarbeiter häufig, dass sie die „neuen" Qualifizierungen schon kennen, oft heiße das Programm heute nur anders. Das stimmt aber meistens so nicht, und deshalb ist es wichtig, in einen Dialog zu gehen und zu erklären, inwiefern sich die Anforderungen gegenüber früher verändert haben. Deshalb ist die Kommunikation zwischen Führungskraft und Mitarbeiter wichtig.

Für ZF im Saarland ist das besonders relevant. Wir hatten das Glück, dass wir in den letzten Jahren sehr stark gewachsen sind und sich durch die Neueinstellungen dadurch unser Durchschnittsalter sogar gesenkt hat, auch wenn das am Allgemeinproblem des demografischen Wandels erst mal nichts verändert. Unsere Altersverteilung ist deutlich günstiger als bei vielen anderen Unternehmen in der Region, die eben nicht so einen Einstellungsboom hatten.

- **I:**

Sie haben vorhin bereits erwähnt, dass gerade beim Thema Personalentwicklung oder Personal allgemein häufig Arbeits- und Organisationspsychologen mit Absolventen anderer Studiengänge, zum Beispiel Betriebswirten oder Wirtschaftspädagogen, konkurrieren. Welche Vorzüge hat ein Arbeits- und Organisationspsychologe gegenüber anderen?

- **UB:**

Mir ist zunächst wichtig zu sagen, dass er definitiv keinen Nachteil hat. Wenn in der Ausschreibung nicht explizit Psychologe steht, soll er nicht denken, dass er dafür nicht der Richtige sein könnte. Sobald eine Stelle für einen BWL-Absolventen im Personalwesen ausgeschrieben ist, sollte sich auch jeder Psychologieabsolvent angesprochen fühlen. Ein Psychologe ist hier genauso gut qualifiziert. Er muss sich natürlich dem gleichen Auswahlprozess stellen. Der Psychologe hat Vorzüge im Personalbereich, gerade durch die Ausbildung in Diagnostik, weil er im Studium Studien zu Urteilsbildung und Urteilsverzerrungen kennengelernt hat. Darüber hinaus hat er eine gute Ausgangslage beim Thema Gesprächsführung. Worin Psychologieabsolventen oftmals einen Rückstand haben, ist die Arbeit mit Excel. Gerade Kalkulationen und Tabellen zu erstellen und dadurch den monetären Vorteil einer Maßnahme wie beispielsweise eines Assessment Centers hervorzuheben, muss ein Psychologieabsolvent mit Sicherheit noch mehr lernen als ein BWL-Absolvent. Letztendlich sind aber beide gleich gut qualifiziert.

Als Psychologe kann man richtig punkten bei der Auswahl der Praktika. Wir erhalten viele Bewerbungen nur für den Zeitraum der Mindestdauer. Die Prüfungsordnung im Bachelor schreibt vielerorts zwei Praktika zu je sechs Wochen vor. Wer das so handhabt und vielleicht Interesse an Klinischer und Arbeits- und Organisationspsychologie hat und in beiden Bereichen jeweils ein Praktikum für sechs Wochen absolviert, der hat einen Nachteil auf dem Arbeitsmarkt. Das klinische Praktikum wird ihm beim Bewerbungsgespräch in der Wirtschaft nicht angerechnet, und sechs Wochen in der Industrie ist nichts, weil man in dieser kurzen Zeit viel zu wenig lernen kann. Viele BWL-Studenten absolvieren beispielsweise ein sechsmonatiges Praktikum in der Wirtschaft und schreiben anschließend noch ihre Abschlussarbeit in einem Unternehmen. Jeder Psychologiestudent, der sich zunächst überlegt

Personalentwicklung

hat, dass er in einer Klinik arbeiten möchte, und sich spät umentscheidet, weil es in der Arbeits- und Organisationspsychologie bessere Jobs gibt, wird es schwer haben, sich gegen BWL-Mitbewerber durchzusetzen. Das wird von Psychologiestudenten oftmals falsch eingeschätzt.

Ich bin nicht der Meinung, dass man mindestens einen Auslandsaufenthalt haben muss. Im Bewerbungsverfahren kann man besonders durch einschlägige Praktika und die eigene Persönlichkeit punkten, an der man während des Psychologiestudiums ja sehr viel arbeiten kann.

- I:

Das Thema Strategie ist typischerweise kein Studieninhalt des Psychologiestudiums, sondern wird eher in der BWL gelehrt. Wie haben Sie sich in das Thema Strategie eingearbeitet? Ist es sinnvoll, im Nebenfach BWL zu belegen?

- UB:

BWL als Nebenfach, wenn man in die Wirtschaft will, ist sicherlich von Vorteil. Ich hatte als Nebenfach Produktionswirtschaft und Unternehmensstrategie, was mich besonders im methodischen Bereich weitergebildet hat. Aber an sich ist es bezüglich des Themas der Strategie ausreichend, wenn man sich mit einigen strategischen Grundgedanken beschäftigt. Zuerst sollte man sich fragen, wo man in fünf Jahren stehen will. Man hat seinen Abschluss gemacht, ist auf Stellensuche, findet eine Anstellung und sollte sich ab diesem Moment fragen, wo man in ein paar Jahren sein möchte. Daraus lassen sich Schritte ableiten, und man wird schnell merken, wie lange es dauert, etwas umsetzen zu können. Wenn man im Unternehmen an strategische Fragestellungen kommt, orientiert man sich an den typischen Unternehmenszielen wie Produkten, Wachstum, Größe etc. Wenn man nun wieder den Istzustand mit dem Zielzustand vergleicht, lassen sich Handlungsmaßnahmen ableiten, um strategisch das Ziel zu erreichen. Das ist der gleiche Denkansatz wie auf der persönlichen Ebene. Man kann sich das strategische Denken leicht aneignen, zum Beispiel durch ein Portfolio mit eigenen Skills als auch Attributen des Unternehmens, z. B.: Was sind die Produkte? Welches bringt besonders viel Ertrag?

Ein wichtiges strategisches Tool ist die Stärken- und Schwächenanalyse, die sogenannte SWOT-Analyse, die darüber hinaus auch Hinweise auf Chancen und Risiken gibt. Wenn sich nun Chancen auf relevante Themen, ob auf Personen- oder Unternehmensebene, ergeben, wird man strategisch darauf hinarbeiten. Wenn ich beispielsweise weiß, dass ich vor Ort in Deutschland sehr schwierig gewisse Fachkräfte rekrutieren kann und dass es in Spanien ganz viele arbeitslose, aber gut ausgebildete Ingenieure gibt, dann könnte ich mir aus strategischer Sicht überlegen, wie ich es schaffe, spanische Absolventen hierher zu holen, und was ich dafür tun müsste, dass sie sich hier wohlfühlen und gut integriert sind. Der Start in strategisches Denken ist nicht schwierig, und je länger man in einem Unternehmen ist, desto mehr entwickelt man auch ein Gespür dafür, in welche Richtung sich das Unternehmen entwickeln muss und wie es dafür aufgestellt ist. Das ist eigentlich ein Thema der Organisationsentwicklung. Man kann dann mit seinem Vorgesetzten darüber reden, wo man sich selbst in fünf Jahren sieht, und im Vergleich dazu, wo man heute steht. Dieses Prinzip wird auch bei Strategieworkshops in der Organisationsentwicklung angewendet. Dadurch ermittelt man den Unterschied zwischen

Soll und Ist, auch in Bezug auf erforderliche Kompetenzen. Personalentwicklung bearbeitet vor allem Lernformate und Themen, die dazu dienen, diese Differenz zu beseitigen. Methodisch gesehen ist ein Psychologiestudium dafür sehr hilfreich, weil man dort gelernt hat, wie man empirische Daten ermittelt und unter welchen Bedingungen Lernen stattfindet. Man hat Kenntnisse bezüglich Befragungen und kann besser Designs für Workshops entwickeln.

- **I:**

Haben Sie persönlich das Thema Strategie dann erst durch Ihre Arbeitstätigkeit erlernt, oder reicht die Basis, die Sie durch Ihr Psychologie- und im Nebenfach BWL-Studium hatten, aus?

- **UB:**

Ich hatte nie den Eindruck, dass mich das BWL-Studium befähigt hat, strategisch gut zu arbeiten. Es hat mir ein paar Grundkenntnisse vermittelt, aber letztendlich glaube ich, dass es eine Denkhaltung beziehungsweise eine persönliche Herangehensweise an Dinge ist, die man für sich selbst trainieren kann. Was sind Ziele, Methoden, Zwischenziele, Meilensteine und so weiter? Mit diesem Ansatz kommt man schneller in dieses Denken hinein als durch das, was im Studium vermittelt wird.

- **I:**

Als letzte Frage noch ein globaler Ausblick: Der globale Markt befindet sich im ständigen Wandel, sodass langfristige Ziele durch weltweite Ereignisse wie die Finanzkrise enorm beeinflusst werden können und eine kurzfristige Reaktion des Unternehmens erfordern. Personalentwicklungsmaßnahmen werden nun aber eher als strategisch und langfristig angesehen. Wie bekommt ein Unternehmen beides unter einen Hut?

- **UB:**

Hier geht es um das Selbstverständnis des Unternehmens und seine Unternehmenskultur. Es gibt durchaus Unternehmen, die kurzfristig nur in Quartalen denken, weil sie börsenorientiert sind oder ihr Geschäftsmodell einfach so ist. In solchen Unternehmen wird man in Bezug auf strategische Personalentwicklung vermutlich wenig Spaß haben. Sie wird keinen hohen Stellenwert haben, weil alle sagen, der Geschäftserfolg basiert darauf, dass alle so agil sind, dass sie neue Trends in kurzer Zeit aufgreifen und umsetzen können. Tendenziell ist dieses Modell eher bei Dienstleistungsunternehmen zu finden, weil diese sehr schnell andere Produkte und neue Dienstleistungen anbieten können müssen. In der Automobilzuliefererindustrie muss man in Jahren rechnen, bis sich signifikant markante große Veränderungen einstellen. So gesehen ist die Autobranche langsamer, aber gleichzeitig auch viel komplexer. Man kann das mit einem Tanker vergleichen, der auch nicht abrupt seine Richtung ändern kann. Im Gegensatz dazu müssen Handelsunternehmen viel schneller agieren und auf Marktveränderungen reagieren können. Als Personalentwickler muss man sich darüber im Klaren sein, innerhalb welchen Geschäftsmodells man arbeitet.

Generell muss man in Profitorganisationen auch als Personalentwickler flexibel sein. Während der Finanzkrise 2009 wurde ich als Personalentwickler ganz anders

Personalentwicklung

◘ Abb. 3.1 Video 3.1 (► https://doi.org/10.1007/000-8hf)

gefordert. Ich musste beispielsweise im Rahmen der KUG-Qualifizierung (KUG steht für „Qualifizierung während Kurzarbeit") in kurzer Zeit ein Netz von internen Trainern aufbauen, die selbst Qualifizierungen für langjährige Kollegen durchführen konnten. Und man musste sich überlegen, welche Qualifizierungsthemen sinnvoll für die Zeit nach der Krise sind. Im Gegensatz dazu mussten später während des Einstellungsbooms vorrangig Themen wie Einarbeitung und Anlernprozesse für neue Mitarbeiter in ausländischen Werken bearbeitet werden. Das sind völlig unterschiedliche Anforderungen. Aber diese Offenheit für neue Anforderungen muss man als Personalentwickler haben, weil sich jede Organisation nicht nur nach seiner eigenen Strategie entwickeln kann, sondern sich vor allem den Anforderungen des Marktes stellen muss.

- **I:**

Herr Bernecker, ich möchte Ihnen herzlichst für Ihre Zeit und Ihre Antworten danken.
Video des Interviews (siehe ◘ Abb. 3.1).

3.3 Coaching: Interview mit Gunter König, Gunter König Coaching

Das Interview und die Transkription führten Viktoria Egele und Julie Levacher durch.

- **Interviewer:**

Herr König, nachdem Sie einige Jahre nach Ihrem Psychologiestudium ausschließlich als Verhaltenstherapeut gearbeitet hatten, entschlossen Sie sich 1990, zusätzlich als Coach zu arbeiten. Entsprach das genau Ihren Plänen, welche Sie während Ihres Studiums fassten? Können Sie hierzu kurz Ihren Werdegang genauer skizzieren?

- **Gunter König:**

Meinen Plänen entsprach es ganz und gar nicht, denn damals, als ich studierte, war von Coaching noch keine Rede. Ich war Leiter einer psychologischen

Beratungsstelle für Eltern, Kinder und Jugendliche. Dort war ich sieben Jahre beschäftigt, und wir hatten in dieser Beratungsstelle alles verwirklicht, was man an Psychologie, an Therapie und an Beratung machen kann, wie beispielsweise Kindertherapie, Elterntraining, Schulberatung, Klasseninterventionen und Therapiekindergärten. Nachdem ich das Gefühl hatte, dass ich in diesem Bereich genug Erfahrung und Expertise gesammelt habe, dachte ich mir, dass es Zeit sei, etwas Neues zu probieren, jedoch wusste ich anfänglich nicht, in welcher Branche ich weiterarbeiten wollte. Daher habe ich einfach gekündigt und gehofft, dass sich eine Chance für mich auftun wird. Diese ergab sich durch einen Freund meiner Psychodramaausbilderin, der Spezialist für Gruppendynamik ist. Er hatte mich angerufen und gefragt, ob ich Lust hätte, in Weinsberg, wo es eine psychiatrische Einrichtung gibt, auf einer Alkoholstation Supervision zu machen, da er wusste, dass ich Supervisor und Verhaltenstherapeut bin. Diese Chance ergriff ich und schloss, nachdem ich die Station kennengelernt hatte, einen Jahresvertrag ab. Das Schöne war, dass ich dort für einen Tag so viel bekam wie ein Viertel meines vorherigen Monatsgehaltes. Dies war der Impuls, der mich zu meiner Freiberuflichkeit brachte.

1990 fand der erste gesamtdeutsche Psychologenkongress in Dresden statt. Dort habe ich über Coaching referiert, nachdem sich betriebliche Anfragen zur Führungspraxis häuften.

- **I:**

Momentan sind Sie als Coach und als Therapeut tätig. Können Sie uns Ihren typischen Arbeitstag kurz beschreiben, damit wir eine genauere Vorstellung davon bekommen?

- **GK:**

Ich habe mir zur Angewohnheit gemacht, dass ich morgens so um halb 9 in mein Büro komme und meinen ersten Termin für 9 Uhr vereinbare. Die halbe Stunde dient in erster Linie dazu, dass ich die täglich anfallenden Aufgaben, wie Telefonanrufe, erledigen kann. Im Anschluss kommt der erste Klient entweder zu einer Psychotherapiesitzung oder einem Coaching-Gespräch. Um meinen Klienten in guter Stimmung begegnen zu können, frage ich mich selbst jeden Morgen, wie ich gefühlsmäßig eingestellt bin. Dies ist mir wichtig, damit ich jedem Klienten auf einem wohlwollenden Stimmungsniveau begegnen kann. Wenn ich während des Gespräches merke, dass ich traurig werde, weiß ich, dass dies mit meinem Gegenüber zusammenhängen muss. Dann kann ich diese Gefühle als Intervention und Frage nutzen. Der Austausch der gegenseitigen Stimmung und Emotion während eines Gespräches ist für mich ein wichtiges Element der Achtsamkeit. Meiner Meinung nach ist das Bewusstwerden der Bandbreite der eigenen Gefühle für jeden Therapeuten oder Coach wichtig, da man wohlgestimmt einfallsreicher und kreativer ist. Ich glaube, zwischen guter Stimmung und guter Leistung besteht ein deutlicher Zusammenhang. Meine wichtigste Tätigkeit am Morgen ist also, mich auf meine Gefühlslage einzuschwingen.

An das erste Gespräch schließt sich die Nachbereitung und die Pflege der Akte an. Ich plane meine Termine eher locker, sodass ich meistens noch eine halbe Stunde Luft habe. Im Schnitt nehme ich pro Tag fünf Gespräche wahr, wobei diese ein- oder zweistündig sein können. Wenn jedoch nach einer halben Stunde alles gesagt sein sollte, schließen wir früher die Sitzung.

Personalentwicklung

- **I:**

Der Begriff des Coachings wird heutzutage nahezu inflationär gebraucht. Was ist eigentlich Coaching?

- **GK:**

Coaching ist das zielorientierte, unterstützende und aufgabenkonzentrierte Beraten, Trainieren und Begleiten von Personen und Gruppen im partnerschaftlichen Dialog. Dies ist berufsbegleitend und führt zur Optimierung der Leistungs- und Führungsfähigkeiten. Zusätzlich ist es kundenzentriert und findet im Arbeitsalltag statt. Meist mache ich hierzu eine Arbeitsplatzbegehung, oder wir stellen mittels *IN-SZENARIO* ® (einem Aufstellungssystem, das mit Figuren arbeitet, siehe hierzu Abb. 3.2) die relevanten Situationen auf.

Coaching ist also das sinnorientierte Zusammenspiel fachlicher, sozialer und kommunikativer Kompetenzen mit dem Ziel schöpferischen Wandels. Freiwilligkeit, Respekt und Neutralität sind dabei Grundvoraussetzungen. (In Tab. 3.1 werden verschieden Coaching-Formen aufgeführt.)

Alle Coaching-Richtungen haben jedoch gemeinsam, dass sich der jeweilige Coach in folgenden Bereichen auskennen sollte:
- Kommunikation
- Führung
- Zeitgestalten durch Selbstorganisation mit Entspannung und Arbeitstechnik
- Teamentwicklung
- Lebenssinnklärungen

Der Begriff „Coaching" wurde aus der Sportpsychologie übernommen; hier umfasst er eine Betreuung und Beratung der Athleten während des Trainings und im Wettkampf. Hier sind besonders psychologisches Einfühlungsvermögen bei Erfolg

Abb. 3.2 Beispiel einer Aufstellung

Tab. 3.1 Coaching-Formen

Einzelcoaching	Durch firmenexternen Coach
	Durch firmeninternen Coach
	Durch Führungskraft
Selbstcoaching	
Mehrpersonen-Coaching	Team-Coaching
	Formelles und informelles Netzwerk-Coaching
	System-Coaching
Coaching-Weiterbildung	Ausbildungsreihe zum Coach
	Seminare zur Entwicklung einzelner Fertigkeiten
	Aufbau von Coaching-Kompetenz in einer Organisation

und Misserfolg sowie Eingehen auf die Persönlichkeit des Athleten gefragt. Zu Beginn meiner Karriere kam Boris Becker gerade groß raus, welcher von einem Coach betreut wurde. Anfangs nannte ich es noch „Supervision für Führungskräfte", doch durch den Hype um Boris Becker war Coaching in aller Munde, und ich entschloss mich dazu, dass es geschickter sei, meine Tätigkeit in Coaching umzubenennen.

- **I:**

Die Berufsbezeichnung Coach ist in Deutschland kein geschützter Begriff. Coachs gibt es aus verschiedensten Bereichen und Branchen, unter anderem sind auch Psychologen, wie Sie, Coachs. Dementsprechend finden sich in der Praxis häufig Coachs, die keinerlei Ausbildung gemacht haben. Dies erschwert es besonders Laien zu beurteilen, wer ein guter Coach ist und wer ein weniger qualifizierter. Wie findet ein Laie heraus, ob er an einen guten Coach geraten ist?

- **GK:**

Meine Auffassung habe ich oben genannt. Oft ist Coaching eine Sprachhülse, die in der Personalentwicklung für einen Beratungsservice für Führungskräfte verwendet wird. Dabei umfasst Coaching eine Vielzahl verschiedener Ansätze und Arbeitsweisen der Beratung von Einzelnen im Unternehmen oder auch von Teams im Unternehmen. All diesen Vorgehensweisen ist gemein, dass sie der Verbesserung von Leistung in Bezug auf Führungskompetenzen dienen sollen. Ebenso vielfältig wie die möglichen Interpretationen des Begriffs „Coaching" sind auch die Branchen, aus denen ein Coach entstammen kann. Als Coachs fungieren beispielsweise Lehrer, Theologen und auch Psychologen. Das ist auch manchmal so ein Punkt, dass die Leute fragen: „Warum sollte ich einen Psychologen wählen, tut es nicht auch ein Lehrer?" Ich bin jemand, der sagt: „Probieren Sie es aus!" Denn für manche Personen ist tatsächlich der Lehrer passend, für andere kann es auch passend sein, wenn jemand mit Handauflegen arbeitet. Manche meiner Kollegen sind der Meinung, dass es unerhört ist, dass jemand sich Coach nennen darf, der mit solch einer Technik vorgeht. Ich hingegen finde das völlig legitim, solange es dem Betreffenden nutzt. Allerdings erachte ich es für wichtig, dass auch Coachs regelmäßig

Personalentwicklung

Supervisionen nehmen, um so ihre Qualitätsstandards zu behalten und ihre Lebensqualität zu bewahren.

Ich persönlich habe zur Orientierung potenzieller Klienten einen kleinen Fragebogen entworfen, der zum Finden des passenden Coachs dienen soll, den ich Interessenten gerne aushändige.

- **I:**

Es scheint fließende Grenzen zwischen Coaching und Therapie zu geben. Diese fließenden Grenzen gibt es bei einem medial sehr bekannten Thema ebenso: dem Burnout. Burnout entspricht prinzipiell einem Zustand vollkommener Erschöpfung, der durch Stress und zusätzliche Fehlbelastung am Arbeitsplatz ausgelöst werden kann. Stellen wir uns beispielsweise vor, es kommt ein Manager zu Ihnen, der unter der Last der Anforderungen seiner Arbeit leidet und realisiert, dass er mit diesem Stress nicht mehr umgehen kann. Wie stellen Sie fest, ob ein Klient in dieser Situation nur unter einer temporären Belastung oder kurz vor einem Burnout steht?

- **GK:**

Obwohl in den letzten zwei bis drei Jahren in der Forschung zu Burnout viel passiert ist, bleibt der Begriff „Burnout" ebenso wie „Coaching" unscharf. Falls ein Klient zu mir kommt, der das Gefühl hat, an Burnout zu leiden, mache ich mit ihm ein Screening, um so Klarheit zu bekommen, ob es sich bei seinen Beschwerden um Burnout oder eine Depression handelt. Zusätzlich ermöglicht dies meinen Klienten ein Bewusstwerden der eigenen Gefühle. Meiner Meinung nach ist gerade dies ein Mangel, dass Führungskräfte sich nicht mehr über ihre Gefühle im Klaren sind und auch nicht mehr wissen, wie sie mit diesen und mit denen von Mitarbeitern umgehen sollen. Zu Beginn meiner Karriere als Coach habe ich entdeckt, wie leicht und schnell Führungskräfte ihre Fähigkeit entwickeln, Gespräche zu führen, die auch emotionale Komponenten umfassen, wenn im Coaching der Fokus auf Gefühle gelegt wird. Hierzu habe ich mit den Führungskräften aktiv geübt, sich in andere Menschen hineinzuversetzen und sich deren Gefühle bewusst zu werden. Manche machen sich keine Gedanken über die Gefühle von anderen, was dann zu Missverständnissen als Konsequenz führen kann.

- **I:**

Das Thema Stressmanagement beispielsweise wird nicht nur bei Coachings thematisiert, sondern ist auch häufig Bestandteil von Personalentwicklungs- und Trainingsmaßnahmen, welche von Unternehmen zur Verfügung gestellt werden. Wann würde ein Unternehmen eher einen Coach konsultieren und wann einen Trainer?

- **GK:**

Ich persönlich empfehle bei Anliegen zur Persönlichkeitsentwicklung eher einen Coach. Wenn es hingegen darum geht, ein bestimmtes Ziel zu erreichen, dann eher ein Training. Dies lässt sich besonders am Beispiel der Weiterbildung eines Verkäufers aufzeigen. Zwar steht der Mensch hier im Vordergrund, jedoch soll dieser lernen, seine Verkaufszahlen zu steigern. Hierzu muss der Verkäufer in verschiedenen Schritten unterschiedliches Wissen erwerben, beispielsweise Produktkenntnisse und verschiedene Angebote des Unternehmens. Folglich wäre zum Erwerben dieser

Qualifikationen ein Training sinnvoll. Wenn ein Verkäufer hingegen schon durch ein solches Training alles weiß, was theoretisch zur Steigerung des Umsatzes führen sollte, dieser aber trotzdem nichts verkauft, wäre es sinnvoll, einen Coach zu engagieren. Dadurch kann eine andere Herangehensweise ermöglicht werden. So könnte ein Coaching an der Wahrnehmung des Verkäufers ansetzen. Hierzu wird die Reaktion des Verkäufers auf den Kunden genauer betrachtet. Dabei konzentriere ich mich auf die Gedanken des Verkäufers und die Gefühle, die bei diesem auftreten, wenn er im direkten Kundenkontakt steht. Allgemein lassen sich zwei Typen unterscheiden: Zum einen kann ein Verkäufer die Situation als Chance sehen und mit Freude auf den Kunden zugehen, oder er kann Angst vor der Situation haben und folglich Stress empfinden. Damit merken Sie, Wahrnehmung, Denken und Fühlen sind eng miteinander verknüpft. Diese drei Faktoren bedingen natürlich auch das Handeln. Wer Stress empfindet, verzieht sich, und wer Freude empfindet, geht auf Kunden zu.

Allerdings besitzen Coaching und Training auch Parallelen. Letztendlich geht es bei beiden Formen darum, etwas zu üben. Dies ist ein Teil der Lernpsychologie, die sowohl der Trainer als auch der Coach anwendet. Dazu gesellt sich die Kommunikationspsychologie, auch eine Gemeinsamkeit, ohne die beide nicht auskommen können, da das Gespräch und der Kontakt elementare Bausteine in beiden Formen sind.

- **I:**
Wie sehen die klassischen Themen aus, die beim Coaching angesprochen werden?

- **GK:**
Um mich schon vor der ersten Sitzung mit dem Klienten genauer vorbereiten zu können und einen Einblick zu bekommen, welches Anliegen mich erwartet, gebe ich meinen Klienten am Telefon drei Fragen. Diese zielen darauf ab, den augenblicklichen Auslöser zu ermitteln, der eine Person zu mir bringt, Wertschätzungen des Klienten sich selbst und seinem Vorgesetzten gegenüber zu erfragen sowie die Ziele und Hoffnungen an das Coaching zu formulieren.

In der Regel kommen die Klienten, wenn sich in ihrem Leben etwas verändert hat, etwa in der Struktur des Unternehmens oder in der Situation am Arbeitsplatz. Beispielsweise vollzieht die Deutsche Bank momentan verschiedene strukturelle Veränderungen, indem sie eine ganze Führungsspanne wegnehmen. Hier wäre denkbar, dass ein Klient mit dem Anliegen kommt, nun statt zwölf Mitarbeiter 50 führen zu müssen, was ihn überfordert und zu erheblichen Problemen führen kann, dadurch, dass er Überblick und Kontrolle verliert. Ein typisches Beispiel für entstandene Unzufriedenheit mit der Situation am Arbeitsplatz ist, dass ein Klient einen neuen Vorgesetzten bekommen hat und mit diesem nicht zurechtkommt. Dort spielen dann sowohl Wahrnehmungs- und Denkstrukturen eine Rolle, die die Interaktion mit dem Chef beeinflussen. Als Beispiel nenne ich eine Coaching-Klientin einer Bank. Ihr Anlass sind die Konflikte mit ihrem neuen Chef, der sich nicht an die betriebsübliche Ordnung hält. In ihrem Fall beinhaltet die betriebsübliche Ordnung, dass die Hierarchie im Unternehmen nicht übersprungen werden darf. Ein Vorgesetzter gibt dem ihm nachgeordneten Manager eine Aufgabe, und der gibt diese Aufgabe dann an sein Team weiter. Im vorliegenden Fall ist es so, dass der

Vorgesetzte die Klientin übergeht und sich direkt an ihr Team wendet. Das heißt, er ignoriert sie und folglich auch ihre Kompetenzen und Fähigkeiten.

Ein weiteres Thema im Coaching könnte sein, dass ein Mitarbeiter eine neue Aufgabe bekommen hat. Statt weiterhin Mitarbeiter eines Teams zu sein, ist er nun Leiter dieses Teams und hat neidbedingte Schwierigkeiten in seiner Position. Manchmal werden im Coaching auch Sinnfragen thematisiert. So hatte ich beispielsweise einen 50-jährigen Klienten, der den Sinn für seine momentane Arbeit verloren hat und sich in einer Krise befand. Dieser wollte sich beruflich in eine völlig neue Richtung orientieren. Wir entwickelten Ideen, arbeiteten diese aus, und er entschied sich, im sozialen Bereich als Geschäftsführer seine Fähigkeiten einzubringen.

Ein weiterer Anlass für ein Coaching kann sein, dass jemand mit seiner Gesamtsituation überfordert ist, da er von morgens bis abends arbeitet, daneben jobbedingt reisen muss und eine Familie hat. Zum Beispiel betreute ich eine Zeit lang eine Abteilungsleiterin, die tagsüber ihre Abteilung normal geleitet hat, jedoch zusätzlich das, was sie mit ihrer Organisationseinheit erarbeitet hatte, in den verschiedenen Standorten des Unternehmens weltweit präsentieren und durchsetzen musste. Durch diese Belastung fielen sukzessiv ihre Ruhephasen weg, und sie kam aus der Balance. Gleichzeitig wurde sie von ihrem Chef für ihre Arbeit nicht gewürdigt, da dieses Projekt der Klientin vom Vorstand aufgetragen wurde und der direkte Vorgesetzte in der Situation nicht kooperativ war.

- **I:**

Beim Coaching werden verschiedene Einflüsse unterschieden, beispielsweise das systemische Coaching, was einen Bezug zur systemischen Therapie hat. Welchen Schwerpunkt haben Sie für sich gewählt?

- **GK:**

Ich habe meinen eigenen, den königlichen Schwerpunkt entwickelt. Dabei baue ich mein Coaching auf meinen fünf wirksamsten methodischen Werkzeugen auf. Diese sind neben dem *INSZENARIO* ®, meinem selbst entwickelten Visualisierungsinstrument, wertschätzendes Erkunden, Zielerklärung und sequenzielles, verhaltensnahes Vorgehen. Nach dem bewerteten Abwägen bewegt sich der Kunde auf sein Ziel zu. Abweichende Ergebnisse werden reflektiert, Erfolge gefeiert.

Das Visualisieren mit *INSZENARIO* ® erlaubt das Darstellen der kritischen Situation wie auch sein Innenleben, z. B. als inneres Team oder innere Familie. Wenn der Klient jetzt seine Situation gleichzeitig von innen und außen wahrnimmt, dann bleiben Aha-Erkenntnisse nicht aus.

Vor der Umsetzung verschiedener Wege zur Zielerreichung stehen die Aspekte Wahrnehmen, Denken, Fühlen und Handeln. Das Denken kann dabei am schnellsten angegangen werden, das Handeln am zweitschnellsten. Darauf folgt die Veränderung des Fühlens, welche allerdings erst mit etwas Verzögerung eintritt. Die Wahrnehmung ist meistens ein komplexer, innerer Prozess, der nicht so einfach zu verändern ist. Die Betrachtung hilft dem Klienten dabei im besonderen Maße. Dadurch, dass er sein Umfeld visuell darstellt, sieht der Klient seine Situation im Abstand. Zusätzlich ermöglicht die Aufstellung dem Coach, die Situation des Klienten besser nachzuvollziehen. In der Situation selbst ist der Klient mit seinen Gefühlen beschäftigt und kann die Situation nicht objektiv beurteilen. Die Aufstellung dient dazu, dass der Klient von außen auf die Situation sehen kann, und daraufhin verändert sich seine Sichtweise, es kommt zu neuen Einsichten, Auswegen und Lösungen.

Ich setze INSZENARIO ® beispielsweise ein, um Situationen am Arbeitsplatz darzustellen. Hierzu sind besonders die unterschiedlichen Größen und Geschlechter der Figuren hilfreich. Mit den Figuren fällt es auch dem Klienten deutlich leichter, alternative Lösungswege zu erkennen. So kann die Situation beispielsweise die sein, dass eine Führungskraft nicht zu dessen Vorgesetzten vordringen kann, da eine andere Person, zum Beispiel die Sekretärin, den Weg versperrt. Hier hat der Klient verschiedene Optionen. Zum einen kann er versuchen, sich mit der Person besser zu stellen oder auch einen Weg an der Person vorbei zu finden, beispielsweise über eine dritte Person. Diese Aufstellung der unterschiedlichsten Situationen hilft meinen Klienten und unterstreicht erneut den besonderen Stellenwert der Visualisierung im Coaching.

- I:

Um überprüfen zu können, ob ein Coaching gewirkt hat, sollte ein Erfolg messbar sein. Dieser ist bei individuellen Prozessen sicherlich leichter als bei Gruppen. Dennoch bleibt die Frage, wie man sicherstellen kann, dass der Erfolg der Person durch die Beratung zustande kam. Wie überprüfen Sie die Effizienz ihrer Coachings?

- GK:

In der Tat ist die Evaluation eines Coaching-Prozesses nicht einfach. Selbstverständlich kann ich nie sicherstellen, dass der Erfolg des Coachings alleine durch meine Beratung zustande gekommen ist, denn letztlich ist der Erfolg des Coachings Sache des Klienten. Ich habe in all den Jahren meine eigene Methode zur Überprüfung der Effektivität entwickelt. Zentral ist das Definieren der Ziele zu Anfang des Coachings. Zwar war das Coaching erfolgreich, wenn dieses Ziel erreicht ist, jedoch kann ich nicht ausschließen, dass auch andere Faktoren einen Einfluss auf das Ergebnis gehabt haben können, denn während des Coaching-Prozesses wird der Klient auch von seinen Arbeitsbedingungen, von seinem Partner oder seiner Partnerin und anderen externen Faktoren beeinflusst. Ich als Coach kann nicht ausschließen, dass nicht solche Faktoren ebenfalls für die Zielerreichung maßgeblich sind.

Da ich mir folglich nie sicher sein kann, welcher Anteil der Zielerreichung tatsächlich auf den Coaching-Prozess zurückgeht, frage ich den Klienten am Ende jeder Sitzung, was er aus dieser mitnimmt, was er heute gelernt hat, was er bis zum nächsten Mal angehen möchte und wie wahrscheinlich es ist, dass er das auch tatsächlich erreicht. Anhand dieser Fragen kann ich von Sitzung zu Sitzung Fortschritte erkennen. Vor etwa 15 Jahren habe ich auch eine Zufriedenheitsumfrage unter meinen Klienten durchgeführt, und in den Antworten war deutlich, dass die Klienten mit meinem Coaching sehr zufrieden waren.

- I:

Neben vielen berühmten Persönlichkeiten soll auch Bill Gates einmal gesagt haben, dass man aus Misserfolgen am meisten lernt. Auch Sie haben vermutlich während Ihrer Karriere einige schwierige Fälle gehabt, bei denen das Coaching nicht so

Personalentwicklung

funktioniert hat, wie Sie sich das vorgestellt haben. Können Sie sich an einen Fall erinnern, in dem Ihre Vorgehensweise nicht funktioniert hat?

- **GK:**
Ich bin anderer Meinung: Ich denke, ich habe am meisten aus meinen Erfolgen gelernt. Sehr viel hängt im Coaching mit der eigenen Einstellung zusammen. Wenn ich etwas als schwierig erachte, wird es auch schwierig. Über Einstellung und Erwartungen kann ich sehr viel beeinflussen im Coaching. Zudem kann ich als Coach nicht beurteilen, ob nur ich den Prozess als Misserfolg sehe oder ob er es tatsächlich ist. Es ist durchaus schon vorgekommen, dass ich unsicher war bezüglich meines Vorgehens bei einem Klienten, er wiederum das Coaching jedoch als vollen Erfolg empfand. Natürlich hatte ich auch mal einen oder zwei Misserfolge, wo es nicht so gelaufen ist, wie ich mir das dachte. In der Zwischenzeit akzeptiere ich aber auch, wenn Sachen nicht mehr so laufen, wie ich mir das denke. Als Erfolg sehe ich, wenn gelingende Muster zu Gewohnheiten werden.

- **I:**
Wie hält man sich als Coach auf dem Laufenden?

- **GK:**
Seit 35 Jahren nehme ich monatlich Supervision. Weiter besuche ich mindestens einmal im Jahr einen Fortbildungskongress. Dazuhin bin ich Teil einer „Denke!-Gruppe". Dann finden sich auch an unerwarteten Stellen, etwa im App-Store, im Internet oder in der Tageszeitung neue Impulse, die mich zur Weiterbildung anregen. Zur Aufrechterhaltung meiner Achtsamkeit benutze ich zum Beispiel eine App (MindBell) und bin sehr zufrieden damit. Daher schließe ich mediale Hilfsmittel gar nicht aus bei der Suche nach Weiterbildung, sondern bin sogar der Meinung, dass diese Hilfsmittel sehr nützlich und wirksam sind. Unterwegs nutze ich gerne Hörbücher.

- **I:**
Wie bereits angesprochen handelt es sich bei dem Beruf des Coachs um eine nicht geschützte Berufsbezeichnung, weshalb es auch keine staatlich anerkannte Ausbildung gibt. Inwiefern fänden Sie es sinnvoll, diese Berufsbezeichnung in Zukunft zu schützen und in einen Ausbildungsberuf umzuwandeln?

- **GK:**
Im Moment habe ich auf diese Frage noch keine Antwort. Wenn ich einen Beruf schütze, dann hat es ein gewisses Prozedere zu geben, es muss Inhalte geben, die der Ausübende dann kennen muss. Zudem ergeben sich eine Reihe von Fragen, wenn man darüber nachdenkt, den Beruf zu schützen, z. B.: Soll Coaching an der Hochschule gelehrt werden oder an der Akademie? Wer darf zur Ausbildung? Welche Voraussetzungen muss jemand erfüllen?

Im Coaching ist es so, dass die Qualität der Beziehungen zwischen Coach und Klienten signifikant zu einem guten oder weniger guten Ergebnis des Coachings beiträgt. Außerdem soll der Klient im Coaching positive Erfahrungen machen. Vor diesem Hintergrund kann auch jemand ein erfolgreicher Coach sein, der keine

Anerkennung hat. Jemand, der mit Reiten Erfolg hat, würde niemals eine Anerkennung bekommen, wenn man den Beruf „Coach" schützen würde.

Selbstverständlich ist mir Qualität beim Coaching wichtig. Doch meines Erachtens gibt es einen großen Bereich von Coachings, die wirksam sein können, welche jedoch nicht unter den geschützten Begriff fallen würden.

- **I:**

Bei diesem Beruf sind sehr viel Diskretion und besonderes Vertrauen des Klienten essenziell. Möglicherweise ist es daher für Studenten schwer, in diesem Bereich ein Praktikum zu absolvieren und tiefere Einblicke in die Arbeit eines Coachs zu erlangen. Welche Möglichkeiten gibt es, als Student der Psychologie bereits während des Studiums erste praktische Erfahrungen als Coach zu sammeln?

- **GK:**

Die Praktikanten sind die Zukunft unseres Berufes. Als ich früher Seminare hielt, für die Universität Tübingen, durften die Studierenden im Rahmen meines Seminars auch einen Tag bei mir verbringen, um zu sehen, was ich alltäglich mache, und somit einen ersten Eindruck vom Coaching bekommen. Ich arbeite sehr gerne mit Praktikanten zusammen; mit Vorzug bilde ich Zweierteams, damit die beiden Praktikanten gemeinsam arbeiten können. Derart können sie viel voneinander lernen, ihre Eindrücke diskutieren und Erfahrungen austauschen. Sofern es der Klient erlaubt, sind die Praktikanten selbstverständlich während des Coaching-Gesprächs dabei, sodass sie sich den Prozess anschauen und danach ein Protokoll schreiben können. Nach einer Coaching-Sitzung nehme ich mir dann ausreichend Zeit, um die Sitzung mit den Praktikanten zu reflektieren und ihre Fragen zu beantworten.

Video des Interviews (siehe ◘ Abb. 3.3).

◘ **Abb. 3.3** Video 3.3 (▶ https://doi.org/10.1007/000-8he)

Organisationsentwicklung

Silvan Winkler, Edgar Lessel und Jens Quandte

Inhaltsverzeichnis

4.1 Einleitung – 66

4.2 Unternehmensumfragen: Interview mit Dr. Silvan Winkler der GfK Switzerland – 67

4.3 Change Management: Interview mit Dr. Edgar Lessel der Firma PSYTEC GmbH – 88

4.4 Interview mit Dr. Jens Quandte, ehemaliger Geschäftsführender Partner der Firma PE-Solution und Gründer von Change-Designer – 102

Literatur – 118

Ergänzende Information Die elektronische Version dieses Kapitels enthält Zusatzmaterial, auf das über folgenden Link zugegriffen werden kann ▶ https://doi.org/10.1007/978-3-662-65821-5_4. Die Videos lassen sich durch Anklicken des DOI Links in der Legende einer entsprechenden Abbildung abspielen, oder indem Sie diesen Link mit der SN More Media App scannen.

© Der/die Autor(en), exklusiv lizenziert an Springer-Verlag GmbH, DE, ein Teil von Springer Nature 2022
N. Bajwa und C. König (Hrsg.), *Karriereperspektiven in der Arbeits- und Organisationspsychologie*, Meet the Expert: Wissen aus erster Hand, https://doi.org/10.1007/978-3-662-65821-5_4

4.1 Einleitung

Nida ul Habib Bajwa und Cornelius J. König

Zu Beginn einer Unternehmensgründung gibt es meistens eine sehr kleine Gruppe von Personen, die eine Idee haben und diese unternehmerisch umsetzen wollen. Gelingt es, die Unternehmensidee in ein funktionierendes Unternehmen zu verwandeln, ist die Hoffnung groß, dass dieses junge Unternehmen über die Zeit wächst und größer wird. Sind anfänglich Entscheidungen im Unternehmen noch einfach zu treffen, da es nur wenige Mitarbeiter gibt und diese über die meisten Abläufe sehr gut Bescheid wissen, wird dies zunehmend zu einer Herausforderung, wenn das Unternehmen wächst. Konnte sich in der anfänglichen Zeit der Unternehmensgründer um die Entscheidungen bzgl. der angebotenen Produkte, die Einstellung neuer Mitarbeiter, die Werbung der Produkte, die Aufgabenverteilung an die Mitarbeiter und viele weitere Tätigkeiten kümmern, so wird dies mit steigender Auftrags- und Mitarbeiterzahl kaum noch von einer Person handhabbar sein.

Dies wäre bereits ein sehr gutes Beispiel dafür, was die Aufgabe von systematischer Organisationsentwicklung ist: Es geht im oben genannten Beispiel darum, die hohe Zahl an Tätigkeiten mit höherer Effizienz zu bearbeiten und beispielsweise Strukturen und Zuständigkeiten zu schaffen, die zuvor nicht existierten. Idealerweise werden diese so gestaltet, dass sie mit dem weiter wachsenden Kurs des Unternehmens auch zukünftig absehbare Entwicklungen mit abdecken. Organisationsentwicklung hört jedoch nicht auf, wenn solche Strukturen geschaffen worden sind, sondern beschäftigt sich kontinuierlich damit, die vorhandenen Abläufe und Strukturen im Unternehmen zu analysieren und Verbesserungspotenziale aufzudecken und zu nutzen.

Im ganz Kleinen können das bereits Dinge sein, die Arbeitsabläufe erschweren und behindern: Die Dokumentation von Projekten ist nicht einheitlich, in Schränken lagern unsortiert Akten, was die Suche nach spezifischen Dokumenten erheblich erschwert, oder Absprachen zwischen Abteilungen sind nicht vorhanden, sodass einige Aufgaben doppelt erledigt werden. Unter dem Stichwort „kontinuierliche Verbesserungsprozesse" fasst man in der Unternehmenswelt die Verbesserung eben solcher kleinen Dinge zusammen, die durch einen vergleichsweise geringen Aufwand ein hohes Verbesserungspotenzial bieten. Im Gegensatz dazu kann es durchaus sein, dass Unternehmen größere Veränderungen durchführen müssen. Fusionen zwischen zwei oder mehr Unternehmen, die Auflösung und/oder Umstrukturierung unprofitabler Abteilungen, Anpassungen aufgrund von neuer gesetzlicher Regelungen, die Internationalisierung von Unternehmen oder die Umstrukturierung der Arbeitsabläufe aufgrund der Digitalisierung sind dabei nur einige Beispiele, die eine systematische Organisationsentwicklung notwendig machen.

Im Bereich Organisationsentwicklung – im Englischen neben dem Begriff „Organizational Development" häufig auch mit dem Begriff „Change Management" beschrieben – haben Arbeits- und Organisationspsychologen vor allem neben der Erarbeitung von Konzepten in enger Abstimmung mit den von den Veränderungen betroffenen Mitarbeitern die Aufgabe, Überzeugungsarbeit zu leisten, d. h. Mitarbeiter, Führungskräfte und die Unternehmensleitung von der Sinnhaftigkeit und Notwendigkeit der Veränderungen zu überzeugen. Diese Überzeugungsarbeit ist vor allem deshalb notwendig, da Menschen am Arbeitsplatz ungerne Routinen und lang vertraute Arbeitsabläufe abändern wollen. Um die erwarteten Verbesserungen durch Veränderungsmaßnahmen zu erreichen, ist es entsprechend notwendig, Mitarbeiter frühzeitig und umfassend in den Prozess einzubeziehen, während der Veränderung zu begleiten und im Anschluss zu evaluieren, ob die erwarteten Vorteile auch eingetreten sind.

Gerade im Bereich der Evaluation können Arbeits- und Organisationspsychologen ihre Expertise in der Konstruktion von Fragebögen einbringen. Eine der klassischen Aufgaben der Organisationsentwicklung ist es, regelmäßig Mitarbeiterbefragungen durchzuführen, um festzustellen, wie es um das Organisationsklima, das Engagement, die Arbeitszufriedenheit sowie die Bindung der Mitarbeiter zum Unternehmen aussieht. Gleichermaßen können Mitarbeiterbefragungen relevante Zahlen und Daten liefern, um den Einfluss von Organisationsentwicklungsmaßnahmen auf die zuvor genannten Variablen zu untersuchen. Gerade Arbeits- und Organisationspsychologen, die gerne Messungen durchführen und entsprechend gerne mit Zahlen arbeiten, können beim Thema Mitarbeiterbefragungen viel von ihrem Statistikwissen aus dem Studium anwenden.

Im Folgenden werden unterschiedliche Perspektiven auf das Thema Organisationsentwicklung dargestellt. Dr. Edgar Lessel von der Psytec GmbH gibt Einblicke in die Tätigkeit als Unternehmensberater mit Schwerpunkt auf Organisationsentwicklung. Dr. Silvan Winkler von der Gesellschaft für Konsumforschung (GfK) stellt vor, welche Ziele man mit Mitarbeiterbefragungen befolgen kann und welchen Wert diese für Unternehmen haben. Und zuletzt beschreibt Dr. Jens Quandte, der langjährig bei PE-Solution tätig war, seine Arbeit im Bereich der interdisziplinären Beratung. Dabei geht es vor allem um Organisationsentwicklungsprojekte wie die Sanierung von Unternehmen, bei denen er aktiv Personen mit unterschiedlichem fachlichem Hintergrund einbindet.

4.2 Unternehmensumfragen: Interview mit Dr. Silvan Winkler der GfK Switzerland

Das Interview und die Transkription führten Tatjana Cassel und Lisa Rau durch.

- **Interviewer:**

Herr Dr. Winkler, Sie sind promovierter Arbeits- und Organisationspsychologie und Experte für Unternehmensumfragen. Wie kommt man zu so einem Beruf?

- **Silvan Winkler:**

Ich würde es vielleicht in drei Etappen beschreiben. Meine erste Etappe war hier bei einer lokalen großen Bank. Mich hat das Thema der Forschung im organisationspsychologischen Bereich nach dem Studium weiter gereizt. Eine dieser Banken war eines der wenigen Unternehmen in der Schweiz, die ein gut institutionalisiertes Doktorandenprogramm installiert hatte. Das heißt, man konnte dort in Teilzeit arbeiten und hatte die Möglichkeit, am Lehrstuhl zu promovieren. Das war dann das Sprungbrett in die HR-Domäne (HR steht für Human Ressources). Es gibt da verschiedene Möglichkeiten, sich nach dem Studium weiterzuentwickeln. Bei mir war es der folgende Pfad: Mein damaliger Betreuer von Seiten der Bank hat einen sehr starken Fokus auf Mitarbeiterbefragung und auf diesen Teil, den ich heute, zehn Jahre später, als Human Capital Analytics bezeichnen würde. Das ist ein sehr stark zahlenbasierter Fokus auf die ganze HR-Disziplin. Diese Bank war damals schon in der Position, dass sie bereits grosse Datenmengen angehäuft hatte, nicht nur Befragungen von Mitarbeitern, sondern auch Potenzialeinschätzungen, Leistungsbeurteilungen, Assessment Center, IQ-Resultate usw. Das sind interessante Daten, die zum Teil auf Individuumsebene, zum Teil nur auf aggregierter Ebene zur Verfügung stehen.

Meine Aufgabe war es dort, zusammen mit einem Team von Experten, diese Informationen nutzbar zu machen. Das hat mich dann etwa fünf Jahre beschäftigt. Man hat viele Daten generiert für die Forschung am Lehrstuhl für Arbeits- und Organisationspsychologie. Danach war die Frage: Wie geht es weiter? Ich bin dann in die Beratung gewechselt zu PricewaterhouseCoopers – zu dem Zeitpunkt ein großes Wirtschaftsprüfungsunternehmen mit 140.000 Mitarbeitern global –, auch in dem Interesse, dort eine Kapazität und Know-how aufzubauen. Das hat mich dann etwa drei Jahre weiterbeschäftigt in dem Team. Heute bin ich seit ebenfalls rund drei Jahren bei der GfK Switzerland AG, die Schweizer Unternehmung des GfK-Konzerns, bei der heute rund 13.000 Mitarbeiter global beschäftigt sind und die viertgrößtes Markt- und Meinungsforschungsinstitut ist. Zur Disziplin der Organisationsforschung und der Befragung von Mitarbeitenden vielleicht so viel: Der GfK-Konzern ist sehr stark auf Marktforschung fokussiert, und eine kleine, aber sehr erfolgreiche Nische ist der Bereich rund um die Befragung von Mitarbeitenden. Das ist der Teil, den ich hier für den deutschsprachigen Raum in der Schweiz verantworte.

- I:

Wenn man sich jetzt den Beginn Ihres Karriereweges anschaut, was hat Sie damals während Ihres Studiums bewegt, den Bereich Arbeits- und Organisationspsychologie zu vertiefen und sich genau in diese Richtung zu entwickeln? Gab es da konkrete Anlässe? Haben Praktika geholfen?

- SW:

Es war eher eine negative Auswahl. Ich habe mich eigentlich lange für Klinische Psychologie interessiert und habe dann aufgrund von persönlichen Erfahrungen gemerkt, wie wenig wirksam unter Umständen der Hebel der Klinischen Psychologie ist, dass selbst mit fortschrittlichsten Methoden und Psychopharmaka zum Teil nur wenig bewirkt werden kann. Da habe ich für mich entschieden, ich möchte in eine Disziplin, in der ich mit meiner Arbeit einen spürbaren Effekt erwirken kann. Dort hat sich die Organisationspsychologie angeboten, weil das Methodische, das Statistische und das Forschende an dieser Disziplin mich sehr gereizt haben. Dann war die Entscheidung eigentlich schnell und einfach gefällt.

- I:

Wie bereits erwähnt haben Sie nach Ihrem Studium zum Thema Human Capital Analytics promoviert und parallel auch in diesem Bereich bei einer Bank gearbeitet. Können Sie uns einen Einblick in dieses Themenfeld gewähren, was Sie damals gemacht haben? Die Betrachtung geschieht häufig aus einer betriebswirtschaftlichen

Perspektive. Was ist dabei die psychologische Perspektive? Was können Psychologen in dieses Feld einbringen?

- **SW:**

Finance als Disziplin gibt es ein paar Tausend Jahre, Marktforschung gibt es ein paar Hundert Jahre, und HR gibt es, je nachdem, wie man es betrachtet, ein paar wenige Jahrzehnte. Als Disziplin ist Personalmanagement eigentlich eine der weniger fortschrittlichen, was das methodische Rüstzeug anbelangt. Das ist natürlich eine Aussage, die man durchaus auf den Prüfstand stellen kann. Die Idee von dem, was wir damals bei der Bank gemacht haben, war zu sagen, wir wollen mit derselben stringenten Logik und faktenbasierten Sichtweise an dieses Thema Personalmanagement heran, wie es Finance, Marktforschung oder viele andere Disziplinen auch machen – anders gesagt die Idee, Datentöpfe zu vereinen und daraus intelligente Informationen zu erstellen, die einem helfen, gute Personalentscheidungen zu fällen, langfristige Entscheidungen der Bank zu stützen und herauszufinden, wo es Stellhebel gibt, um die Leistung der Mitarbeitenden und ihre Situation am Arbeitsplatz zu verbessern. Das ist eigentlich der Hauptgrundgedanke von dem, was uns damals beschäftigt hat, und von dem ich glaube, nachdem ich jetzt im Rahmen von unterschiedlichsten unternehmensberaterischen Tätigkeiten sehr viel unterschiedliche Branchen und Firmen gesehen habe, dass es etwas vom Fortschrittlichsten war, das es gegeben hat, und auch heute zum Fortschrittlichsten gehört von dem, was man mit diesen Daten machen kann. Wichtig hier ist zu sagen, es geht in aller Regel nicht darum, auf Individuumsebene Entscheidungen zu fällen, sondern auf einer aggregierten übergeordneten Ebene Wirkungszusammenhänge zu identifizieren, um wirkungsvolle Entscheidungen mit einer nachhaltigen Effektivität fällen zu können.

- **I:**

Promovieren und gleichzeitig in der Praxis tätig sein sind beide jeweils große Herausforderungen. Wie bekommt man beides koordiniert? Dies ist nicht der typische Weg, als wissenschaftlicher Mitarbeiter zu promovieren.

- **SW:**

Die ursprüngliche Idee war, ich sei ein kluges Kerlchen und mache die praktische Erfahrung und das Forschende und den Doktor parallel. Die Idee ist im Nachhinein zwar aufgegangen, aber klug war daran eigentlich relativ wenig, denn die Arbeitsbelastung ist gigantisch, da man den Workload von zwei Vollzeitstellen in einen hineinpresst. Es ist so, die Bank fordert einen Auftrag, den es zu erfüllen gibt, also das Unternehmen, das einen sponsert. Und die Universität hat auch einen Anspruch. Diese Ansprüche lassen sich nur bis zu einem gewissen Grad komprimieren. Der Rest ist dann Freizeit, Abendschichten und Urlaub, der genau dafür draufgeht. Ich habe mindestens schon zwei Dutzend Gespräche geführt mit Leuten, die sich für einen ähnlichen Karriereweg entschieden haben, und ich glaube, nachdem sie mit mir gesprochen hatten, haben sich die meisten entschieden, es nicht so zu machen. Es ist etwas, das stark an die Grenzen der physischen und psychischen Belastbarkeit und zu Lasten der sozialen Netzwerke geht.

Es war eine Strategie, die insofern aufgegangen ist, als ich jetzt relativ weit fortgeschritten bin, auch in Bezug auf die ganzen Erfahrungswerte. Aber es ist eine

Belastung, die ich im Nachhinein als tendenziell eher ungesund beschreiben würde. Ich würde dies zugunsten einer halbwegs zumutbaren Work-Life-Balance nicht so empfehlen. Schön ist daran, dass sich durch die Kombination von Praxis und Forschung ganz andere Themenfelder öffnen. Beispielsweise ist eine der Studien, die wir sehr hochrangig publiziert haben, rein mit Daten der Bank, die nicht einmal die Bank selbst bis dahin verknüpft hatte. Und der Impact und die Bedeutung der Resultate sind schon gewaltig. Ich kann dazu vielleicht auch ein Beispiel angeben, im akademischen Umfeld sind diese Studien vielleicht ein paarmal zitiert worden. Dieselbe Studie haben wir im *Forbes*-Online-Magazine publiziert, und es sind (Stand vorgestern) 28.000 Downloads. Also sieht man die Relation zwischen dem Impact, den die Resultate haben können, wenn sie im geschützten Kreis von akademisch zugänglichen Publikationen gefangen sind versus wenn man diese Information öffentlich zugänglich macht. Es ist mein Plädoyer, dass, wenn so spannende Resultate, egal aus welcher Disziplin, vorliegen, man diese einer breiten Öffentlichkeit zugänglich machen sollte, falls es irgendwie geht. Denn da profitieren noch ganz andere Leute als die, die Zugang haben zu diesen geschützten Journals.

- I:

Sie arbeiten aktuell als Leiter der Organisationsforschung der GfK in Zürich. Können Sie uns kurz einen Einblick in das Unternehmen und Ihren Tätigkeitsbereich geben?

- SW:

Die GfK Schweiz hat rund 300 bis 400 Vollzeitstellen und beschäftigt sich vorwiegend mit Marktforschung. Vier Standorte sind es in der Zentralschweiz, französischen Schweiz und Basel und Zürich. Der Teil Organisationsforschung ist relativ klein, im einstelligen Prozentbereich, was die Umsätze anbelangt, aber er ist einer der am stärksten wachsenden. Ich denke, das hat mit unterschiedlichen Gründen zu tun. Die Unternehmen investieren viel in das Thema Befragung von Mitarbeitenden. Die Mitarbeitenden werden zunehmend zu einer strategischen Komponente, mit der sich der Geschäftserfolg steuern lässt. Die Organisationsforschung ist thematisch eher ein Satellit von dem, was die GfK sonst betreibt, weil es eben nicht klassische Marktforschung ist. Und trotzdem glauben wir fest daran, dass die Kombination von Themen der Marktforschung, wo es viel um Kundenorientierung, Kundenbindung und Absatzzahlen geht, sehr wohl verknüpft ist mit dem, was im Personal geschieht.

Aktuell haben wir zum Beispiel einen Kunden, der sich genau für die Kombination dieser beiden Elemente interessiert, weil ein Großteil seiner Mitarbeiter, die der Kunde beschäftigt, im Frontbereich tätig ist. Das heißt, diese Mitarbeiter betreuen Kunden in Bezug auf sozialversicherungstechnische Themen. Dort ist Kundenorientierung ein absolut essenzielles Element. Denn vieles, was Kunden wahrnehmen, wird gesteuert durch das Verhalten der Mitarbeitenden. Und dies wiederum versuchen wir zu verstehen und besser zu steuern im Rahmen der Organisationsforschung. Diese beiden Elemente sind stark verknüpft.

Wenn wir jetzt auf die globale Perspektive wechseln, in verschiedenen Ländern der GfK gibt es so etwas wie ein Centre of Competence, wo sich eigene Teams nur mit der Methodologie der Organisationsforschung beschäftigen. Es bestehen einige wichtige Unterschiede zwischen klassischer Marktforschung und Mitarbeiterforschung. In der Regel ist es so, dass die Studiendesigns in der Mitarbeiterforschung sehr viel komplexer sind, weil die Datenmenge sehr viel größer ist. Unsere aktuellen Projekte beinhalten zwischen ein paar Tausend und ein paar Hunderttausend Mitarbeitern. Es gibt kaum Marktforschung, die in diesen Dimensionen spielt. Meistens ist Marktforschung relativ lokal, und die Fallzahlen sind um ein Zehnfaches kleiner als das, was wir bewältigen müssen. Außerdem muss in der Organisationsforschung jeder Datenpunkt am Ende der Erhebung wieder in einen Report zurückprojiziert werden, an dem er erhoben wurde. Sprich, der Fließbandarbeiter in Aserbaidschan muss dann genau wieder im Report für die Fließbandarbeiter in Aserbaidschan auftauchen. In den Marktforschungsstudien findet man oft einfachere und weniger komplexe Aggregationslevel. Das macht Organisationsforschung auch zu einer operativen Herausforderung, weil das ganze Handling der Daten, Datensicherheit, Anonymität, Confidentiality Agreements und auch Betriebsräte ein viel stärkeres Mitspracherecht beanspruchen, als es in vielen Marktforschungsstudien der Fall ist.

- **I:**

Woraus besteht aktuell Ihre konkrete Tätigkeit? Inwiefern sind Sie an Projekten beteiligt? Auf welcher Ebene?

- **SW:**

Es gibt, wie in einem Kuchendiagramm, drei Segmente, die etwa gleich groß sind. Eines sind klassische Führungsthemen, Rekrutierung, disziplinarische Themen, Leistungsbeurteilungen, politische Positionierung unserer Abteilung innerhalb der GfK usw., also alles das, was mit der strategischen Sichtweise und der Führung des Teams zu tun hat. Die zweite Perspektive ist die Akquise von neuen Kunden. Wir investieren recht viel darin, dass man uns als Anbieter von Mitarbeiterbefragungen wahrnimmt. Der dritte Teil wäre operativ in den Projekten. Häufig ist es so, dass es meine Funktion am Anfang und am Schluss braucht, sprich die Aufgleisungsgespräche, das Scoping des Projektes, also was ist drin, was ist nicht drin, was darf es kosten, was muss es kosten. Und dann geht eigentlich die Stafettenübergabe hin zu meinem Teamleiter bzw. Projektleiter, der die Abwicklung der Projekte vorantreibt. Am Schluss gibt es häufig eine Geschäftsleitungspräsentation, bei der ich mit ins Spiel komme, um dem versammelten Gremium zu erklären, ob sie jetzt ein Problem haben mit ihrer Belegschaft oder eben nicht.

- **I:**

Was hat Sie dazu bewegt, Ihren Schwerpunkt auf Organisations- und Mitarbeiterbefragungen zu verlagern?

- **SW:**

Beide Begriffe sind eigentlich vollkommen wert- oder bedeutungsfrei, denn Human Capital Analytics kann alles sein oder nichts. Also es stellt sich die Frage: Ist jemand, der weiß, wie viele Mitarbeiter er beschäftigt, bereits tätig im Bereich Human Capital Analytics oder nicht? Und den Begriff hatten wir damals so gewählt, dass wir sagen, allem, was in irgendeiner Form mit fortschrittlicher analytischer

Statistik im Bereich von Personal zu tun hat, drücken wir den Stempel Human Capital Analytics auf. Eine Mitarbeiterbefragung gehört dort unter Umständen schon sehr wohl dazu, denn die Prozesse der Datenerhebung, die psychometrischen Verfahren, die angewendet werden, die ganzen Prozesse, die es braucht, um die großen Datenmengen verarbeiten zu können, kann man durchaus schon als Human Capital Analytics bezeichnen. Von daher ist es eigentlich nur bedingt ein Wechsel; ich würde es vielleicht als eine thematische Umlagerung des Schwergewichts bezeichnen.

- **I:**

Welche Qualifikationen können Sie als Psychologe im Besonderen einbringen? Welche Fertigkeiten und Fähigkeiten, abseits der psychologischen Qualifikation, sind für die Ausübung dieser Tätigkeit relevant?

- **SW:**

Ich würde es vielleicht wieder mithilfe dieser drei Kuchenstücke beantworten. Beim ersten Kuchenstück, der Mitarbeiterführung, habe ich den Eindruck, dass es die psychologischste Tätigkeit ist, der ich je begegnet bin. Also geschickte Gesprächsführung, Überzeugungsarbeit, Empathie, Motivationsstrukturen zu erkennen, all das, wovon ich vor meinem Psychologiestudium dachte, das sei Psychologie. Diese Fertigkeiten braucht es dort am meisten. Am zweitmeisten braucht es das im Bereich des Verkaufs, der ebenfalls ganz stark auf der Ebene von Beziehungen funktioniert. Das habe ich zwar vor der jetzigen Tätigkeit häufig gelesen oder gehört, aber glauben tue ich es erst jetzt, denn der Verkauf hat mit viel mehr als einem guten Produkt und einer überzeugenden Dienstleistung zu tun. Dort geht es sehr stark um Beziehungen. Also das, von dem ich ursprünglich dachte, das sei Psychologie, das steht dort sehr stark im Vordergrund. Das dritte Kuchenstück, nämlich das Operative, Projektarbeit, das, was am ehesten vermittelt wird im Rahmen des Organisationspsychologiestudiums, ist am ehesten mit Fachwissen bestückt. Das heißt, ich muss einen Kunden beraten können darüber, wie man welche Frage zu welchem Thema stellt. Ich muss wissen, was sind psychometrische Gütekriterien für die Güte eines Modells, wenn wir sagen, wir möchten gern Konstrukte wie Employer Engagement abfragen. Ich würde sagen, alle drei Kuchenstücke haben einen hohen Anteil von psychologischem Wissen und Know-how und Erfahrungswerten, die benötigt werden. Aber es ist dieses letzte Kuchenstück, nämlich die Projektarbeit, das wirklich im Rahmen des Studiums vermittelte Wissen, das tatsächlich benötigt wird.

- **I:**

Was fällt alles in den Bereich Unternehmensumfragen? Können Sie einige Arten von Umfragen näher erläutern?

- **SW:**

Ich würde wiederum drei Beispiele rauspicken, die in absteigender Reihenfolge unser Umsatzvolumen beschreiben, weil dies ein guter Indikator dafür ist, was Kunden eigentlich wollen. Das erste Beispiel wäre eine klassische Mitarbeiterbefragung, bei der es darum geht, im Sinne einer Vollerhebung die Befindlichkeiten der

Mitarbeiter abzuholen. Hierbei handelt es sich in der Regel Fragen zu Teamklima, Work-Life-Balance, oft auch Vergütung und Mitarbeiterengagement und zu genereller Zufriedenheit und so weiter. Das sind klassische Themen, die normalerweise im Rahmen von Befragungen erhoben werden, in der Regel in Vollerhebungen, also die gesamte Belegschaft betreffend. Dann wird in der Regel ein Anonymitätsniveau, ein Mindestmaß der Aggregation, festgelegt. Dies sind häufig zwischen fünf und zehn Mitarbeitenden, die befragt bzw. ausgewertet werden, um die Anonymität sicherzustellen. Und letztendlich gibt es die Ergebnisberichte, welche wieder in die Unternehmen rausgestreut werden. Das ist das am meisten gefragte Produkt, das wir jetzt hier vertreiben. Das zweitmeiste liegt im Bereich Führungskräftefeedback, häufig auch im Rahmen von einer 360-Grad-Befragung, bei der Mitarbeitende nicht nur selbst und durch ihren Vorgesetzten, sondern auch durch Peers und allenfalls Subordinates oder Zulieferer befragt werden. Dann gibt es eine Rückmeldung auf Individuumsebene. Das heißt, wenn ich die Fokusperson dieses 360-Grad-Feedbacks bin, bekomme ich den Ergebnisbericht mit einzelnen Daten der Population, die für mich eine Antwort gegeben hat. Das dritthäufigste Produkt wäre vielleicht eine Messung der internen Servicequalität. Nehmen wir das Beispiel einer IT-Abteilung mit 40 Leuten in einem großen Konzern, welche gerne wissen möchte, wie sie eigentlich wahrgenommen wird von anderen Einheiten des Unternehmens, von der Linie, von Führungskräften, von Mitarbeitern, von Usern gewisser Softwareprodukte. Und dann machen wir eine Befragung, in der es darum geht, einzelne Subpopulationen der Gesamtbelegschaft zu befragen, mit dem Ziel, eine Aussage darüber machen zu können, was die Servicequalität und Dienstleistungsorientierung dieser einen Abteilung sind.

- I:

Könnten Sie uns, zur besseren Veranschaulichung von Unternehmensumfragen, einmal den typischen Ablauf einer Unternehmensumfrage, die Sie durchgeführt haben, schildern?

- SW:

Was ich jetzt sage trifft für alle Projektarten gleichermaßen zu. Es gibt, in Abhängigkeit vom Projekt, fünf bis sechs Schritte. Der erste Schritt ist immer die Bedürfnisklärung. Was braucht der Kunde eigentlich, und ist das, was er glaubt zu brauchen, auch das, was ihm tatsächlich hilft, seine Probleme zu lösen? Schritt eins ist also eine Auftragsklärung im Sinne eines beratenden Elements, wo es darum geht zu schauen, ob ich am Schluss das Resultat habe, das uns hilft, unser Problem zu lösen.

Im zweiten Schritt geht es in die operative Umsetzung. Dies wäre in der Regel eine Diskussion darüber, welche Fragen wie gestellt werden. Je nach Größe des Projektes ist dieser Schritt sehr aufwendig, je nachdem wie viele Parteien und Schnittstellen es innerhalb des Konzerns gibt, und wo es darum geht zu schauen, was relevante Inhalte sind, zu denen am Schluss konkrete Resultate vorliegen sollen.

Der nächste Schritt wäre dann das Umsetzen dieser Befragungsinhalte. Wir haben Projekte, die bis zu 40 Sprachen weltweit umfassen. Dort ist allein der Prozessschritt der Übersetzung ein eigenes kleines Projekt. Dies ist sehr aufwendig, da gibt es Schriftarten, die gehen von links nach rechts, andere von rechts nach links,

Zeichen, die können unsere Tastaturen nicht mehr abbilden. Dies sind die Elemente, bei denen es darum geht, das Projekt so aufzugleisen, dass es operativ handhabbar wird. Es gibt auch heute immer noch sehr viele Unternehmen, die bedeutsame Anteile ihrer Belegschaft nicht online befragen, wie man es sich vielleicht vorderhand denken würde, sondern es sind Papierbefragungen. Wenn sie jetzt ein Projekt mit 100.000 Mitarbeitenden haben, 25.000 davon sind auf der Welt zerstreut in 1000 Filialen, dann ist allein der Prozess der Abrechnung der Zollgebühren ein eigenes kleines Projekt. Dann zu schauen, dass die ganzen Fragebögen wieder zurück ins Scan-Center kommen, ist schon das nächste Projekt. Das heißt, das operative Aufgleisen dieses Projektes ist eine anspruchsvolle Arbeit. Es sind dann mehrere Leute über Monate hinweg beschäftigt. Dies wäre der dritte Projektschritt, bei dem die Umsetzung der Datensammlung vorangetrieben wird.

Der vierte Projektschritt wäre dann das Erstellen der Ergebnisberichte. Dort sind eigene Statistikerteams, die sich mit der Aufbereitung befassen, und beispielsweise mithilfe strukturanalytische Modelle die Güte des Messmodells absichern. Da geht es um die Aufbereitung von Tausend, Zehntausend, Hunderttausend Datenpunkten, die dann im letzten Schritt wiederum in lesbare Berichte verpackt werden müssen. Das ist eine ganze Kette von Prozessen, die in diesem vierten Schritt verkettetet ist, um sicherzustellen, dass die richtigen Resultate in einer wahrnehmbaren und verstehbaren Entität wieder in diesen Berichten landen.

Ein letzter Schritt wäre, dass mit diesen Resultaten gearbeitet wird. Vor diesem letzten Schritt erfolgt in der Regel die Übergabe an das Unternehmen im Sinne der Berichterstattung. Das heißt, wir haben eigene Systeme, die uns mit der großen Anzahl an Ergebnisberichten helfen, es sind dann gerne mal ein paar Tausend Ergebnisberichte, und jeder einzelne Bericht muss bei der richtigen Führungskraft zu liegen kommen. Nach diesem Distributionsschritt ist in der Regel unsere Arbeit abgeschlossen. Viele Unternehmen entscheiden sich dafür, die Resultate anzunehmen und selber damit zu arbeiten. Es gibt eine Übergangsphase, in der sich einzelne Kunden dafür entscheiden, dass sie unsere Unterstützung gerne möchten, für das Ableiten von konkreten Maßnahmen. Denn diesen Schritt leistet die beste Befragung dieser Welt in der Regel leider nicht. Das Ableiten einer konkreten Maßnahme kann selbst innerhalb desselben Kunden sehr unterschiedlich sein. Wenn z. B. eine Unzufriedenheit besteht mit der direkten Führungskraft, hat das in einem Team mit Kommunikationsthemen zu tun, im anderen Team hat es damit zu tun, wie Prozesse gestaltet werden. Das braucht dann sehr viel Individualisierungsgrad. Diese Prozessschritte übernimmt in der Regel das Unternehmen selber.

- **I:**

Wenn wir uns jetzt einmal die Planungsphase genauer anschauen: Wie konkret sind die Vorstellungen, die von Kunden an Sie herangetragen werden? Wer ist an der Planung beteiligt?

- **SW:**

Es gibt eine große Bandbreite von unterschiedlichen Startszenarien. Ich beginne mal auf der Ebene der Skala der Kunden, die sich eigentlich möglichst schnell eine möglichst praktikable Befragung wünschen. Diese haben in der Regel wenig konkrete Vorstellung, wie so eine Befragung abläuft, und sind froh, wenn sie von uns

Organisationsentwicklung

ein Standardinstrument zu Verfügung gestellt bekommen. Auf der ganz anderen Seite der Skala sind die Kunden, die vielleicht schon ein paar Jahre Erfahrung haben mit einer Befragungsmethodologie und diese sehr gerne weiterführen oder weiterentwickeln möchten. Dort haben wir ein Kundensegment, das sehr konkrete Vorstellungen hat, wie dieser erste Schritt bezüglich der Fragebogengestaltung ausschauen soll. In der Praxis ist es in aller Regel so, dass man zwischen den beiden Extremen eine Normalverteilungskurve zeichnen könnten, meistens ist es irgendwo in der Mitte. Viele Kunden haben die Vorstellung, es müsste unbedingt etwas zu Führungskräften, zu Work-Life-Balance oder Gesundheit am Arbeitsplatz drinstehen, aber der Rest ist ihnen egal. Und dann geht es in den Dialog, wo wir eine Zwischenlösung finden aus der Mischform zwischen dem Bedürfnis der Kunden und unseren gut etablierten, wissenschaftlich fundierten Instrumenten, wo sowohl die Kundenbedürfnisse als auch unser Anspruch an wissenschaftlich hochwertiger Arbeit erfüllt sind.

- **I:**
Gibt es Aspekte, welche besonders wichtig sind, aber von Unternehmensseite vernachlässigt werden, z. B. umfassende Information der Mitarbeiter über Vorhaben der Umfrage und darauffolgende Maßnahmen?

- **SW:**
Ja, die gibt es. Und zwar ist die Kommunikation die Antwort, die auf der Hand liegt. Da bin ich mit Ihnen einverstanden. In vielen Projekten könnte man noch verstärkt kommunizieren, was die Bedeutung und die Zielsetzung der Befragung ist. Was allerdings meiner Ansicht nach viel häufiger vergessen wird, ist, dass das eigentliche Projekt erst am Ende der Mitarbeiterbefragung beginnt. Wenn man es so sehen möchte – und ich glaube, das ist sehr wohl eine unterstützenswerte Perspektive –, dann ist die Befragung der Mitarbeitenden erst das Analyseelement. Am Ende der Befragung ist klar, wo und wie stark und bei wem der Schuh drückt. Der eigentliche Nutzen hat sich da aber noch nicht manifestiert. Der Nutzen manifestiert sich in dem Moment, in dem mit den Resultaten gearbeitet wird. Und ich staune immer wieder, wie überrascht Unternehmen sind, dass das Projekt dann erst losgeht, wenn die Resultate auf dem Tisch liegen. Dieser Schritt würde meines Erachtens eigentlich viel mehr Aufmerksamkeit bedürfen.
Dann gibt es noch ein ganz heikles Thema, und zwar, dass die Ressourcen, die durch Führungskräfte aufgewendet werden müssen, um mit den Resultaten sinnvolle Maßnahmen abzuleiten und diese dann umzusetzen, häufig unterschätzt oder erst in dem Moment klar werden, in dem tatsächlich die Resultate vorliegen.

- **I:**
Macht es überhaupt immer Sinn, Mitarbeiterbefragungen durchzuführen? Gibt es Kontexte, in denen alternative Vorgehensweisen vorteilhafter sind?

- **SW:**
Ich bin natürlich befangen als Anbieter von Mitarbeiterbefragungen. Ich glaube, es gibt aber Situationen, in denen es Sinn macht, andere Formen zu wählen, zum Beispiel, wenn eine überschaubare Population vorliegt, sei es ein sehr kleines

Unternehmen, wo die Kommunikationskanäle sehr kurz sind, die Hierarchien flach. Es kann zudem sein, dass nur einzelne Teams in den Unternehmen betroffen sind. In einem solchen Falle pro forma eine Gesamtbefragung durchzuführen, macht vielleicht nur sehr bedingt Sinn. Für eine thematisch sehr eng begrenzte Befragung kann es durchaus Sinn machen, auch eine klassische Befragung anzustoßen, weil unabhängig von der thematischen Breite sehr viele Leute betroffen sind. Aber es macht von uns, also aus der Anbieterperspektive, nur ab einer gewissen Unternehmensgröße wirklich Sinn.

- I:

Unternehmen hätten ja auch die Möglichkeit, die Mitarbeiterbefragungen selbst durchzuführen. Welchen Mehrwert bieten Sie als externer Berater und Durchführender?

- SW:

Meine Antwort darauf ist relativ klar. Es gibt einige wenige Ingredienzen, die meines Erachtens absolut unabdingbar sind. Eine davon ist die Vertrauenswürdigkeit des Datenerhebers. Wenn ich mir vorstelle, ich müsste Mitarbeiterbefragungen ausfüllen, bei denen nicht hundertprozentig gewährleistet ist, dass die Resultate niemandem auf Individuumsebene innerhalb der Firma zugänglich sind, dann würde ich diese niemals ausfüllen. Anders gesagt, eine Mitarbeiterbefragung intern durchzuführen, ist, meines Erachtens, ein Unding und sollte in der Form nur in sehr wohlreflektierten Situationen passieren. Wir haben 2014 eine Studie lanciert, bei der wir gefragt haben, wie hoch der Anteil der Unternehmen ist, die intern befragen. Das gibt es tatsächlich immer noch häufig. Mit „häufig" meine ich, dass etwa zwei bis drei von zehn Unternehmen, die ihre Mitarbeiter befragen, dies immer noch intern tun.

- I:

Gibt es auch Hindernisse oder Herausforderungen für externe Berater?

- SW:

Ich würde sagen, es gibt einige potenzielle Schwierigkeiten, die ich aber gleichzeitig auch als Chance sehe. In dem Moment, in dem wir als externe Berater reinkommen, bringen wir natürlich sehr viele Erfahrungswerte mit bezüglich der Abwicklung der Prozesse. Viele der möglichen Stolpersteine sieht jemand, der es zum ersten Mal macht, noch gar nicht. Wir wissen jedoch zu Beginn des Prozesses genau, wo diese liegen werden. Das bedeutet, wir sind in der Regel vom Aufwand tiefer, wir sind günstiger, wir haben Tools und Prozesse, die sich für jemanden, der es intern oder einmalig macht, niemals lohnen würden zu entwickeln. Gleichzeitig kennen wir aber das Unternehmen natürlich wenig bis gar nicht – vielleicht die Branche, aber das Unternehmen mit seinen Spezifika kennen wir nicht. Jetzt könnte man dies vorderhand als Nachteil interpretieren. Ich behaupte jedoch, dass genau diese Unbefangenheit mitunter auch eine Chance ist, da wir keinen Anspruch haben, die Resultate in irgendeine Richtung zu manipulieren, sei es bewusst oder unbewusst, durch die Art der Fragestellung oder die Selektion der Befragungsinhalte. Dort schon einen gewissen Bias reinzuprogrammieren, passiert uns nicht. Dieses

Organisationsentwicklung

vermeintlich fehlende Know-how über das Unternehmen wird dann eigentlich eher zur Chance.

- **I:**

Unternehmensumfragen sollen ein Mittel sein, um optimale Rahmenbedingungen für die Zielerreichung von Unternehmen zu schaffen. Welche organisationalen Aspekte sind besonders kritisch für den Unternehmenserfolg und sollten daher regelmäßig erhoben werden?

- **SW:**

Das ist eine Frage, von der ich mir wünschen würde, dass die Unternehmen sie sich zum Teil häufiger stellen würden. Denn häufig werden einfach die althergebrachten Befragungsinhalte wenig reflektiert übernommen. Dort kommen wir als externer Partner hinzu und hinterfragen zum Teil auch sehr kritisch, ob es sinnvoll ist, zukünftig noch dieselben Inhalte zu befragen. Wir hatten gerade an diesem Montag eine Präsentation bei einem Kunden, der gerne den Anbieter wechseln würde. Dieser hat uns dazu den alten Fragebogen zur Verfügung gestellt. Darin befanden sich fast ausschließlich Zufriedenheitsfragen. Jetzt wissen wir aus den letzten fünf Jahrzehnten Organisationsforschung, dass Zufriedenheit etwas Wunderbares ist und hoch mit gewissen Aspekten, wie zum Beispiel dem Verbleib im Unternehmen, korreliert. Anders gesagt, wenn sie sehr zufriedene Mitarbeiter haben, ist die Chance sehr groß, dass die Fluktuation niedrig ist. Gleichzeitig gibt es eine negative Korrelation zwischen der Zufriedenheit der Mitarbeitenden und der Änderungsbereitschaft. Anders gesagt, wenn sie eine extrem zufriedene Population haben, ist unter Umständen die Bereitschaft, gewisse nötige Veränderungen herbeizuführen, relativ klein.

Zudem stellt sich die Frage, was Konstrukte sind, die man messen kann, die einem vielleicht einen besseren Indikator und Stellhebel präsentieren als die Zufriedenheit. Was häufig in unseren Befragungen enthalten ist, ist so etwas wie organisationales Commitment oder Engagement, wo neben der Bereitschaft, im Unternehmen zu bleiben, auch die Identifikation mit dem Unternehmen und die Leistungsbereitschaft inkludiert sind. Wir wissen aus der Forschung, dass diese Größen zum Teil eine sehr viel höhere prognostische Power mitbringen als eine reine Zufriedenheitsbefragung. Meine Antwort in kurzen Worten auf Ihre Fragen wäre, dass zum Beispiel Elemente wie organisationales Commitment meines Erachtens unabdingbare Bestandteile von Mitarbeiterbefragungen sein müssten, um wirklich brauchbare Resultate zu liefern.

- **I:**

In welchen Zeitabständen sollten diese Bereiche erneut untersucht werden?

- **SW:**

Wir haben in derselben bereits erwähnten Studie von 2014 mehrere Hundert Unternehmen befragt, wie häufig sie ihre Mitarbeitenden befragen, wenn sie sie denn befragen. Dort hat sich gezeigt, je größer das Unternehmen, desto häufiger wird befragt. Das heißt, globale Konzerne mit Zehntausenden Mitarbeitenden oder mehr tendieren dazu, mindestens einmal jährlich, zum Teil auch häufiger, im Rahmen von sogenannten Pulsbefragungen, ihre Populationen zu befragen, während sich kleinere Unternehmen, mit vielleicht bis zu 1000 Mitarbeitenden, häufig dazu entscheiden, alle zwei bis drei Jahre ihre Mitarbeitenden zu befragen. Inhaltlich kann man sich fragen, wieso es diesen Zusammenhang gibt. Es liegt schon auf der Hand, dass größere Unternehmen viel schwerfälligere Konstrukte sind als ein kleines oder mittelständisches Unternehmen mit 250 Menschen. Das heißt, ein großes Unternehmen hat unter Umständen ein stärkeres Bedürfnis, eng getaktet Informationen zu den Einstellungen und Befindlichkeiten seiner Mitarbeitenden zu wissen. Als Daumenregel würde ich etwas formulieren, das in eine ähnliche Richtung geht. Ich glaube aber, dass es durchaus auch sinnvoll sein kann, eine häufiger getaktete Frequenz für die Befragung zu wählen. Was sich in unserer Praxis zeigt, ist, dass die Anfragen für Pulsbefragungen stark ansteigen. Mit Pulsbefragungen sind Befragungen gemeint, die bis zu viermal pro Jahr durchgeführt werden, die aber ein kleineres Set von Fragen beinhalten. Eine klassische Mitarbeiterbefragung hat zwischen 50 und 70 Fragen, die Pulsbefragungen begrenzen sich häufig auf etwa zwischen zehn und 20 Fragen.

- **I:**

In jüngerer Vergangenheit gab es immer wieder Studien zum Thema Stress am Arbeitsplatz sowie Burnout. Auch Krankenkassen folgen diesem Trend durch Gesundheitsreporte. Ist dieses Thema auch für Ihr Unternehmen relevant, und wie decken Sie diesen Bedarf ab?

- **SW:**

Es ist tatsächlich so, dass wir einen markanten Anstieg der Anfragen zu genau diesen Themenfeldern wahrnehmen. In den letzten zwei Jahren sind diese Anfragen deutlich gestiegen. Es ist so, dass wir häufig Kunden haben, die auf internationalem Parkett unterwegs sind, und auch Mitarbeitende in Deutschland oder Österreich mitbefragt werden sollen. Es sollen eigene Themenblöcke eingeschoben werden, um die psychische Belastung am Arbeitsplatz zu messen. Es hat vordergründig damit zu tun, dass dies in den benachbarten Ländern der Schweiz häufig auch gesetzlich gefordert ist und daher Messungen zur psychischen Beanspruchung durchgeführt werden müssen. Wenn ich mir dann die Homepages und die Richtlinien dieser Behörden anschaue, dann habe ich häufig den Eindruck, dass dort relativ viel Spielraum bezüglich der Regulierungsklauseln besteht, d. h., es wird zwar gesagt, man muss es machen, aber es gibt wenige konkrete Vorgaben dazu, wie genau und in welchen Abständen. Teilweise gibt es Indikationen dazu, welche Fragebogeninstrumente verwendet werden sollen. Aber am Ende vom Tag ist es ein Trend, der sich stark abzeichnet.

Wir von der GfK haben jetzt mit dem Institut für Sozial- und Präventivmedizin der Universität Zürich ein eigenes Instrument entwickelt, bei dem die Ressourcen und die Beanspruchungen in ein Verhältnis gesetzt werden und daraus ein Index entsteht, der einem sehr schnell sagt, wo ich mit meiner Population stehe. Die Idee ist, dass auf eine gewisse Anzahl Ressourcen maximal eine gewisse Anzahl Belastungen treffen darf, weil sonst das Ganze in einen Bereich kippt, der dann insgesamt als das Psychische zu stark beanspruchend wahrgenommen wird. Und so können wir sehr schnell zwischen verschiedenen Unternehmen oder innerhalb desselben Unternehmens zwischen verschiedenen Abteilungen differenzieren. Mit solchen Instrumenten befassen wir uns zunehmend. Hier in der Schweiz ist es noch nicht gesetzlich verankert, wie in Deutschland und Österreich, aber es gibt zunehmend Bemühungen der Sozialversicherungsanstalten, dort Impulse zu setzen und Awareness für das Thema zu erzeugen. Und dies ist natürlich ein potenzielles Feld, wo wir uns auch positionieren wollen, als Anbieter für Lösungen und Messungen.

- **I:**

Gibt es neben diesem Thema noch andere aktuelle Themen, die Unternehmen in Form von Fragebögen erfassen? Ist die Nachfrage einzelner Arten von Umfragen in letzter Zeit gestiegen?

- **SW:**

Ja, es gibt eigentlich zwei Trends, die ich betonen möchte. Das ist vor allem im Finanzdienstleistungsbereich das Thema Compliance, das heißt, wie mit Verstößen beispielsweise gegen den Code of Conduct oder irgendwelche andere Regelwerke umgegangen wird. Whistleblowing ist dort ein Thema. Das Thema ist also, wie man mit fehlbarem Verhalten umgeht. Das ist ein Themenbereich, der zugenommen hat. Und das zweite ist weniger ein inhaltlicher als ein methodischer Trend. Diesen hab ich vorhin schon kurz erwähnt: die häufigere Taktung und die häufigere Durchführung von Befragungen bis hin zu Befragungsmethoden, bei denen es darum geht, dass man Mitarbeiter per SMS einladen und auffordern kann, an einer Befragung teilzunehmen. Dort verändern sich die Methoden sehr stark, und es ist insgesamt auch eine Möglichkeit für Unternehmen, eine ganz andere Form der Datengrundlage zu schaffen.

- **I:**

Befragungen sind ein sehr subjektives Maß. Bereiche wie Arbeitsplatzunsicherheit werden oft mit nur einem Item erhoben. Welche Bedeutungen haben dabei situative Aspekte (z. B. aktueller Stress mit Kollegen)? Wie kontrolliert man den Einfluss situativer Aspekte?

- **SW:**

Wir wissen aus der organisationspsychologischen Forschung, dass z. B. das Wetter einen massiven Einfluss darauf hat, wie solche Befragungen ausgefüllt werden. Ich bin mit Ihnen einverstanden, wenn Sie behaupten, dass auch sehr lokale kurzfristige Ereignisse, z. B. der Stress mit dem Chef, unter Umständen durchaus einen Einfluss haben können. Ich habe lustigerweise vor einer Woche hier wieder etwas Neues hinzugelernt: Es gibt Personen, die unserem Support-Center schreiben: „Ich habe den Fragebogen in einem emotionalen Zustand ausgefüllt, der eigentlich die Resultate in die eine Richtung (meistens ist es die Negative) verzerrt hat", und entsprechend bittet die Person, sie noch mal einzuladen und die vorherigen Resultate zu löschen. Das passiert etwa in einem von 100.000 Fällen. Es ist also sehr, sehr selten, dass Leute sich deswegen bei uns melden. Grundsätzlich passiert es, aber wir gehen davon aus, dass sich durch die große Anzahl an Befragungen, im Sinne von einem Methodenrauschen, die Effekte ein Stück weit auch ausgleichen. Sprich, dem einen ist der Hund gestorben und hat vielleicht nicht so eine gute Stimmung, und der andere hat ein eher freudiges Ereignis gehabt – im Schnitt gleichen sich die Befindlichkeiten aus. Das ist somit eine Form der eher passiven Kontrolle. Eine Form der eher aktiven Kontrolle ist es z. B. für solche Einflüsse, nehmen wir beispielsweise diesen Einfluss vom Wetter, dass wir die Befragung in der Regel auf einen Zeitraum von zwei bis vier Wochen ausdehnen, d. h., dass wir dort ein Stück weit darauf zählen, dass gewisse Zufallsbedingungen sich auch wieder durch die Tatsache, dass sie eben zufällig zustande kommen, neutralisieren.

Ein drittes Element ist der Versuch durch den Zeitpunkt der Befragung ähnliche Situationen herzustellen. Beispielsweise hatten wir neulich einen Kunden (dies war eine Universität), der gesagt hat, dass die letzte Befragung 2010 unmittelbar nach den Semesterferien stattfand. Und hier stand es zur Diskussion, will man die nächste Befragung 2016 dann unmittelbar vor den Semesterferien machen. Dort war dann der einheitliche Tenor, dass man sagt, wir machen es wieder zum selben Zeitpunkt, um sicherzustellen, dass die Großwetterlage in Bezug auf die Erholtheit der Belegschaft etwa vergleichbar ist. Und dies wäre eine Form der aktiven Kontrollen von diesen vermeintlichen Störvariablen.

- **I:**

Inwieweit ist das Bewusstsein, dass extern durchgeführte Umfragen ein effektives Mittel zur Steigerung des Unternehmenserfolges sind, bei den Unternehmen angekommen?

- **SW:**

Ich glaube, es gibt zwei Indikatoren dafür, dass diese Botschaft durchaus angekommen ist. Das eine ist, dass die meisten Unternehmen, die Mitarbeiterbefragungen machen, diese mit einem externen Partner durchführen. Das beginnt bei Erfahrungswerten der Fragestellung, geht über die operativen Prozesse, die durch einen Externen häufig sehr viel günstiger abgewickelt werden können, als wenn man es intern probiert, bis hin dazu, dass die Präsentation der Resultate in der Regel auch durch uns als externen Dienstleister stattfindet. Wenn wir beispielsweise ein Unternehmen mit 3000 Mitarbeitenden haben, die Befragung fertig ist und es jetzt darum geht, ein Signal an die Belegschaft oder die Führungskräfte der Organisation zu senden, bin ich häufig derjenige, der erklärt, wie es um die Resultate der Befragung steht. Das hat den großen Vorteil, dass weder HR noch die Unternehmensleitung selber zum Absender dieser Botschaft werden, sondern es findet eher eine Reflexion statt: Die Mitarbeitenden teilen uns ihre Befindlichkeiten mit, und wir spiegeln es dem Gesamtkonzern wieder. Und es hat den großen Vorteil, dass die Unternehmensleitung, zusammen mit HR, genauso im Boot der Befragten sitzt wie alle anderen Mitarbeitenden, die vielleicht zum Teil auch ihren Unmut kundgetan haben. Das hat große Vorteile für den ganzen Prozess, der danach kommt. Der zweite Indikator ist, dass sehr viele Unternehmen tatsächlich auch ihre Mitarbeitenden befragen. In der Schweiz sind es etwa acht von zehn Unternehmen, die Mitarbeiterbefragungen durchführen. Und das könnte auch ein Indikator sein, dass eben externe Hilfe hier den Prozess doch deutlich vereinfacht.

Organisationsentwicklung

- **I:**

Bei einigen der von Ihnen erhobenen Variablen, wie beispielsweise Arbeitszufriedenheit, gibt es auch sehr viel Forschung. Inwiefern greifen Sie auf diese zurück?

- **SW:**

Die Forschung ist uns sehr wichtig insofern, als wir zum einen davon ausgehen, dass es sich wenig lohnt, das Rad immer wieder neu zu erfinden, gerade dann, wenn sich eine Disziplin insbesondere um diese Art von Fragestellungen auch kümmert. Zum Zweiten hilft es uns, vereinzelt auch im Dialog mit dem Kunden eine gewisse Souveränität in den Dialog zu bringen. Kunden haben zum Teil sehr interessante Vorstellungen darüber, was und wie befragt werden sollte. Wenn wir sagen können, dass es Sinn macht, eine etablierte Skala so weiter zu verwenden, wie sie eben auch erforscht wurde, dann ist es häufig auch ein schlagkräftiges Argument, um die Diskussion über die Art der Fragestellung zu verkürzen. Also uns liegt viel daran, die einzelnen Themenaspekte in der Form aufzugreifen und weiterzuführen, wie sie in den letzten fünf bis sechs Jahrzehnten auch sehr gut erforscht wurden.

- **I:**

Wie gelingt Ihnen die Balance zwischen Individualisierung und Standardisierung?

- **SW:**

Das ist eine sehr berechtigte Frage, die ein bisschen anschließt an die Frage zu den Unternehmen, die sehr wohl wissen, was sie gerne in den Befragungsinhalten drin haben möchten, und denen, die sehr offen sind. Bei diesem Individualisierungsgrad ist es häufig auch Aufgabe des Projektleiters zu spüren, wo es Sinn macht, ein Individualisierungsbedürfnis zu stoppen, denn teils verrennen sich einzelne Kunden in Befragungen, die letztendlich dann einigen wichtigen Kriterien nicht mehr entsprechen, z. B. der Handlungsrelevanz. Einer der häufigsten Fehler bei der Auswahl von Fragen ist, Themen abzufragen, bei denen kaum oder wenig Handlungsrelevanz besteht. Ein klassisches Thema wären Gehalts- und Kompensationsfragen, weil in der Regel die Löhne an externe Auflagen geknüpft sind. Da der Spielraum für die Erhöhung von Lohnzahlungen sowieso sehr beschränkt ist, stellt sich die Frage, warum wir diese überhaupt stellen, wenn wir sowieso nichts machen können.

Der nächste Schritt ist, sich zu überlegen, ob es aus politischen Gründen Sinn macht, diese Frage zu stellen. Wenn man nämlich die Frage nach dem Gehalt nicht stellt, kommt unter Umständen die Frage danach, warum sie nicht gestellt wird. Die Unternehmensleitung weiß ja selber, dass sie zu wenig zahlt, also fragt sie gar nicht erst. Das sind so die Stimmen, die dann auftauchen können, und dort braucht es wirklich einen Dialog mit dem Kunden und ein bisschen Feingespür, um zu entscheiden, was Sinn und was wenig Sinn macht.

- **I:**

Welche Rolle spielen an dieser Stelle Betriebsrat, Personalabteilung oder Datenschutzbeauftragte der Unternehmen?

- **SW:**

Die Bedeutung der Rolle nimmt zu, insbesondere in Deutschland, wo die Betriebsräte einen sehr hohen Stellenwert haben, und auch in Österreich. In der Schweiz gibt es diese Institution in der Form eigentlich nicht oder nicht so stark institutionalisiert. Häufig ist es dann das Anliegen der Personaler, die Bedürfnisse der Mitarbeitenden adäquat zu vertreten. Auch Datenschutzbestimmungen nehmen massiv zu. Ich hatte vor wenigen Tagen mit unserem CEO einen Dialog, dass die GfK sich zunehmend auch zu einem IT-Unternehmen entwickelt, also genau anders als viele andere Unternehmen, die IT-Dienstleitungen outsourcen. Denn die Kunden fordern von uns, dass wir höchsten Gütekriterien entsprechen. Dies geht so weit, dass unsere Serveranlagen videoüberwacht sind; es muss ein Sicherheitsmitarbeiter vor Ort sein, die Anlagen sind feuergeschützt, dürfen nicht gehackt werden und sind losgelöst von irgendwelchen globalen Netzwerken. Die Auflagen steigen und werden auch überprüft. Wir haben einen deutschen Kunden im Finanzdienstleistungsbereich, dem wir ein- bis zweimal im Jahr zeigen müssen, dass unsere Serveranlagen den höchsten Gütekriterien entsprechen.

- **I:**

Die besten Umfragen nützen nichts, wenn die Ergebnisse nicht genügend Beachtung finden und keine Folgemaßnahmen eingeleitet werden. Welche besonderen Herausforderungen stellt die Kommunikation der Ergebnisse dar?

- **SW:**

Die Kommunikation ist ein Mittel, um sicherzustellen, dass mit den Resultaten etwas passiert. Das andere ist, das Management auch wirklich darauf vorzubereiten, dass sie Teil des Prozesses ist. Ich glaube, dass dies mit Kommunikation zu tun hat, aber noch viel mehr Facetten eine Rolle spielen. Es muss nämlich ein Bewusstsein geschaffen werden, dass die Mitarbeiterbefragung kein HR-Instrument ist. Es wird häufig missverstanden, weil die HR in der Regel den Prozess koordiniert, das Budget beantragen muss und von der Geschäftsleitung mit der Durchführung des Prozesses beauftragt wird. Aber wenn man es genau nimmt, ist die Mitarbeiterbefragung kein HR-Prozess, weil die Hauptarbeit mit den Resultaten in der Linie passieren müsste, sondern eigentlich eine Managementaufgabe. Und dort, denke ich, ist die große Kunst, frühzeitig das Bewusstsein dafür zu schaffen, dass mit diesen Resultaten im späteren Verlauf auch etwas passieren muss. Wenn wir das Bild eines Fahrzeuges nehmen: Der Motor kann seine PS nur entfachen, wenn das ganze System zwischen Motor und Asphalt auch gut aufgesetzt ist.

- **I:**

Sie haben in einer kürzlich durchgeführten Trendstudie herausgefunden, dass die Planung und Umsetzung von Folgeprozessen den Unternehmen die größten Schwierigkeiten bereiten. Worin sehen Sie die Ursachen für diese Schwierigkeiten? Wie kann man diese überwinden?

- **SW:**

Ich glaube, die Antwort ist sehr ähnlich zu der Antwort, die ich gerade gegeben habe; es ist nämlich tatsächlich dieses bewusste Einbinden der Zielgruppe, sprich

Organisationsentwicklung

der Menschen, die mit diesen Resultaten arbeiten sollten. Dies muss frühzeitig passieren, es muss zum Thema kommuniziert werden, und es müssen Ressourcen bereitgestellt werden – dies ist allerdings jener Aspekt, den ich am seltensten sehe. Zu dem Zeitpunkt, zu dem man sich entscheidet, eine Befragung zu machen, muss ein Bewusstsein dafür geschaffen werden, dass es einen Aufwand geben kann, um mit den Resultaten zu arbeiten. Der Grund, warum dies meines Erachtens häufig nicht passiert, ist, dass die Unternehmen sagen: Wir warten mal ab, was die Resultate uns bringen; vielleicht ist ja alles bestens, und wir brauchen gar nichts zu tun. Dies wird gern schnell akzeptiert. Die Tatsache ist aber, dass es in kaum einem Unternehmen einfach nur rosa Wolken gibt, sondern es gibt auch ab zu Gewitterwolken. Man wartet also in vielen Unternehmen erst einmal ab bis Resultate im Raum stehen und schaut dann weiter wie die allgemeine Haltung unter den Mitarbeitern ist. Ist man dann überrascht wenn die Resultate tatsächlich nicht optimal sind und Handlungsbedarf besteht geht das große Rätselraten los, wie man neben dem Tagesgeschäft jetzt auch noch seine Mitarbeiter zufriedenstellen soll.

- **I:**

Die Umsetzung von wirksamen Folgeprozessen sollte ein wichtiges Ziel jeder Unternehmensumfrage sein. Wie kann man nun sicherstellen, dass diese Folgemaßnahmen auch effektiv greifen? Wird eine solche Überprüfung überhaupt von Unternehmensseite gewünscht?

- **SW:**

Ich finde beide Fragen wichtig. Ich beginne mal mit der ersten, nämlich danach, wie sichergestellt wird, dass auch was mit den Resultaten passiert. Ein kleiner Trick, den wir häufig anwenden, ist, dass wir bei der Folgebefragung eine Frage stellen im Sinne von „Haben Sie Maßnahmen gesehen, die abgeleitet wurden?" und zweitens „Waren sie effektiv?". Spätestens, wenn diese Werte dann tiefer ausfallen, ist dies noch ein Motivationsschub für die Unternehmensleitung, den Folgemaßnahmen das nötige Gewicht zu geben. Das ist aber mehr eine Maßnahme, die im zweiten Schritt, also erst bei einer Folgebefragung greifen kann. Im ersten Schritt sollte man sicherstellen, dass man sich früh im Projekt seitens der Projektleitung bewusst ist, dass die Resultate nur der Anfang sind, die eigentliche Arbeit aber erst danach beginnt. Weiter ist es wichtig, dass man sich eine Systematik oder Methodologie überlegt, wie man von den Resultaten der Befragung zu den konkreten Maßnahmen kommt. Häufig besteht der Irrglaube, dass die Befragung der Mitarbeitenden gleichzeitig auch die Antworten dazu mitliefert, was gemacht werden muss. Und die Antwort auf die Frage danach, wie sichergestellt werden kann, dass auch tatsächlich etwas mit den Resultaten passiert, und wie man es messen kann, ist, dass wir eigene Tools haben, die die Erfassung von Maßnahmen ermöglicht. Sie können sich das so vorstellen: Wenn Sie ein Unternehmen haben mit 10.000 Mitarbeitern und es auf je zehn Mitarbeiter einen Bericht gibt, dann haben Sie 1000 Ergebnisberichte, also 1000 potenzielle Einheiten, die mit diesen Resultaten arbeiten müssen. Wenn Sie das nachverfolgen wollen, brauchen Sie eine Plattform, die Ihnen hilft, das systematisch und koordiniert zu tun, weil Sie sonst sehr schnell den Überblick verlieren. Das nennt sich bei uns jetzt Follow-up-Tool und bedeutet, dass jede Person, die einen Ergebnisbericht bekommen hat, im selben System, in dem die Berichte hinterlegt sind, auch die Maßnahmen definieren kann, eine Austauschplattform mit anderen Mitarbeitenden in dem Unternehmen hat, auf der Best Practices ausgetauscht werden können und der Umsetzungsgrad der Maßnahmenplanung verfolgt werden kann. Und mit einer solchen Web-basierten Plattform ist das sehr elegant dann auch möglich. Ob ein Unternehmen eine solche Überprüfung auch tatsächlich wünscht, ist individuell sehr verschieden. Der Einsatz einer elektronisch gestützten Controlling Plattform macht aus Kostengründen erst ab einer gewissen Größe Sinn.

- **I:**

Wir haben uns jetzt lange über die Befragungen aus Ihrer Perspektive und aus der der Kunden unterhalten. Aber wie reagieren Mitarbeiter auf die Befragungen zu ihrem Arbeitsleben?

- **SW:**

Die Reaktionen der Mitarbeitenden sind sehr unterschiedlich. Es gibt Leute, die es sehr freut, dass sie befragt werden, und dies auch kundtun. Ich habe mir neulich mal die handschriftlichen Notizen zu einer Mitarbeiterbefragung angeschaut, die auch global angelegt war, und dort gibt es sehr viele Mitarbeiter, die äußern, dass sie es schätzen, die Möglichkeit zu haben, ihre Meinung kundzutun. Es gibt aber auch das Gegenteil, wo im Sinne eines Misstrauensantrags mehrfach gefragt wird, ob es wirklich anonyme Daten sind, die Resultate wirklich gesichert sind, ob wirklich sichergestellt ist, dass niemand meine Resultate sieht. Die Reaktionen sind also sehr unterschiedlich. Ein möglicher Indikator ist aber die Rücklaufquote, und es zeigt sich, dass in der Regel zwischen 70 und 75 % der Mitarbeitenden sich an solchen Befragungen beteiligen; bei Online-Befragungen ist der Wert ein bisschen höher. Daher denke ich, es ist schon auch ein Indikator dafür, dass der Wert dieses Instrumentes erkannt wird.

- **I:**

Wie häufig kommt es vor, dass Mitarbeiter Erwartungen und Hoffnungen in die Befragung stecken, diese dann aber enttäuscht werden, weil keine Konsequenzen und Veränderungen nach der Befragung erfolgt sind?

- **SW:**

Ich glaube, das ist ein häufiges Phänomen. Ich glaube, es hat mit dem zu tun, was ich schon mehrfach angesprochen habe, nämlich dass die Umsetzung für fast alle Unternehmen eine große Herausforderung ist und dass diese Prozesse auch eine eigene Kompetenz erfordern. Es geht darum zu erkennen, was einfache Maßnahmen sind, die sofort umgesetzt werden können. Beispielsweise hatten wir neulich den Fall, dass sich ein Teil der Belegschaft neue Arbeitskleidung gewünscht hat, weil die Betreffenden im öffentlichen Dienst unterwegs sind und im Vergleich zu Konkurrenten den Eindruck hatten, ihre Kleidung sei veraltet. Die Anschaffung neuer Kleidung war eine einfache Maßnahme, welche aber einen großen Einfluss auf die Befindlichkeit der Belegschaft hatte. Dann gibt es aber sehr komplexe Themen oder Verbesserungspotenziale, bei denen es um langfristige kulturelle Veränderungen der gesamten Organisation geht. Und das ist wiederum sehr anspruchsvoll.

Organisationsentwicklung

- **I:**

Viele Mitarbeiter sind verunsichert, wenn sie sehen, wie die vermeintliche Überwachung durch Arbeitgeber in den Medien dargestellt wird (z. B. automatische Erfassung von Daten und Technologisierung, Erfassung von Fehltagen, Überwachung von Bewegungen). Hinzu kommen die subjektiven Angaben aus den Umfragen. Ist es sinnvoll, diese verschieden Arten von Daten zu verknüpfen?

- **SW:**

Hier habe ich zwei Seelen in meiner Brust. Die Human-Capital-Analytics-Seele wünscht sich natürlich genau diese Art der Verknüpfung, weil darin auch viel Potenzial steckt und sinnvoll im Hinblick auf den möglichen Nutzen für den einzelnen Mitarbeiter ist, der gewaltig sein könnte. Allerdings ist das ganze Thema Big Data auch nicht viel mehr als ein Schlagwort. Wir haben jetzt vor wenigen Wochen eine Studie abgeschlossen, in der es darum ging herauszufinden, in welche Themen HR-Profis im deutschsprachigen Raum investieren; es sind gerade mal 11 %, die überhaupt nur daran denken, in das Thema Big Data in den nächsten beiden Jahre zu investieren. Big Data hat also ein absolutes Nischendasein. Von knapp 26 Themen, die wir vorher erfragt haben, ist es, auf dem drittletzten Platz. Also, dieses Thema ist meines Erachtens noch sehr weit weg. Das ist so die eine Seite in mir, die sagt, ja, das wäre total spannend, und da müsste man eigentlich mehr machen. Die zweite Seite ist, dass ich ein erhebliches Risiko sehe in dem, welche Gefahren die Sache mit sich bringt. Wenn mein Arbeitgeber quasi mehr über mich als ich selber weiß, z. B. weil ich täglich Feedback gebe, wie es mir geht, und weil der Krankenstand erfasst wird, dann ist natürlich der Schritt hin zu Szenarien, in denen mein Arbeitgeber aufgrund von Analysemustern das Gefühl hat, er kann entdecken, wann ich auf dem Absprung bin, und entsprechende Maßnahmen ergreifen, nicht weit. Insoweit kann ich die Verunsicherung von Mitarbeitenden schon verstehen. Zum jetzigen Zeitpunkt ist es aber Science-Fiction. Ich kenne kein praktikables Beispiel eines Unternehmens, das in diese Richtung geht, obwohl ich die ganzen Ideen kenne, beispielsweise das Aufzeichnen von Bewegungen mit Chips und Sensoren. Diese Fantasien bestehen und in ganz wenigen Fällen wird da schon herumexperimentiert. Aber der essenzielle Punkt ist, dass das nicht ohne die Einwilligung des Individuums passieren kann. Also an diesem Dreh- und Angelpunkt wird sich entscheiden, ob das umgesetzt werden kann oder nicht. Denn wenn ich Daten freigeben muss, ohne dass ich das will, dann entsteht Reaktanz, und das Thema ist im Vorhinein verloren.

- **I:**

Da dieses Buch als Ziel hat, Karriereperspektiven für Arbeits- und Organisationspsychologen darzustellen, interessiert uns natürlich, wie Ihre Karriereentwicklung bisher war.

- **SW:**

Ich vergleiche meine aktuelle Position mit meiner von vor zehn Jahren. Meine Führungsspanne war vor zehn Jahren null. Da musste ich nur mit mir selber klarkommen. Jetzt sind es mehrere Mitarbeitende, die in unterschiedlichster Form von mir angeleitet werden müssen bzw. dürfen oder die zum Teil auch mich anleiten. Also ich lerne von meinen Mitarbeitern mindestens so viel wie sie von mir. Die Führungsspanne wäre also ein Indikator. Arbeitszeit wäre vielleicht ein anderer Indikator für Karriereentwicklung. Ich habe vor zehn Jahren schon viel gearbeitet, jetzt arbeite ich noch mehr. Also damals waren es vielleicht 50 bis 60 Stunden, jetzt sind es 60 bis 70 Wochenstunden. Auch Verantwortung wäre ein möglicher Indikator. Der hat sich verändert, aber eher verlagert. Während ich mich früher vor allem darauf konzentrieren musste, meinen Chef zufriedenzustellen, muss ich jetzt nicht nur meinen Chef und meine Mitarbeiter, sondern auch noch meine Kunden zufrieden machen. Dort hat sich also die Art der Verantwortung verändert. Die Gehaltsentwicklung wäre interessant, aber hier halte ich mich natürlich gern zurück. Aber sie hat sich tendenziell auch ins Positive weiterentwickelt. Arbeitszufriedenheit wäre vielleicht auch ein spannender Indikator für Karriereentwicklung. Ich würde sagen, ich bin heute am ehesten in der Position, meine Stärken ausleben zu können. Und ich denke, das ist ein ganz wichtiger Indikator dafür, dass man sich im Verlauf einer beruflichen Entwicklung auch weiterentwickelt. Das ist ein Prozess, der relativ schwierig ist zu steuern. In meiner jetzigen Funktion hatte ich das große Glück, dass ich am Ende meiner Laufbahn bei PricewaterhouseCoopers eigentlich wissen wollte: „Kann ich führen, und kann ich verkaufen?" Und beide Elemente sind ganz wichtige Elemente meiner jetzigen Funktion. Die Antworten habe ich inzwischen. Aber dort wäre vielleicht ein möglicher Indikator für die Karriereentwicklung, wie stark diese Lernkurven in Themenfeldern sind, die mich auch als Mensch, als Person weiterbringen.

- **I:**

Ein wichtiger Bereich Ihrer Arbeit besteht aus der Mitarbeiterführung. Was gehört hierbei zu Ihren konkreten Aufgaben?

- **SW:**

In der Regel muss ich nicht sagen, so und so geht es, sondern es geht häufig darum, die Expertise, die bereits vorhanden ist, zu nutzen und zu strukturieren und einen Prozess zu ermöglichen, in dem das Wissen auch wirklich angewendet werden kann. Es ist so, dass die meisten meiner Mitarbeiter über die Themen sehr viel mehr wissen als ich, und dies war ein Teil dessen, was ich habe lernen müssen, nämlich mit dieser Diskrepanz umzugehen. Wenn man in einem großen Konzern „aufwächst", wissen die Vorgesetzten in der Regel mehr als man selber, und das ist in meiner jetzigen Rolle nicht so. Also meine Experten sitzen bei mir in den Teams. Und diese fachliche Anleitung ist daher ein relativ kleiner Teil. Ein etwas größerer ist sicherzustellen, dass die nötigen Ressourcen gegeben sind. Es sind zeitliche Ressourcen, finanzielle Ressourcen, es sind politische Ressourcen, in dem Sinne, dass unsere Themen, die für uns wichtig sind, im Gesamtkonzern gehört werden. Das finde ich, ist ein wichtiger Teil der Führung. Dann geht's aber schon auch um täglichen Kontakt – zu spüren und zu merken, wie es eigentlich meinen Leuten geht, und dort ein Umfeld zu schaffen, in dem wir leistungsfähig sind.

Organisationsentwicklung

- **I:**

Über welche speziellen Fähigkeiten und Kompetenzen sollte man Ihrer Meinung nach als Führungskraft verfügen?

- **SW:**

Da wurden schon viele schlaue Bücher drüber geschrieben. Ich argumentiere jetzt sehr stark aus meiner Perspektive, und da geht es hauptsächlich darum, die einzelnen Individuen mit diesen Stärken und Entwicklungsfeldern ernst zu nehmen, wahrzunehmen und in ein gesamtes Bild hinein zu orchestrieren. Ich finde das Bild der Musik eigentlich gar nicht so schlecht. Jedes Instrument hat gewisse Eigenschaften und Möglichkeiten, aber auch Beschränkungen. Wenn man aber als Band gemeinsam musizieren möchte, braucht es genau diese Eigenheiten. Diese Eigenheiten zu erkennen und als Stärken wertzuschätzen, ist ein ganz essenzieller Teil dessen, was meinen Führungsauftrag ausmacht.

- **I:**

Was sind aktuelle Projekte, an denen Sie arbeiten? Können Sie ein konkretes Beispiel nennen?

- **SW:**

Ich arbeite gerade an einem Projekt von einem großen Schweizer Bauzulieferer mit 13.000 Mitarbeitenden weltweit. Bei diesem Projekt sind wir aktuell in der Phase, in der es darum geht, welche Fragen wir stellen. Es sind rund 20 Sprachen, in die die ganzen Fragen auch übersetzt werden müssen. Es muss z. B. geklärt werden, wo online und wo mit Papier befragt wird, wie das Reporting ausschauen soll und ob es gesonderte spezielle Berichte für die Managementpopulation gibt, die zum Teil eine andere Perspektive haben als der Teamleiter irgendwo auf der Baustelle. Das ist eines der Projekte, das uns große Freude bereitet, gerade weil – obwohl es eine Wiederholungsbefragung ist – sehr viele neue Fragestellungen dazugekommen sind, da sich das Unternehmen stark verändert hat. Speziell an dieser Befragung ist auch die Tatsache, dass das Unternehmen einen Change Monitor einbauen lassen wollte. Dies bedeutet aufgrund der Veränderungsprozesse, die dieses Unternehmen jetzt durchgemacht hat, haben wir ein Instrument eingebaut, das uns hilft, die kulturelle Integration verschiedener Unternehmenseinheiten zu messen und den Fortschritt dieser kulturellen Annäherung auch abzubilden. Da freue ich mich sehr drauf, und ich bin sehr gespannt auf die Resultate, die dort zum Vorschein kommen werden.

- **I:**

Welches Projekt ist in der Vergangenheit evtl. gescheitert, Das heißt, ein Projekt, das Sie sich vorgenommen haben, an dem Sie lange gearbeitet haben und das nicht zu dem Ziel geführt hat, welches Sie oder der Auftraggeber sich gesetzt haben?

- **SW:**

Daran, dass wir Auftraggeberziele nicht erreicht hätten, kann ich mich nicht erinnern. Aber es kann durchaus sein, dass die Ziele, die ich mir selber im Rahmen des Projekts setzte, z. B. dass wir das Ziel innerhalb des vorgegebenen Kostenrahmens abwickeln können, gefährdet sind. Dort ist es dann häufig so, dass im Dialog mit

◘ Abb. 4.1 Video 4.1 (▶ https://doi.org/10.1007/000-8hh)

dem Kunden auch Lösungen erzeugt werden können. Bei großen, komplexen Projekten kommt es schon mal vor, dass man im Verlauf des Projektes merkt, dass man einen gewissen Aufwand falsch eingeschätzt hat. Dann ist es extrem wichtig, eine so gute Beziehung zu dem Kunden haben, dass man im gegenseitigen Einvernehmen durch einen Dialog eine Lösung im Sinne von „Wir haben beide gedacht, der Prozess dauert drei Wochen, er dauert jetzt aber sechs. Was machen wir mit diesen drei Zusatzwochen Aufwand?" findet. Aber das würde ich noch nicht als Scheitern beurteilen. Ich glaube, scheitern würde ein Projekt für mich dann, wenn der Kunde am Schluss sagt: „Ich habe nicht bekommen, was ich wollte." Und in diese Situation sind wir bis jetzt zum Glück noch nie gekommen.

- **I:**

Abschließend möchten wir uns noch einmal für die Gesprächsbereitschaft und das interessante Interview bei Ihnen bedanken. Wir wünschen Ihnen weiterhin viel Erfolg bei Ihrer Arbeit.
Video des Interviews (siehe ◘ Abb. 4.1):

4.3 Change Management: Interview mit Dr. Edgar Lessel der Firma PSYTEC GmbH

Das Interview und die Transkription führten Sina R. Kaltwasser und Kevin Krause durch.

- **Interviewer:**

Guten Tag, Herr Dr. Lessel. Vielen Dank, dass Sie sich Zeit genommen haben für dieses Interview. Könnten Sie uns zum Einstieg erst einmal erklären, wie Ihre Firma PSYTEC aufgestellt ist, und auf welche Art der Unternehmensberatung Sie sich spezialisiert haben?

- **Dr. Edgar Lessel:**

Unsere Firmengründung – datiert von 1986, d. h., wir bestehen im nächsten Jahr 30 Jahre – würde ich heute als universitätsnah bezeichnen. Die Gesellschafter waren der damalige Lehrstuhlinhaber, ein Kollege des akademischen Mittelbaus und ich selbst. Wir haben uns das damals überlegt und sind vielleicht auch ein bisschen naiv eingestiegen, mehr oder weniger zufällig gelenkt durch erste Aufträge. Es hat sich erst im Laufe der Zeit herauskristallisiert, wo die Schwerpunkte liegen. Wir waren immer eine kleine, spezialisierte Unternehmensberatung, das hat sich bis heute gehalten. Wir haben fünf Mitarbeiter im Kernteam und ein paar mehr im erweiterten Team, einem Netzwerk, aus dem wir uns bedienen, wenn es um größere Projekte geht, die wir aus der Stammmannschaft heraus nicht stemmen können.

Ich selber bin ja von Hause aus Psychologe – zu meinem Werdegang kommen wir später noch – und habe ein Team, das interdisziplinär zusammengesetzt ist. Es gibt noch einen weiteren Psychologen, wir haben aber auch eine Juristin dabei, eine Betriebswirtin und einen Soziologen. Das ist eine ganz interessante Konstellation, mit der man Themen und Projekte von unterschiedlichen Seiten beleuchten und das entsprechende Know-how zusammenbringen kann.

Was machen wir konkret? Wir haben ein interessantes Motto: „Wir optimieren Zusammenarbeit." Das macht auch schon relativ deutlich, worum es bei dieser Art der Unternehmensberatung geht. Wir beraten nicht in erster Linie betriebswirtschaftlich, auch wenn das nie ganz aus dem Auge zu verlieren ist, aber unser Thema ist das Zusammenarbeiten in ganz unterschiedlichen Organisationen – angefangen in der Industrie, wo wir schwerpunktmäßig unterwegs sind, aber auch in Kliniken, in der öffentlichen Verwaltung und in Justizbehörden. Das sind sehr unterschiedliche Felder, in denen natürlich immer Kooperation eine wesentliche Rolle spielt.

- **I:**

Wenn man sich Ihren beruflichen Werdegang anschaut, hatten Sie während und nach Ihrem Studium mehrere Stellen im Bereich Statistik und Methoden und haben am Lehrstuhl für Differentielle Psychologie promoviert. Wie sind Sie von dort zum Anwendungsfach Arbeits- und Organisationspsychologie gekommen?

- **EL:**

Das stimmt nicht ganz, der Lehrstuhl, an dem ich promoviert habe, hieß damals nur „Lehrstuhl für Psychologie", und der Lehrstuhlinhaber, Professor Tack, der heute emeritiert ist, hatte einen Schwerpunkt im Bereich Methodenlehre und Mathematische Psychologie. Mathematische Psychologie ist ein Fachgebiet, in dem man versucht, Modelle für unterschiedliche Systeme, beispielsweise für Konflikte, mithilfe mathematischer Methoden zu erzeugen. Dieser Methodenschwerpunkt hat am Lehrstuhl eine große Rolle gespielt. Damals gab es noch sehr viel weniger Professoren als heute bei Ihnen, das bedeutet, man hatte eine breitere Abdeckung, und der Lehrstuhlinhaber hat unter anderem auch immer mal wieder Differentielle Psychologie gemacht.

Wenn ich mir das im Nachhinein ansehe, war das, was ich dann gemacht habe, relativ folgerichtig, denn wir haben am Lehrstuhl auch Methodenberatung für unterschiedliche Fächer gemacht, sprich für die Klinische Psychologie, für die Pädagogische Psychologie und auch für die Organisationspsychologie. So bin ich überhaupt in diesen Kreis hineingeraten. Zu dieser Zeit war noch nicht so viel los mit Organisationspsychologie, das war mehr oder weniger abhängig von dem jeweiligen Lehrstuhlinhaber, der ein bestimmtes Feld beackert hat, und dann hieß das halt so. Aber es lief im Wesentlichen über die Methodik. Es gab zu der Zeit, als ich ausgestiegen bin [aus der Universität], zwei große Projekte, an denen ich beteiligt war. Das eine war ein DFG-Projekt (DFG steht für „Deutsche Forschungsgemeinschaft"), und es ging um kognitive Repräsentation von sozialen Konflikten. Das haben wir mittels Methoden der Computersimulation gemacht, die einen sehr engen Bezug zur *artificial intelligence* haben, einem Bereich der Informatik. Das zweite war ein großes Anwendungsprojekt, das im Rahmen des HdA-Programms (HdA steht für „Humanisierung des Arbeitslebens") gefördert worden ist und das wir gemeinsam mit der Wirtschaftsinformatik in der Universitätsverwaltung durchgeführt haben. Dort haben wir versucht, älteren Beamten Arbeitsplatzrechner nahezubringen. Dies war der Zufall, der mich zur Verwaltung gebracht hat. In den ersten zehn Jahren nach der Gründung des Unternehmens hatten wir deshalb einen starken Schwerpunkt im Bereich der öffentlichen Verwaltung.

- **I:**

Was war die größte Veränderung, die Sie beim Berufseinstieg nach dem Studium erlebt haben?

- **EL:**

Die Veränderung war bei mir nicht so groß, da ich nicht nach dem Ende des Studiums in die Praxis gesprungen bin. Ich habe am Lehrstuhl promoviert und habe daher keinen richtigen Praxisschock bekommen. Außerdem war der Übergang für mich relativ angenehm, weil ich noch eine Zeit lang an der Universität halbtags gearbeitet habe, während ich schon die Geschäftsführung für die PSYTEC gemacht habe. Wenn Sie jetzt aber fragen, was anders war in der Praxis, dann war das, was mich am meisten beeindruckt hat, dass die Kunden keinerlei Interesse daran hatten, was ich kann, sondern sie hatten ihre Probleme, und ich musste völlig umdenken, musste von den Kunden her anfangen zu denken und mich darauf einlassen. Ich bin relativ naiv hineingegangen und habe gedacht, wenn ich mit meiner tollen Ausbildung und meinen tollen Ideen komme und das den Kunden rüberbringe, wird das schon funktionieren. Die Kunden können in aller Regel auch mit Psychologie wenig anfangen, mit Organisationspsychologie schon überhaupt nichts. Man kennt Klinische Psychologie, und man kennt Freud, und ansonsten sind einem die Psychologen suspekt. Das war es, was mich gleich am Anfang am meisten beeindruckt und meine Arbeit auch etwas verändert hat.

- **I:**

Wie sind Sie überhaupt auf die Idee gekommen, eine eigene Firma zu gründen?

- **EL:**

Das war Zufall, behaupte ich mal. Wenn ich mich recht erinnere, kamen der Lehrstuhlinhaber und ich von einem Kongress zurück. Auf dem Kongress gab es eine Gruppe, die neben dem Lehrstuhl eine Firma hatte. Wir haben herumgeflachst und gesagt, das müssten wir doch auch schaffen. Daraus ist die Idee entstanden, und wir haben es dann tatsächlich gemacht. Das war nicht geplant, sondern mehr oder weniger überraschend.

Organisationsentwicklung

- **I:**

Ist es in diesem Berufsfeld üblich, sich selbstständig zu machen?

- **EL:**

Die Frage kann ich nicht gut beantworten, weil ich das Feld nicht überblicke. Es ist sicherlich alles vertreten: Kollegen, die sich selbstständig machen, und andere, die es definitiv nicht tun. Es gibt viele, die einfach zunächst einmal bei einem Unternehmen anfangen, meist im Bereich der Personalfunktionen. Es gibt in nicht wirklich vielen Unternehmen so etwas wie eine Organisationsentwicklung, das ist gar nicht so verbreitet, deshalb erfolgt der Einstieg dort meist über die Personalseite. Das ziehen durchaus einige Kollegen vor, auch wegen der Sicherheit, die damit verbunden ist. Ich denke auch, dass dieses Vorgehen eine sinnvolle Sache ist, wenn man einiges über ein Feld gelernt hat und nicht so wie ich in die Sache reinspringt. Dann ist es lohnenswert, sich Gedanken zu machen, ob eine Selbstständigkeit für einen infrage kommt.

- **I:**

Letztes Jahr gab es eine Umfrage unter den Psychologiestudierenden der Universität des Saarlandes, bei der herauskam, dass sich viele erst einmal gar nicht zutrauen würden, eine Selbstständigkeit zu beginnen. Wie geht man mit der Unsicherheit als selbstständige Person um?

- **EL:**

Es ist immer abhängig vom konkreten Fall, ob Unsicherheit überhaupt auftritt. Es gibt natürlich am Anfang zunächst Unsicherheit, ob ich genug Kunden habe oder nicht, und es gibt im Laufe der Zeit immer mal wieder Phasen, in denen der Auftragsbestand einbricht, je nachdem, wie die Situation der Wirtschaft aussieht. Dann kommt es darauf an, dass man seinen Kundenstamm so angelegt hat, dass nicht alles gleichzeitig einbricht. Für uns war es eine gute Sache, dass wir neben der Industrie auch die Verwaltung haben, die ja relativ unberührt ist von Einbrüchen dieser Art. Ich empfinde das nicht als schwierig, sondern eher als Herausforderung zu sehen, was wir tun können. Da wir ohnehin bei der Arbeit immer mit Herausforderungen konfrontiert sind, ist das nun mal das Geschäft.

- **I:**

Als Nächstes würde ich gerne mit Ihnen über Change Management sprechen. Was genau ist eigentlich ein Change-Prozess?

- **EL:**

Das ist eine gute Frage! Das ist ein relativ neues Etikett. Wir haben uns schon länger Veränderungsprozesse angeschaut; vor zehn oder 20 Jahren wurde es eher Organisationsentwicklung genannt. Ich kann nur sagen, wie ich es für mich interpretiere. Change Management sind Veränderungsprozesse, die ich steuere oder wenigstens versuche, in die gewünschte Richtung zu beeinflussen und die sich auf das Unternehmen selbst beziehen. Im Vergleich zu Projektmanagement etwa, welches etwas beim Kunden bewirken will, geht es hier um die eigene Organisation. Es ist ein relativ breiter Begriff; darunter wird alles Mögliche gefasst, beispielsweise, wenn ich eine neue Technologie oder eine neue Organisationsstruktur einführe oder versuche, mich an die Marktgegebenheiten anzupassen, die von außen auf eine Firma einströmen. All das würde ich unter Change Management fassen; da kann man gar nicht sauber trennen, was die Organisation, die IT, das Personal betrifft. Fragen wie „Was ist Personalentwicklung, und wie hängt es mit Organisationsentwicklung zusammen?" oder „Was ist Organisationsentwicklung, und wie hängt es mit Change Management zusammen?" sind eher akademischer Art. Die Kunden haben ganz konkrete Themen, wie einen Prozess, den sie anstoßen wollen oder, wenn da schon etwas angestoßen worden ist, was jetzt genau getan werden soll. Alles, was mit Veränderungen im eigenen Bereich zu tun hat, ist für mich Change Management.

- I:

Kann man dann überhaupt eine klare Unterscheidung zur Organisationsentwicklung treffen?

- EL:

Wie gesagt, akademisch kann man es tun. Im Sinne von Doppler und Lauterburg (2014) steht hinter Organisationsentwicklung eine bestimmte Idee, wie man Veränderungen managt, ein stark beteiligungsorientierter Ansatz. Da muss man auch im historischen Kontext sehen, wie sich die Begriffsinhalte verändert haben. Ich denke, heute ist Change Management einfach der breitere Begriff, und es ist auch nicht mehr festgelegt, auf welche Art und Weise es geschehen soll. Geht es von oben nach unten, was häufig der Fall ist bei technologischen Innovationen, dann geht die Veränderung nicht von den Mitarbeitenden aus, auch wenn es natürlich Sinn macht, sie einzubinden, das ist etwas anderes. Insofern würde ich sagen, dass die Begriffe zum Teil überlappen.

- I:

Warum beauftragen Firmen überhaupt eine extern beratende Person und kümmern sich nicht selbst um die Gestaltung von Veränderungsprozessen?

- EL:

Das tun sie in aller Regel. Extern Beratende haben Vor- und Nachteile aus Sicht der Firmen. Meist kennen sie die Firma nicht so gut; das ist sicherlich ein Nachteil, wenn man in die Organisation hineinkommt. Auf der anderen Seite – und das ist ein großer Vorteil der Externen – sind sie zunächst nicht im Arbeitssystem eingebunden, sodass sie nicht Partei sind. Es ist immer wieder ein großes Problem, wenn eine Organisation in einem eingeschwungenen Zustand ist und jemand etwas verändern möchte, dann ist dies natürlich eine politische Tat. Und es kann dazu führen, dass sich die Gewichte und die Macht verschieben. Deshalb haben es die Internen in der Regel zunächst einmal schwerer, weil sie einfach als Partei wahrgenommen werden. Bei den Externen kann das auch in diese Richtung gehen, wenn man eine lange Arbeitsbeziehung mit einem Kunden hat, weil der Externe ja letztlich aufgrund der Beauftragung der Geschäftsführung tätig wird und damit auch eher dieser Gruppe zugerechnet wird. Aber grundsätzlich ist die wahrgenommene Neutralität am Anfang etwas, das sicherlich vorteilhaft ist. Manche Geschäftsleitungen machen das auch einfach, um von einem Externen ein Ergebnis zu bekommen, was

Organisationsentwicklung

sie auch selber sogar so gefunden hätten, aber es dann nicht so verkaufen könnten – das ist ein wichtiger Punkt. Aber in der Regel ist es so, dass man zusammenarbeitet. Bei allen Veränderungsprozessen, die projektartig organisiert werden, ist es so, dass es Partner gibt, innen und außen, und dann hängt es auch von der Dauer der Arbeitsbeziehung ab, in welche Rolle man tritt: Ist man nur Input-Geber in bestimmten Bereichen, oder hat man den Prozess als Steuermann in der Hand? Das kann auch nicht immer ganz klar von vornherein definiert werden. Viele Kunden können ihr Problem auch gar nicht genau erfassen. Man darf sich das nicht so vorstellen, dass man einen Anruf bekommt mit dem Auftrag „Können Sie uns bei dem und dem Prozess helfen?", sondern meistens ist es viel diffuser, und dem Beratenden bleibt ein Stück Klärungsbedarf.

- **I:**

Wie muss man sich einen Beratungsprozess praktisch vorstellen? Können Sie uns das an einem Beispiel kurz skizzieren?

- **EL:**

Ich nehme zwei Beispiele, eines aus der Industrie und eines aus der öffentlichen Verwaltung, das charakterisiert dann ganz gut die unterschiedlichen Situationen. Die Prozesse dort sind sehr unterschiedlich, und demgemäß ist die Vorgehensweise auch ganz unterschiedlich.

In der öffentlichen Verwaltung hat man häufig folgendes Thema: Die Leitenden der Organisation haben ein Problem mit der Motivation ihrer Mitarbeitenden. (Das ist ein großer Unterschied zur Industrie, dort ist das bei meinen Kunden überhaupt kein Thema.) Deshalb soll die Führungsriege fit gemacht werden, um in der Lage zu sein, die Leute zu motivieren – völlig vergessend, dass man die anderen nicht motivieren kann, sondern diese sich schon selbst motivieren müssen und man vielleicht ein paar Rahmenbedingungen schaffen kann.

Dann gibt es ein paar Gespräche mit der Leitung. Ich höre mir an, was die Leitung auf dem Herzen hat und was sie sich so vorstellt. Dann treffe ich mich mit dem Personalrat und versuche, eine Situationsbeschreibung aus dessen Sicht zu erhalten. Ich verschaffe mir also einen Überblick, wie die Problematik aus verschiedenen Innensichten heraus gedeutet wird.

Als Nächstes gehe ich in mich und überlege mir, was könnte man eigentlich mit den vorhandenen Möglichkeiten, Mitteln und Regeln tun? Wenn Sie mit Beamten zu tun haben und dort Maßnahmen entwickeln sollen, muss man sich eben an bestimmte Rahmenbedingungen halten, die dort vorhanden sind. Dann wird das miteinander besprochen. Wenn es also in Richtung Führungskräfteentwicklung geht, dann müssen ein paar Veranstaltungen für diese generiert werden, aber – und das ist ein wichtiges Thema – ich weiß, dass man mit Fortbildungsveranstaltungen nichts erreicht, wenn man sie nicht sofort anwenden kann. Es geht dann darum, wie ein Kontext aussehen könnte, in dem die gelernten Dinge auch eine Chance auf Anwendung haben.

Häufig sind dies länger andauernde Prozesse, die über Jahre begleitet werden. Man „verheiratet" sich in gewissem Sinne miteinander, um zu sehen: Ändert sich etwas, und ändert es sich in die gewünschte Richtung? Ein Beispiel dazu: Es wird ein Führungskolleg aufgesetzt, erst mal klassisch mit ein paar Grundthemen, die im

Bereich der Führungsaufgaben und -techniken liegen, und dann versucht man, bestimmte Anwendungsfelder zu finden. Das sind meist kleine Projekte, die von der Planungsphase an in Supervision begleitet werden. Es kann sein, dass bestimmte Teams supervidiert werden und ein Coaching für die Leitung stattfindet, damit alles miteinander verzahnt werden kann. Diese Dinge werden von vornherein sehr gut abgesprochen und sind relativ gut geregelt.

Im Bereich der Industrie wäre ein Beispiel die Einführung eines neuen Arbeitssystems; damit beschäftige ich mich momentan intensiv. Es handelt sich um eine besondere Art von Gruppenarbeit. In der Industrie passiert zurzeit sehr viel, was Organisation angeht, es ändern sich organisatorische Zuschnitte insbesondere in der Produktion. Früher war die Produktion als Werkstattfertigung organisiert und bestand aus verschiedenen Fertigungsinseln, in denen z. B. gedreht, gefräst oder geschweißt wurde. Heutzutage hat man das viel stärker in Linien aufgestellt und die Idee, sich am Wertstrom zu orientieren. Dann passen bestimmte Arbeitssysteme, also Gruppenarbeit, wie man sie früher kannte, nicht mehr auf die Maschinenwelt, die nun zugrunde liegt, und man muss etwas ändern. Das sind Prozesse, die möglicherweise mehrere Tausend Leute betreffen und relativ komplex sind, vor allen Dingen, weil es notwendig ist, dass die Leute das Arbeitssystem auch hinterher beherrschen und sich nachher anders verhalten als vorher. Man hat also dort einen anderen Druck, auch einen anderen Zeitdruck als in der öffentlichen Verwaltung. Ich möchte nicht das gängige Stereotyp bedienen, und das gilt auch nicht überall, aber bei Behörden kann man es häufig etwas gemächlicher angehen. Man sieht im Augenblick, dass die Kommunen durch die Flüchtlingsthematik aufgefordert sind, die Schlagzahl sehr zu steigern. Aber wenn man vergleicht, ist es schon ein deutlicher Unterschied. Man kann im öffentlichen Bereich Prozesse viel länger und intensiver und mit mehr Reflexion betreiben. Im Bereich der Industrie muss es einfach schneller gehen.

- **I:**

Sie haben ja schon erwähnt, dass Ihr Team aus Personen mit ganz unterschiedlichen Ausbildungshintergründen besteht. Wie sieht ein typischer Arbeitstag in der Zusammenarbeit von Ihnen aus?

- **EL:**

Den gibt es nicht. Wir haben das folgendermaßen organisiert: Es gibt einen Projektleiter, der sich dann die Unterstützung, die er braucht, von den anderen holt. Wenn ich beispielsweise den Eindruck habe, ich brauche das Know-how einer Kollegin oder eines Kollegen, dann hole ich mir deren Unterstützung, und umgekehrt ist es genauso. Das heißt, wir haben ein Pull-System, und wir haben die Erfahrung gemacht, dass das so gut funktioniert. Ab und zu gibt es die Notwendigkeit zu reflektieren, und man fragt die anderen, ob man sich gerade verstrickt hat in seinem Projekt. Dann gibt es einen Austausch darüber, aber das muss derjenige, der den Eindruck hatte, auch selbst initiieren. Das läuft bei uns eigentlich sehr schön und problemlos.

Seinen Arbeitstag muss jeder selbst gestalten. Bei uns ist alles nicht so bürokratisch geregelt. Ich kann es mal am Beispiel Urlaub veranschaulichen: Ich kümmere mich nicht darum, wer wie viel Urlaub nimmt oder noch übrig hat; jeder muss schauen, wie er seine Projekte auf die Reihe bekommt, und was er sich an Freizeit nimmt, ist mir völlig egal. Das haben wir immer schon so gemacht, und das läuft wunderbar bei uns. Das System funktioniert natürlich auch nur, wenn man eine Gruppe hat, die das nicht ausnutzt. Ich denke, uns allen macht die Arbeit Spaß, wir machen das wirklich mit großer Freude, und die muss man auch haben. Ein Beispiel: Gestern hatte ich einen Termin um 17 Uhr in einem Werk. Meine Gesprächspartner kamen aber erst um 18 Uhr, weil es irgendein fürchterliches Tagesgeschäft gab, welches es unmöglich machte, den Termin einzuhalten. Also sitze ich da eine Stunde lang rum. Der Termin sollte eine halbe Stunde dauern, ich gehe aber erst um 20 Uhr wieder raus. Das ist das normale Geschäft. Wenn Leute das nicht mögen, passt dieser Beruf nicht für sie. Man muss mit Spaß dabei sein, sich in die Schwierigkeiten der Kunden hineinfinden und versuchen, sie zu unterstützen. Es heißt ganz klar: Engagement! Wenn das da ist, ist dies eine sehr schöne Art zu arbeiten.

- **I:**

Gibt es Unterschiede in der Zusammenarbeit mit ihrem festen Team und den freiberuflichen Mitarbeitenden?

- **EL:**

Nein, das kann man überhaupt nicht sagen. Auch die Leute in unserem Netzwerk sind keine Zufallsbekanntschaften, sondern sind schon über Jahre mit dabei. Die passen von der Kultur zu uns, sonst würde das auch nicht so gut gehen. Das muss genauso laufen, und da gibt es auch keine Unterschiede.

- **I:**

Bei unseren Recherchen haben wir festgestellt, dass viele Unternehmensberater mit dem Schwerpunkt Change Management ganz unterschiedliche berufliche Hintergründe haben, die auf den ersten Blick gar nichts mit der Tätigkeit zu tun zu haben scheinen, z. B. Architektur, Physik oder Geografie. Da fragt man sich, ist es wirklich relevant, was man studiert hat, oder sollte man eher bestimmte persönliche Eigenschaften mitbringen, um gut in diesem Beruf zu sein?

- **EL:**

Wie immer trifft wahrscheinlich beides zu. Es ist wichtig, dass Leute auf eine bestimmte Art und Weise denken können, wo auch immer sie das gelernt haben. Das Grundstudium ist dabei nicht so wesentlich, weil ich nicht als Organisationspsychologe auftrete – oder jemand anderes als BWLer –, sondern ich muss mich in die Situation einfinden, muss verstehen, wie das System, mit dem ich es zu tun habe, tickt. Wo jemand das gelernt hat, spielt aus meiner Sicht nicht die entscheidende Rolle. Was ich gebraucht hätte, wäre beispielsweise Gesprächsführung. Das habe ich auch nicht im Psychologiestudium gelernt. Wo denn auch? Das hätte man vielleicht am ehesten in der Sozialpsychologie erwartet, aber da gab es das nicht. Die Dinge, die man braucht, nämlich vernünftig reden zu können mit einem Kunden, der in einer bestimmten Lage ist, habe ich auch nicht als Grundfertigkeit mitbringen können. Da haben mir die Veranstaltungen, die ich damals an der Uni gehalten habe, viel geholfen. Das waren Statistikvorlesungen, Experimentalpraktikum und

Forschungsmethoden. Auf der anderen Seite saßen nämlich Studierende, die überhaupt keine Lust hatten, sich mit diesen Themen zu beschäftigen, weil das so fern von dem ist, was sie sich unter Psychologie vorgestellt hatten. Da gab es die erste Möglichkeit zu sehen, wie ich an Leute herankommen kann, die gar keine Lust haben. Diese Dinge haben mir etwas gebracht, aber ich gehe davon aus, dass das in anderen Studienfächern genauso geschehen kann.

Ich glaube, es ist wesentlich, in einem Studium zu lernen, Dinge systemisch zu betrachten. Wenn ich an einer Stelle eine Intervention durchführe, kann es an einer völlig anderen Stelle einen Effekt geben. Das ist sicher etwas, bei dem wir in der Psychologie einen gewissen Vorteil haben, vor allem, wenn man sich die Sozialpsychologie anschaut und natürlich auch die angewandten Felder. In diesen Fächern lernt man so etwas kennen. Ob das am Ende reicht, um es in konkreten Anwendungssituationen realisieren zu können, hängt möglicherweise an bestimmten Fähigkeiten oder Eigenschaften, die sehr personenspezifisch sind. Ich glaube, dass man jemanden braucht, der Spaß daran hat, mit Leuten zu reden. Ich brauche auch ein bestimmtes Selbstbewusstsein, damit meine Kunden bereit sind, mich anzuhören. Wenn ich das nicht rüberbringen kann, nonverbal oder verbal, dann ist es schwer, Akzeptanz zu bekommen. Deshalb ist es wichtig, sich darüber Gedanken zu machen und zu schauen, was man im Studium für Fertigkeiten aufbauen kann. Ich denke, es ist weniger eine tiefer angelegte Eigenschaft, sondern eher eine Frage der Fertigkeiten.

- **I:**

Haben Sie den Eindruck, dass die Kunden die Vorteile, die man als Psychologe mitbringt, erkennen? Wie groß ist die Konkurrenz, beispielsweise zu BWLern?

- **EL:**

Ich glaube, den Kunden ist es zunächst einmal völlig gleichgültig, was die Leute mitbringen. Wenn man sagt „Ich bin Psychologe", ist das nicht unbedingt förderlich. Wir Psychologen haben insgesamt zu wenig Werbung gemacht, was Psychologen, gerade Organisationspsychologen, können. Was deren Vorteile sind, ist nicht bekannt. Eher das Gegenteil. Die Leute haben eine bestimmte Vorstellung, was Psychologen sind: Die können mich analysieren. Diese Denke ist nach wie vor weit verbreitet, und das ist eher sogar störend. Wenn ich bei einer Fortbildungsveranstaltung erzähle, dass ich von Hause aus Psychologe bin, dann habe ich noch die Chance zu sagen: „Aber nicht die Sorte, von der Sie meinen, die haben eh einen an der Klatsche, sondern ich beschäftige mich mit Gruppen und Organisationen."

Es gibt nicht die Konkurrenz aufgrund der Ausbildung, es geht darum, dass das Gegenüber den Eindruck hat, dass sein Problem gut aufgehoben ist und der Berater erfasst, was er sagt. Manche Kunden sprechen auf sehr verklausulierte Art und Weise. Gerade in Fällen von Konfliktintervention ist es gar nicht so gerne gesehen, dass auf der anderen Seite ein Psychologe sitzt, weil der Beauftragende meist auch Teil des Problems ist. Vor dem Hintergrund fürchtet mancher, dass ihm gesagt wird, dass er etwas falsch gemacht hat. Solche Grundhaltungen sind dabei, und da ist es sicherlich kein Vorteil, Psychologe zu sein. Ich glaube, da müssen wir insgesamt als Fach ansetzen und über Werbung mehr rüberbringen, was wir zu bieten haben. Das ist weitgehend nicht bekannt.

Organisationsentwicklung

- **I:**

Change Management scheint ein extrem komplexer Prozess zu sein, weil so viele Akteure beteiligt sind und man alle Strukturen und Dimensionen einer Organisation beachten muss. Was empfinden Sie persönlich als die größte Herausforderung bei Ihrer Arbeit?

- **EL:**

Sie haben es in der Frage schon angesprochen, es ist in der Tat so, dass es ein komplexer Prozess ist, und ich empfinde es am Anfang zunächst herausfordernd zu begreifen, wie die Organisation funktioniert, und zwar unabhängig davon, wie es in den Organisationplänen steht, sondern wie die informelle Organisation wirklich aussieht. Nur dann gibt es eine Chance, mit seinen eigenen Ideen Einfluss zu nehmen. Auch über die Zeit hinweg durchzuhalten, ist herausfordernd, weil es immer wieder Situationen gibt, die das Feld völlig verändern. Ich erinnere mich an einen zweitägigen Workshop, in dem bestimmte organisatorische Themen bearbeitet werden sollten und schließlich eine Entscheidung getroffen werden sollte, wie es weitergeht. Nach dem ersten Tag stand der Vorstandsvorsitzende auf und verkündete vor der hochkarätigen Runde, dass er das Unternehmen verlassen und ab dem nächsten Tag sein Nachfolger das Amt übernehmen werde. So etwas passiert einem nicht jeden Tag, aber es passiert und stellt ein System dann möglicherweise völlig anders auf. Man hat sich ja vorbereitet und hat ein Konzept, das kann man dann alles vergessen und noch einmal neu anfangen – oder auch nicht, denn es kann auch sein, dass der Verantwortliche dann sagt, im Augenblick gibt es andere Probleme, und deshalb müssen wir uns dem Thema, das wir mit externer Unterstützung angehen wollten, nicht mit Vorrang widmen. All das kann passieren und macht die Sache natürlich schwierig. Die wesentlichsten Akteure im Blick zu behalten, ist eine anspruchsvolle Sache, denke ich. Wir bewegen uns dabei in einer ganz dynamischen Welt, die davon geprägt ist, dass immer wieder andere Personen aufsteigen, d. h., wir haben in der Industrie kein über lange Zeit stabiles System. In der öffentlichen Verwaltung wiederum gibt es eine andere Situation, da kann man über längere Zeiträume hinweg planen. Dort ist es herausfordernd, die Leute zu einer gemeinsamen Denke in Richtung eines kontinuierlichen Verbesserungsprozesses zu bewegen, um Veränderungen vernünftig voranzubringen.

- **I:**

Veränderungen im direkten Arbeitsumfeld werden von vielen Menschen ja erst einmal als unangenehm oder sogar bedrohlich wahrgenommen. Wie geht man mit Widerstand gegen die eigenen Maßnahmen um?

- **EL:**

Das ist eigentlich nicht schwierig. Im öffentlichen Bereich wird es immer Widerstand geben, egal was man macht. Das ist auch durchaus klug, denn die öffentliche Verwaltung ist immer wieder gequält von Modernisierungswellen, und da die Leute lange an einem Arbeitsplatz bleiben, haben sie schon viel erlebt und schon viele Projekte und eine Reihe extern Beratende scheitern sehen. Warum um alles in der Welt soll man noch mal mitmachen?

Meine Technik ist, zunächst einmal herauszufinden, wer diese Leute sind – das ist gar nicht so einfach – und diese dann zu gewinnen, indem ich sinngemäß sage: „Sie sind schon zehnmal gegen die Wand gelaufen. Sie kennen das. Vielleicht laufen wir dieses Mal nicht gegen die Wand, weil Sie ja eine Menge Erfahrung damit haben, wie Projekte scheitern, davon können wir lernen." Ich versuche, die Leute mitzunehmen. Wir alle hier versuchen, immer die Arbeit unter starker Beteiligung der Leute zu machen. Ich arbeite bei meinen Projekten immer, wenn irgendwie möglich, mit dem Betriebsrat beziehungsweise mit dem Personalrat zusammen. Es geht ja häufig auch um Themen, die beide Seiten betreffen. Die Unternehmensführung möchte eine Produktivitätssteigerung haben, manchmal wollen das die Betriebsräte auch, weil sie vom Wettbewerb gezwungen sind, sich in diese Richtung zu bewegen. Sie haben mehr Blick darauf, was das mit den Personen macht und wie man das ohne Leistungsverdichtung hinbekommt. Es geht dann im Wesentlichen darum, wie man kluge und kreative Wege findet, um die Anforderungen zu erfüllen. Das geht mit den Betroffenen zusammen am besten. Ich bin gar nicht böse, wenn es Leute gibt, die definitiv dagegen sind. Die schwierigere Klientel sind diejenigen, die sich nicht äußern, die man erst im Laufe des Projektes kennenlernt. Wenn man feststellt, da gibt es eine Gruppe, die man aus irgendwelchen Gründen nicht gewinnt und auch nicht erkennt, welche Probleme diese wahrnehmen, ist es schwierig diese Probleme anzugehen.

- **I:**

Die Projekte, an denen man als Change-Berater arbeitet, dauern teilweise jahrelang und verlaufen nicht unbedingt immer geradlinig nach Lehrbuch. Wie schafft man es, sich über lange und herausfordernde Phasen hinweg zu motivieren?

- **EL:**

Diese Frage braucht man sich nicht zu stellen. Die Herausforderungen selbst motivieren einfach. Es motiviert nicht nur ein Erfolg, wenn man ein Projekt abgeschlossen hat. Auch solche Prozesse, die Herausforderungen stellen, motivieren mich, eigene Lösungen zu finden, zu entwickeln – gleichgültig, wie schwer das Thema ist und in welcher Phase man sich befindet. Ich glaube, wenn man Lust hat, Lösungen zu gestalten, sozusagen als Kooperationsingenieur, dann sind alle Herausforderungen, die auftauchen, sogar Katastrophen, interessante Fälle. Davon gibt es genügend, es passiert immer wieder etwas, das vom geraden Weg abweicht. Wenn ich in einem Unternehmen versuche, eine neue Art der Zusammenarbeit in Gruppen zu erzeugen, dann bin ich beispielsweise abhängig von der Weltkonjunktur, weil ein Werk, das weltweit liefert, eben abhängig ist von der Konjunktur. Man muss am Ende auch Geld verdient haben; wenn man das über eine längere Zeit nicht schafft, ist man weg vom Fenster. Es gibt also Aspekte, die dazu führen, dass bestimmte Vorhaben einfach auf Eis gelegt werden. Solche Dinge liefern tagtäglich Herausforderungen, und man kann sie nicht beeinflussen. Wenn VW aktuell ein Problem hat, dann trifft es all seine Zulieferer auch. Ich bin glücklicherweise nicht bei VW engagiert, aber ich kann mir vorstellen, dass es im Augenblick zu erheblichen Einsparungen kommt und viele Projekte gecancelt werden, egal, ob sie gut oder schlecht gelaufen sind. So etwas kann vorkommen, dagegen kann man sich auch nicht wehren.

Organisationsentwicklung

Auch hier ist die Welt der Verwaltung wieder ein bisschen anders: Sie ist nicht so stark abhängig von äußeren Einflüssen, obwohl es auch Kostendruck gibt, z. B. die Schuldenbremse. D. h., man muss sich Gedanken machen, wie man über die Zeit hinweg Personal abbauen kann. Das geht nur über Fluktuation und Altersausscheiden, dadurch werden dann Löcher gerissen, die man nicht ersetzen kann. Die Arbeit muss aber gemacht werden, d. h., sie muss neu verteilt werden. Man ist in einem ständigen Organisationsentwicklungsprozess, aber es ist absehbar, was passiert; es gibt kaum Überraschungen.

- **I:**

Wenn ein Unternehmen plötzlich in eine Krisensituation gerät, die enorme Veränderungsprozesse in Gang bringt, dann verlaufen die Change-Prozesse ja völlig ungeplant und sind in ihrer Entwicklung schwer abzuschätzen. Inwiefern hilft dabei insbesondere die Expertise eines Psychologen?

- **EL:**

Man muss sich anschauen, wie genau die Krise aussieht. Ich denke, in den meisten Fällen hilft es nichts, denn diese Themen sind betriebswirtschaftlicher Art. Ich erinnere mich an einen Fall, in dem die psychologische Expertise aber gefragt war: Es ging um eine eigentümergeführte Firma, die in einem Nischenmarkt Weltmarktführer ist. Als ich dort eintraf, kam als Erstes die Tochter des Hauses zu mir und sagte: „Bevor Sie mit meinem Vater reden und er bestimmte Vorstellungen äußert, was er in der Firma ändern will, muss ich Ihnen sagen, dass er senil ist, aber Sie können ja als Psychologe mit so etwas umgehen." So eine Geschichte passiert einem glücklicherweise nicht jeden Tag. Ansonsten können wir als Psychologen helfen, indem wir mit den Leuten reden, Dinge reflektieren und sie auch über Gesprächsführungstechniken in eine andere Richtung lenken können. Aber die Rahmenbedingungen, die auftreten können, entsprechen nicht unbedingt unserer Kernkompetenz.

- **I:**

Wenn man sich über die Arbeitsbedingungen in diesem Beruf erkundigt, werden Change-Berater in der Literatur als besonders gefährdet für Burnout dargestellt. Halten Sie Ihren Beruf für sehr stressig oder belastend im Vergleich mit anderen psychologischen Tätigkeitsfeldern, wie z. B. Psychotherapeuten?

- **EL:**

Dazu kann man nur eine sehr persönliche Aussage machen. Für mein Team kann ich sagen, das ist definitiv nicht so. Ich denke, Psychotherapeuten sind auf ganz andere Weise gefordert, auch dadurch, dass sie immer ähnliche Dinge machen. Die Situation ist immer vergleichbar, nur die konkrete Problematik und Symptomatik unterscheiden sich. Unser Tätigkeitsfeld ist sehr abwechslungsreich und natürlich auch fordernd, aber das macht man nur, wenn man auch Spaß daran hat. Ich kann mir nicht vorstellen, dass Burnout dann irgendwann mal ein Thema ist. Ich mache den Beruf ja nun auch schon eine Weile und finde, Organisationspsychologie ist eines der interessantesten Fächer überhaupt in der Psychologie. Ich finde, die Sache ist das Beste, was einem passieren kann. Es ist sicherlich jeden Tag eine Herausforderung im Sinne von „Wie kann ich über etwas nachdenken?" oder „Fällt mir dazu etwas ein oder nicht?". Das verbietet aus meiner Sicht geradezu Burnout. Es ist eine ganz simple Geschichte: Man merkt, ob der Beruf zu einem passt, daran, ob man erfolgreich ist oder nicht. Kommen die Leute auf einen zu? Gibt es genügend Aufträge? Natürlich muss jeder ein bisschen reflektieren und überlegen, ob er bereit ist, das Engagement zu bringen. Aber wenn man auf der Suche ist nach einem sinnvollen Beruf – was durchaus viele sind, die nicht nur danach sehen, dass sie genug Geld verdienen, um sich ein Häuschen zu bauen –, finde ich, ist ein toller Beruf derjenige, der einen vor Burnout schützt.

- I:

Die Arbeitszeit scheint ja sehr flexibel zu sein und sich spontan zu ergeben. Wie familienfreundlich ist der Beruf?

- EL:

Das ist ganz klar nicht familienfreundlich. Es gibt relativ viel Reisetätigkeit, je nachdem wo die Kunden sind. Wir sitzen hier im Saarland ja nicht gerade im Herzen der Republik. Ich erreiche eigentlich nur Berlin und Hamburg gut, aufgrund der bestehenden Flugverbindung, zum Glück haben wir dort auch Kunden. Aber wenn man irgendwo anders hin muss, ist das natürlich verbunden mit langer Reisetätigkeit. Wenn ich ein Projekt über zwei, drei Jahre hinweg in München habe, dann heißt es: fahren! Wenn ich Pech habe, jede Woche. Diese Dinge muss man in Kauf nehmen. Dann muss man mit seinem Partner einen Deal machen, ob so etwas geht oder nicht. Es ist eben keine Tätigkeit, bei der man um 17 Uhr sagen kann, jetzt habe ich meine Stunden voll und fange an zu leben. Ich denke, in manchen Bereichen hat man die Chance, Beruf und Familie zu verbinden, man muss dann genau schauen, was man für Projekte macht. Ich unterscheide nicht zwischen Freizeit und Arbeit, sondern ich mache das, was ich gerne tue, und werde glücklicherweise dafür noch bezahlt. Das ist wunderbar, aber es ist schon nicht so einfach, die Freizeit mit dem Partner oder der Familie zu koordinieren. Das muss man für sich selbst entscheiden bei der Berufswahl. Es ist sehr schwer, Work-Life-Balance an Zeiten festzumachen. Ich muss mit Personen zusammen sein, die auch ein flexibles Zeitsystem haben.

- I:

In der Industrie wird in Zukunft durch zunehmende Digitalisierung und Automatisierung immer stärker die Zusammenarbeit von Menschen mit Maschinen im Vordergrund stehen. Was bedeutet das für das Change Management?

- EL:

Diese Thematik heißt ja „Industrie 4.0"; diesen Begriff gibt es noch nicht lange. Man sieht zurzeit bei allen großen Industriebetrieben eine ganz intensive Tendenz, sich in diese Richtung zu bewegen. Ich denke, dass das erhebliche Konsequenzen haben und wahrscheinlich länger dauern wird, als man denkt. Im Augenblick gibt es einen Hype, der durch die Bundesregierung mit ihren verschiedenen Förderprogrammen gepusht wird. Die Unternehmen sind schon auf dem Weg, aber viele noch ganz am Anfang.

Es ist interessant, dass man dabei die Tendenz beobachten kann, sich das Know-how einschlägiger Forschungsinstitute, wie etwa DFKI (Deutsches Forschungszentrum für Künstliche Intelligenz) und ZeMA (Zentrum für Mechatronik und Automatisierung) in Saarbrücken, zu sichern. Korrespondierende Bestrebungen, auch die Organisationspsychologen mit ins Boot zu holen, findet man dagegen kaum. Da dürfen wir aber jetzt nicht schlafen! Ich beteilige mich selbst auch an einigen Industrie-4.0-Projekten. Da geht es jetzt darum, welches Unternehmen die Nase vorn hat.

Auf der anderen Seite hat man natürlich die Betriebsräte und Gewerkschaften, die sich die Entwicklung mit Argusaugen anschauen unter dem Gesichtspunkt, ob es dazu kommen wird, dass wir bald menschenleere Fabriken haben. Je mehr Intelligenz da hineingesteckt wird – man denke an Cyber-physische Systeme –, desto wahrscheinlicher werden die typischen Industriejobs wegfallen, das denke auch ich. Es ist schwer abzusehen, welche neuen Berufe dadurch entstehen werden. Das ist ein hochspannendes Feld, und wir als Psychologen können uns mit den Ingenieurkollegen auf der anderen Seite zusammentun.

Zur Illustration: Bisher arbeiteten Roboter zur Gewährleistung der Arbeitssicherheit meist in Umhausungen. Wenn man heute aktuelle Roboter-Mensch-Systeme betrachtet, dann ist das kollaboratives Arbeiten mit Leichtbaurobotern, die direkt nebeneinander mit Menschen arbeiten. Stellen Sie sich ein kollaboratives Arbeitssystem zum Schweißen von Karossen vor. Die Roboter können gerade Nähte besser schweißen als Menschen, während Menschen (noch) besser darin sind, an komplizierte Stellen zu kommen. Es gibt also Themenstellungen, die etwas mit der Interaktion von Mensch und Roboter zu tun haben, und zwar auf beiden Seiten.

Die Informatiker vom DFKI haben zum Beispiel eine Arbeitsgruppe, die sich um Benutzerschnittstellen kümmert. Wie baue ich Maschinen von der Technikseite auf, sodass sie mit Menschen interagieren können? Wir als Organisationspsychologen wären bestens für die andere Seite geeignet.

Es gibt ja jetzt schon führerlose Transportsysteme (FTS), die mit Werkern interagieren, und da stellt man Probleme fest, an die man nicht gedacht hat, z. B., dass man das FTS schützen muss vor Werksmitarbeitenden, die ihn böswillig treten. Ich finde, dass man sich als Organisationspsychologe unbedingt auf diese Themen stürzen sollte.

Eine andere Initiative der Bundesregierung ist die digitale Verwaltung 2020; dort wird man nachziehen, wenn auch mit einem erheblichen zeitlichen Versatz. Es wird auch dort zu verstärkter Digitalisierung kommen mit den Auswirkungen einer völlig neuen Art der Zusammenarbeit. Das ist genau unser Thema, die Gestaltung von Zusammenarbeit. Das ist eine spannende Zeit, in die wir jetzt hineinkommen, und wir können dabei sein. Was will man mehr!

- **I:**

Wir haben den Eindruck gewonnen, dass Ihr Beruf eine sehr interessante und kreative Berufsperspektive für Psychologen ist. Wenn Sie nun zusammenfassend noch ein bisschen Werbung machen würden, was macht Ihnen am meisten Spaß an Ihrem Beruf?

- **EL:**

Ich denke, ich habe schon einiges an Werbung gemacht durch dieses Interview. Wenn ich nun noch einmal den Bogen zurückschlage zum Anfang, dann hatte ich die Entscheidung zu treffen, ob ich in der Forschung bleibe und in Feldern arbeite, die wenig mit der Realität draußen zu tun haben, oder ob ich in ein Anwendungsfeld gehe. Die Entscheidung musste ich treffen, obwohl ich Spaß an beidem hatte. Jetzt mit ein paar Jahren Erfahrung muss ich sagen, dass ich die richtige Entscheidung getroffen habe, weil die unterschiedlichen Welten unglaublich interessant sind und es toll ist, die Chance zu haben, dort zu sehen, wo man Einfluss nehmen kann, um das System in die gewünschte Richtung zu bewegen. Man kann gestalten und häufig auch sehen, welche Konsequenzen es hat. Das ist ein wichtiger Punkt für einen selber, nicht nur etwas zu machen und zu hoffen, dass es irgendwann mal Wirkung zeigt, sondern die Folgen zu sehen und als Partner gefragt zu sein. Wenn ich meinen Beruf vergleiche mit anderen Feldern, kann ich mir kaum etwas Interessanteres vorstellen. Man hat die Chance, mit so vielen unterschiedlichen Menschen zu reden. Ein Thema, über das wir noch gar nicht gesprochen haben, ist ja, dass immer mehr Firmen heute weltweit vernetzt sind, und dort gibt es zum Teil auch interkulturelle Komplikationen. Es gibt also viele weitere Felder, in die es sich lohnt hineinzugehen. Es ist keinesfalls schädlich, sich neben der Psychologie noch andere Fächer anzuschauen, wie Betriebswirtschaft, Informatik oder Ingenieurwissenschaften. Wir sind häufig Übersetzer, und da ist es gut, noch von anderen Dingen etwas zu verstehen, ohne weit in die Tiefe zu gehen. Die Vielfalt ist das, was mich immer noch am meisten fasziniert und natürlich die Teilhabe an den oben genannten großräumigen Entwicklungsprozessen.

Wenn Sie die Chance haben nach dem Studium in ein großes Unternehmen zu kommen, beispielsweise über ein Trainee-Programm, würde ich auf jeden Fall empfehlen, das vorher zu machen und sich nicht sofort in die Selbstständigkeit zu stürzen. Je größer ein Unternehmen ist, desto einfacher ist es als interner Berater, Tugenden zu entwickeln, die ein externer Berater braucht. Es ist wichtig, dass ich von dem Feld, in das ich hineingehe, etwas verstehe, sonst kann ich nicht seriös beraten, das merken die Leute schnell.

- **I:**

Herzlichen Dank für das Gespräch!
Video des Interviews (siehe ◘ Abb. 4.2):

4.4 Interview mit Dr. Jens Quandte, ehemaliger Geschäftsführender Partner der Firma PE-Solution und Gründer von Change-Designer

Das Interview und die Transkription führten Marie Engel und Julie Levacher durch.

Organisationsentwicklung

◘ **Abb. 4.2** Video 4.2 (▶ https://doi.org/10.1007/000-8hg)

- **Interviewer:**

Herr Dr. Quandte, Sie arbeiten jetzt schon seit über zehn Jahren bei der Unternehmungsberatung PE-Solution. Können Sie kurz skizzieren, was die Aufgabenbereiche Ihres Unternehmens sind?

- **Dr. Jens Quandte:**

Als eine psychologisch ausgerichtete Unternehmensberatung sind unsere Schwerpunkte im Wesentlichen die Führungskräfteauswahl, Führungskräfteentwicklung und zunehmend das Thema Change-Beratung. Das bedeutet, dass wir als Prozessberater und Psychologen andere Schwerpunkte setzen und andere Blickwinkel einnehmen – je nachdem, welchen Fokus die Kunden für sich auswählen – als beispielsweise Betriebswirte oder andere spezialisierte Berufe. Die Mehrheit unserer Kunden kommen aus dem Mittelstand, aber auch auf Konzernebene – das heißt, dass auch typische DAX-30-Unternehmen mit uns zusammenarbeiten. Ich bin überzeugt, dass wir in den drei Feldern sehr spezialisiert vorgehen und insofern ein Alleinstellungsmerkmal vorweisen können.

- **I:**

Sie sind Spezialist für Managementdiagnostik, Führungskräfteentwicklung und Change-Beratung. Wodurch genau ist Ihr Arbeitsfeld charakterisiert?

- **JQ:**

Erst mal haben wir eine klare Zielgruppe: Führungskräfte. Wir haben uns auch deswegen auf diese Zielgruppe fokussiert, weil wir einen Missstand in Deutschland wahrnehmen. Dieser liegt zum einen sicher darin begründet, dass viele Mitarbeiter unzufrieden sind und eine hohe Sehnsucht nach einer Veränderung verspüren, in der sie als Person deutlich mehr im Fokus stehen. Gleichzeitig haben wir die Führungskräfte als Multiplikatoren ausgewählt, weil wir glauben, dass ein Kulturwandel, eine Veränderung in der Arbeitsweise, in der Umgangsweise oder im Zusammenarbeiten nur dann erfolgreich sein kann, wenn man mit den Führungskräften anfängt. Zum anderen denke ich, dass auch der Zeitgeist viele Probleme mit sich bringt. Vieles läuft heutzutage deutlich schneller und komplexer ab als noch vor zehn Jahren. Wir benutzen gerne den Begriff VUKA: volatil, ungewiss, komplex und ambigue. Das sind die beschreibenden Adjektive für das Umfeld, in dem sich der Markt in Deutschland in vielen Bereichen befindet. Und in dieser sehr komplexen Marktlage zu agieren, erfordert neue Fähigkeiten und neue Umgangsweisen. Auch hier sind für uns die Führungskräfte die Vorbilder, die erst einmal selbst lernen und zu diesen Voraussetzungen passen müssen, bevor man sich mit der Zufriedenheit und Unzufriedenheit von Mitarbeitern beschäftigt.

Das ist die eine Seite, die die Spezialisierung thematisiert, deswegen auch das Thema der Auswahl. Ich glaube nicht, dass man in allen Fällen und bei allen Personen eine Fähigkeit so entwickeln kann, dass es passt. Daher steht zuallererst die grundsätzliche Frage der Passung: Passt diese Führungskraft in dieses Team, in dieses Umfeld, in diesen Markt, zu diesem Kunden? Mit einer guten Diagnostik und einem guten Auswahlprozess muss dann überprüft werden, was der- oder diejenige für die eigene Entwicklung braucht. Auch die Führungskräfteentwicklung muss sehr spezialisiert und sehr individuell ablaufen. Das ist, denke ich, unsere Besonderheit. Wir verkaufen keine Trainings von der Stange, sondern achten darauf, was die Führungskraft und das Unternehmen brauchen.

Und auch, wenn man eine gute Auswahl getroffen hat und gute Programme für Personen auf die Beine gestellt hat, die sich innerhalb des Unternehmens in die Rolle der Führungskraft entwickeln wollen, befinden sich die Unternehmen dennoch in einem sehr starken Wandel. Das heißt, dass noch eine dritte Komponente, die Change-Beratung, notwendig ist. Wie bringe ich die Veränderungen ins Unternehmen? Wie bringe ich sie zu jedem einzelnen Mitarbeiter? Das ist im Grunde eine Fähigkeit, die von Führungskräften abfordert, dass sie in der Lage sein sollen, den Wandel mitzugestalten. Aber wir sehen hier häufig eine sehr starke Überforderung – deshalb dieser gesonderte dritte Bereich bei uns im Unternehmen. Es geht hier nicht mehr nur um die Führungsebene, sondern um die Unternehmensebene oder um ganze Geschäftsbereiche, die sich in Veränderung befinden. Man muss diese Veränderungen deutlich systemischer angehen.

- **I:**

Betrachtet man sich Ihren Lebenslauf, fällt auf, dass Sie während Ihres Studiums an unterschiedlichen Lehrstühlen als studentische Hilfskraft tätig waren – beispielsweise in der Abteilung für Methodenlehre und Biologische Psychologie. War für Sie von Beginn Ihres Studiums an klar, in welche Branche es Sie verschlagen wird, oder entwickelte sich das erst im Verlauf des Studiums?

- **JQ:**

Das entwickelte sich erst im Verlauf. Ich habe das Studium an der TU Braunschweig mit der Klarheit begonnen, danach Medizin zu studieren und der Menschheit zu helfen, um als guter Psychologe und noch besserer Arzt in irgendeiner Form hilfreich zu sein. Im Studium war es dann so – vielleicht ist das auch immer stark vom Dozenten abhängig –, dass ich schnell eine Begeisterung für die Angewandte Psychologie entdeckte. Im Vordiplom war das bei uns das Thema Sozialpsychologie. Wenn man diese Begeisterung äußerte, war meine Wahrnehmung, gab es eine Trennung zwischen den klinisch-orientierten Psychologen und denen, die in die Wirtschaft gehen und vermeintlich dem großen Geld nachjagen wollten. Das heißt, wenn man diese Begeisterung für die A&O-Psychologie einmal benannte, erhielt man ein Label. Und wenn der Ruf erst ruiniert ist, kann man damit sehr ungeniert agieren. In dem Moment fiel es mir auch leichter zu sagen, dass ich diesen Bereich besser kennenlernen will. Vielleicht ist manchmal ein Outing notwendig, damit man sich traut, diesen Weg auch konsequent weiterzugehen.

Aber nein, ich habe das nicht von vornherein gewusst, sondern das hat sich erst im Laufe des Studiums ergeben. Während des Studiums habe ich zum Beispiel ein diagnostisches Praktikum geleitet. Das war eine wichtige Erfahrung für mich, weil ich immer den Eindruck hatte, dass ich Dinge erst richtig verstanden hatte, wenn ich sie anderen erklären musste. Das begann auch gerade bei den statistischen Themen.

Die Biologische Psychologie war für uns vor allen Dingen deswegen spannend, weil sie sich an der TU Braunschweig erst neu aufbaute und man das Gefühl hatte, den Professor in seinen Ideen begleiten zu können. Im klinischen Bereich mit tätig zu sein, war für mich auch immer eine gute Brücke, weil die TU Braunschweig einen sehr starken Schwerpunkt darauf legte. Und da wir einen ständigen Wechsel im Stamm der Dozenten hatten, war es fast schon eine Überlebensstrategie, immer wieder mit verschiedenen Lehrstühlen in Kontakt zu treten, um zu verstehen, was diese vorantreibt. Als Psychologe muss man jetzt zurückblicken und denken, dass ich mich vielleicht nie ganz festgelegt habe.

- I:

Für Studierende ist es eine große Frage, wie man den Berufseinstieg schafft. Bereits während Ihres Studiums hatten Sie Kontakt zu Ihrem heutigen Arbeitgeber und standen daher schon früh in einer Beziehung zu PE-Solution, wenn auch anfänglich nur als Praktikant. Nach Ihrem Abschluss stiegen Sie erneut bei PE-Solution ein, jedoch als freier Mitarbeiter. Können Sie uns näher erläutern, wie Ihre Arbeitsschwerpunkte aussahen und was Sie in den verschiedenen Bereichen gelernt haben? Haben Sie den Lauf Ihrer Karriere von Anfang an geplant, und inwiefern ist eine solche Karriere überhaupt planbar?

- JQ:

PE-Solution oder überhaupt kleinere Beratungsunternehmen mit solchen Schwerpunkten haben sicher den Vorteil, dass man schnell an verantwortungsvolle Jobs kommt, auch schon während des Praktikums. Das heißt, dass es nicht nur darum ging, Papier zu kopieren oder irgendwelche Ordner zusammenzustellen, sondern dass man tatsächlich selbst mitwirken konnte, z. B. in der Assistentenrolle oder beim Rollenspiel in Assessment Centern. Das hat mich zu Beginn ein bisschen Überwindung gekostet, aber da ich ein Umfeld hatte, das mich begeisterte und bestärkte, war es für mich einfach, innerhalb meines Praktikums viel Verantwortung zu übernehmen.

Dann glaube ich, dass als Berufseinsteiger vor allen Dingen die methodisch orientierten Vorgehensweisen – wie ein Assessment Center – leicht sind. Ich war schon sehr früh mit dem Studium fertig, ich war noch sehr jung – es hatte immer den Vorteil, dass ich vielleicht etwas älter aussah. Aber es ist schon ein komisches Gefühl, wenn man im Assessment Center Abteilungsleitern gegenübersitzt und auch manchmal der Verkünder der schlechten Botschaften ist, wenn sich jemand für den Posten als nicht geeignet herausstellte. Mir hat es den Einstieg erleichtert, dass ich mich immer wieder auf eine bestimmte Methodik berufen und Vorgehensweisen strukturierter Natur folgen konnte. Eine Beobachterrolle kann man sich auch erst mal gut methodisch erarbeiten. Und die ganzen Kompetenzen, die es am Rande braucht – beispielsweise Feedback geben zu können oder verschiedene Beobachtercharaktere zu einem guten Urteil zu führen –, kamen erst nach und nach mit dazu. Aber die reine Methodik und die Systematik haben es mir erleichtert, diese Rolle nach und nach für mich auszubauen. Es gibt komplexere Beratungsformen oder Coaching, bei denen der Einstieg deutlich anspruchsvoller ist. Ich würde heute deshalb auch versuchen, erstens in einer kleinen Unternehmensberatung Fuß zu fassen, in der man schnell in Verantwortung kommt, und zweitens, sich erst einmal methodisch-systematisch fortzubewegen, bevor man dann die anspruchsvolleren, freieren Dinge übernimmt, für die auch Improvisationstalent gefordert ist.

Ich konnte meine Karriere gar nicht planen. Diese Dinge waren deswegen nicht planbar, weil sich die Firma stark weiterentwickelt hat. Ich glaube, ich war als Mitarbeiter anspruchsvoll und habe dadurch aber auch der damaligen Unternehmensführung geholfen, weitere Schritte zu gehen und neue Risiken einzugehen, auch in der Einbindung von Personal oder freien Beratern. Ich war immer neugierig und bereit, anspruchsvolle, eigenverantwortliche Projekte zu übernehmen. Aber es war nie geplant, dass dieser Weg so ablaufen muss. Ich glaube, ich habe dem Unternehmen gegenüber schon früh eine hohe Loyalität empfunden. Was sich daraus ergab, war dann allerdings eher kundengetrieben.

Dennoch denke ich, dass eine solche Karriere nicht mehr planbar ist. Ich bleibe mal bei diesem Begriff des VUKA. Ich glaube, dass es heutzutage viel mehr darum geht, sich an das, was ist, zu gewöhnen, damit umzugehen, sich Gelegenheiten herauszusuchen und sich an Dinge heranzutasten. Ich glaube, dass die Mentalität „Das ist mein Ziel, da bewege ich mich hin" in nur noch wenigen Momenten oder wenigen Märkten funktioniert. In den Märkten, in denen wir unterwegs sind, funktioniert eine solche Planbarkeit und Zielsetzung selbst auf der Unternehmensseite kaum noch und ist nicht wirklich ressourcenschonend. Ich kann mir viele Gedanken über Szenarien und über Möglichkeiten machen, aber es kommt sowieso anders. Das heißt, aus meiner Sicht ist man, wenn man einen solchen Plan hat und ein solches Ziel verfolgt, nicht mehr offen für das, was wirklich da ist, und verpasst dann Gelegenheiten.

- I:

Eine Anstellung als freier Mitarbeiter ist besonders durch Freiheit bei der Arbeitsgestaltung charakterisiert, wodurch diese Stelle ein hohes Maß an Flexibilität bietet. Während Sie in dieser Position tätig waren, begannen Sie ein Weiterbildungsstudium zu Personalentwicklung im Betrieb. Zuvor absolvierten Sie bereits ein wirtschaftswissenschaftliches Aufbaustudium. Ist eine solche Weiterbildung Ihrer Meinung nach notwendig, um im Bereich der Personalauswahl und/oder -entwicklung arbeiten zu können?

- JQ:

Um in einem sehr breiten Umfeld arbeiten zu können, ist es generell notwendig, sich nicht nur eingleisig als Psychologe zu verstehen, sondern auch verschiedene

Bereiche und deren Sprache kennenzulernen und Erfahrungen zu sammeln. Ich glaube, dass wir als Psychologen häufig eine sehr eigene und gewöhnungsbedürftige Sprache haben. Ich kann mir gut vorstellen und hoffe sehr, dass sich durch das Kennenlernen anderer Bereiche eine höhere Kompetenz einstellt: sprachliche Kompetenz, Verständnis. Das ist das eine, der Fähigkeitsbereich. Das andere ist – ich war damals sehr jung und erlebe das jetzt auch bei uns –, dass wir durch beschleunigtes Abitur und durch eine deutlich stringentere Form des Studiums oft sehr junge Bewerber haben, die bei uns gerne als fertige Master- oder Bachelorstudenten anfangen wollen. Die können sogar fachlich sehr gut sein, aber sie würden in dem Umfeld, in dem wir unterwegs sind, oft keine Anerkennung finden, da unsere Zielgruppe, Führungskräfte, ja eher jenseits der 30, meist jenseits der 40 Jahre alte Personen sind. Es geht also darum, seine Kompetenzen sinnvoll zu erweitern. Dazu gilt es durchaus auch, die Chance zu nutzen, im Ausland zu verweilen, aber auch, andere Sprachen in anderen Professionen kennenzulernen – ein Betriebswirtschaftler spricht einfach anders als ein Psychologe, und auch da spricht ein Controller anders als jemand mit dem Schwerpunkt Marketing.

- **I:**

Im Anschluss an Ihre Tätigkeit als freier Mitarbeiter arbeiteten Sie als Key Account Manager, obwohl eine solche Position für einen Psychologen doch ungewöhnlich klingt. Können Sie uns erläutern, was man unter einem Key Account Manager versteht und wodurch diese Tätigkeit gekennzeichnet ist?

- **JQ:**

Wir haben damals bei uns im Unternehmen Projekte durchgeführt, die unternehmensrelevant und groß waren, und deswegen war das aus einer betriebswirtschaftlichen Sicht einfach ein Key Account. Denn Kunden, die eine solche Größe und Unternehmensbedeutung haben, brauchen eine besondere Art von Betreuung. Es gibt ja nicht immer nur einen Ansprechpartner im Projekt, sondern bei großen Kunden gibt es sehr viele Berater. Dass der Kunde sich gut betreut fühlt, ist die eine Seite, sich aber auch mit dem Marktumfeld des Kunden intensiv auseinanderzusetzen, ist noch mal eine andere Herausforderung. Das heißt, in einer Unternehmensberatung wie unserer macht es Sinn, bei besonders wichtigen Kunden eine besondere Verantwortlichkeit zu schaffen.

Es war ein Umstand des damaligen Standes unseres Unternehmens, dass wir die Key-Account-Manager-Rolle eingeführt haben. Jetzt haben wir andere kundenverantwortliche Rollen. Aber dieses Wording kennt man sonst auch in der Industrie. Das heißt, dass wir da von unseren Kunden gelernt und überlegt haben, wie wir ein Label finden können, das beschreibt, was abläuft, wenn man Projekte leitet. Wir haben beispielsweise für ein großes Telekommunikationsunternehmen in Deutschland innerhalb von vier Wochen 800 Teamleiter durch Assessment Center geführt. Da haben über 50 Psychologen zeitgleich gearbeitet. Das sind dann Projektvolumina und Größenordnungen, bei denen es sich lohnt, eine Rolle anders herauszubilden, und das war für uns die des Key Account Managers.

- **I:**

Parallel zu Ihrer Anstellung als Key Account Manager promovierten Sie. Welche Beweggründe sprachen damals bei Ihnen dafür, Ihre Promotion in Teilzeit zu machen?

- **JQ:**

Ich war und bin immer noch ziemlich wissenschaftlich orientiert. Ich habe Spaß daran, kritisch zu überprüfen, ob wir so gut sind, wie wir kommunizieren. Es gab auch noch einen guten Kontakt zur Universität von meiner Seite. Ich hatte eigentlich seit Beginn des Studiums den Wunsch, das Ganze akademisch weiterzutreiben, habe dann aber gleich nach dem Studium sehr intensiv und sehr viel gearbeitet. Dann kam die Geburt meines ersten Sohnes, und das Thema holte mich wieder ein. Das war eine Phase, in der ich überlegte, ob PE-Solution meine Zukunft ist und wie es eigentlich insgesamt für mich weitergeht. Zudem legen manche Kunden einen großen Wert auf diesen akademischen Titel. Wir sind häufig im Automotive-Bereich unterwegs, und auch da habe ich den Eindruck, dass ein Doktortitel wichtig ist. Auch auf der behördlichen Ebene nehme ich stark wahr, dass solche Titel – und das ist das Entscheidende – den Kunden und Ansprechpartnern Sicherheit und Vertrauen geben und vieles möglich ist, wofür man sonst erst mal mehr hätte arbeiten müssen. Mich interessierte auch schon länger die Frage, ab wann sich eigentlich Führung entwickelt. Da ich noch einen wirklich sehr interessierten und offenen Kontakt zu Professor Werner Deutsch hatte, der inzwischen leider verstorben ist, den aber solche Fragestellungen sehr interessierten, war schnell die Idee geboren.

- **I:**

Darauffolgend sind Sie erneut die Karriereleiter aufgestiegen und nach einem kurzen Zwischenstopp als geschäftsführender Partner nun als strategischer Geschäftsführer tätig. Können Sie beschreiben, wodurch Ihr momentanes Arbeitsfeld charakterisiert ist?

- **JQ:**

Als Partner in einer solchen Unternehmensberatung ist man im Grunde schon geschäftsführend. Wir haben uns diesen Titel auch gegeben, um herauszustellen, dass wir einen Anspruch darauf haben, das Geschäft voranzubringen, und wir uns nicht nur in einer Personengesellschaft befinden, in der jeder seine Anteile hat, sondern dass jeder von uns Rollen übernimmt, die für das Unternehmen wichtig sind. Das ist nicht nur die reine Beratertätigkeit – das ist zwar das, was den Umsatz schafft –, sondern ein solches System braucht auch viele andere Rollen, um zu wachsen. Da geht es um das Thema des Vertriebs, der internen Steuerung, um die Frage der Innovation, der Qualifikation von Personen, und es gibt einfach Tausende von organisatorischen Entscheidungen, die man treffen muss. Es war eine Herausforderung, dass wir diese immer als Team treffen wollten. Wir hatten den Anspruch an uns, dass es nicht eine herausgehobene Führungskraft gibt, sondern wir als gleichberechtigte Partner miteinander eine Entscheidung treffen – auch bei solchen Fragen wie „Wo wird der Drucker hingestellt?".

Das ging bis zu einem bestimmten Punkt erst mal gut, doch irgendwann haben wir bemerkt, dass unser Veränderungstempo einfach nicht angemessen ist und unser Unternehmen schneller wuchs, als wir in unserer Form der Entscheidungsfindung wachsen konnten. Dann haben wir begonnen, diese Rollen noch mal anzupassen und zu verändern, sodass wir jetzt klar festgelegte Rollen haben, die sich fachspezifisch aufteilen. Es gibt eine Unit, die den diagnostischen Bereich vertritt, es gibt eine Unit, die den führungskräfteentwickelnden und den verändernden Bereich umfasst, sowie ein dritte Unit zur Organisations- und Change-Beratung. Und darüber hinaus gibt es die Rolle der operativen Geschäftsführung und des strategischen Geschäftsführers. Das waren die wichtigen Rollen und Aufgaben, die sich mit geschäftsführender Tätigkeit verbinden.

Ich glaube, wenn man mit über 40 Personen zusammenarbeitet, von denen 15 – Tendenz steigend – fest angestellt sind, braucht man einfach jemanden, der das Geschäft steuert und führt. Das muss kein Psychologe sein, aber es ist spannend, wenn es ein Psychologe ist, weil dann die Ansprüche, die wir nach außen haben, natürlich auch nach innen gelten. Und Führung bedeutet für uns eben nicht, der beste Fachspezialist zu sein, sondern sich auch vermehrt um die Entwicklung von Mitarbeitern zu bemühen und zu akzeptieren, dass wir durch unsere Heterogenität, aber vor allen Dingen durch geteilte Werte miteinander wachsen und den bestmöglichen Job beim Kunden vollbringen können. Das ist aber nicht selbstverständlich, sondern das muss miteinander ausgestritten, diskutiert und weiterentwickelt werden. Es ist das Besondere an dieser Rolle, dass man immer wieder abgleicht: Wo stehen wir? Was ist unser Anspruch? Was ist unsere Haltung? Was ändert sich im Markt? Was macht der Wettbewerb? Das sind Aufgaben dieser Rolle.

Was vielleicht ein wichtiger Aspekt dabei war: Ich habe im vergangenen Jahr angeregt, nicht nur zu sagen, dass das unsere Haltung und unser Anspruch ist, sondern dass wir das auch überprüfen. Es gibt ein Institut namens Great Place to Work. Da stellt man sich einem externen Institut, das überprüft, ob die Führungskultur tatsächlich so gut ist, wie man immer hofft. Das Institut befragt die Mitarbeiter und führt ein Kulturaudit durch, in dem man beschreibt, wie man Personen entwickelt, wie man sie an Bord holt und wie man miteinander Zusammenarbeit gestaltet. Und da sind wir in der Größenordnung bis zu 50 Mitarbeitern als bester Arbeitgeber in Niedersachsen 2015 ausgewählt worden. Das gab uns tüchtig Auftrieb zu sagen, dass das, was wir machen, gut zu sein scheint, und mit breiterer Brust – wir sind ja beim Thema des Selbstbewusstseins der Psychologen – nach außen zu treten und sagen zu können, dass wir das nach innen leben, was wir nach außen geben und in der Welt verändern wollen.

- **I:**

Im Vergleich zur Festanstellung in einem Unternehmen ist die Beratertätigkeit sicherlich mit größerer Unsicherheit verbunden, da die Entwicklung der Auftragslage oftmals schwer einzuschätzen ist. Sehen Sie einen Unterschied zwischen Ihrer Position und einer klaren Selbstständigkeit?

- **JQ:**

Deutlich, ja. Also wir waren ja alle selbstständig, als wir zusammenkamen; auch die drei Begründer von PE-Solution waren Selbstständige. Ich glaube, der treibende

Motor, um dieses Unternehmen zu gründen, war auch ein gewisses Verlangen nach Sicherheit. Das heißt, als Selbstständiger kann ich zwar selbst entscheiden, welche Aufträge ich annehme, mit welchen Kunden ich arbeite und wie ich arbeite, aber ich weiß auch nicht, was passiert, wenn ich krank werde oder mir Kunden wegbrechen. Das heißt, ich habe die Herausforderung des „Selbst und Ständig" mit an Bord. Und ich entwickle mich natürlich auch nur bedingt weiter. Das heißt, ich bin dann irgendwann wie ein Lehrer, der immer vor seiner Klasse steht und dem es irgendwann schwerfällt, andere Lehrformen oder andere Vorgehensweisen gut für sich anzunehmen. Das andere ist, dass ich als Einzelner, als Selbstständiger von vielen Kunden gar nicht wahrgenommen werde. Es gibt bei Firmen diverse Einkaufsbedingungen, die ganz klar sagen, dass der Anbieter eine bestimmte Größe haben und eine gewisse Langlebigkeit am Markt vorweisen muss, was für viele Selbstständige eine Lehmschicht darstellt. Es bilden sich dann auch viele Netzwerke, die zumindest versuchen, diese Größe darzustellen, aber nur den Netzwerkcharakter und nicht den Charakter einer Firma vorweisen können.

Es hat aber auch Vorteile, selbstständig zu sein, zum Beispiel die Selbstbestimmtheit, sich einen Rhythmus herauszusuchen, der gut zu einem passt und mit dem man auch gut arbeiten kann, um sich nicht zu überfordern. Oder sich nicht mit den Dingen beschäftigen zu müssen, die ich vorhin aufzählte, die ein Unternehmen braucht – viele Tätigkeiten, die erst mal nicht abrechenbar sind, sondern einfach nur ausgeführt werden müssen, damit andere arbeiten können, oder weil es die Prozesse vorschreiben. Ich erlebe aber sehr selten Selbstständige, die so diszipliniert sind, dass sie in einem guten, gesundheitlich orientierten Maß arbeiten. Meist überfordern und überlasten sich Selbstständige, sodass die Anstellung in einer Firma vielleicht auch aus gesundheitlicher Sicht deutlich mehr Sinn macht – zumindest auf Dauer.

- **I:**

Große Unternehmensberatungen wie McKinsey, Boston Consulting Group etc. kennt man als Marken. Sind große Unternehmen nicht dazu geneigt, auch große Unternehmensberatungen zu buchen? Wie kommen Kunden an Ihr Unternehmen?

- **JQ:**

Große Kunden wählen oftmals große Unternehmensberatungen, teilweise auch, weil sie den „großen Namen" und das besondere Image einkaufen wollen. Dies ist beispielsweise besonders bei der Managementauswahl der Fall. Hier macht es einfach einen Unterschied, von wem ich ausgewählt wurde und dass ich sagen kann, dass ich an einem Assessment Center einer bekannten Unternehmensberatung teilgenommen habe. Allerdings ist die Größe in unserer Spezifikation relativ. Wenn man nur die Größe betrachtet, sind wir eine der größten Unternehmensberatungen auf dem Markt, da wir mit weit über 20 Profis im Bereich der Diagnostik auftreten und selbst die von Ihnen genannten Unternehmen in dieser Größenordnung und mit diesem Schwerpunkt gar nicht so viele Personen angestellt haben. Also braucht ein Unternehmen tatsächlich eine größere Schlagkraft, aber dennoch ist es richtig, dass die Themen Marke und Name natürlich eine wichtige Rolle dabei spielen.

Nach jetzt mehr als 16 Jahren am Markt glaube ich, dass wir inzwischen einen großen Bekanntheitsgrad haben. Dies ist besonders dadurch begünstigt, dass der

Markt überschaubar ist und man sich aufgrund des Marktumfelds kennt. Kunden kennen uns, nehmen wahr, dass wir schon lange da sind, und bringen uns an dieser Stelle Vertrauen entgegen. Aber die Kunden werden tatsächlich über den klassischen, altmodischen Weg der Mund-zu-Mund-Propaganda auf uns aufmerksam. Suchmaschinen sind zwar ein wichtiger Weg, bei uns jedoch eher untergeordnet, auch wenn sehr viel Geld in diese Vertriebsschiene hineingeht. Aber die wirklich sicheren Aufträge kommen über die Netzwerke, die Personaler und Geschäftsführer miteinander und untereinander vertrauensvoll pflegen. Insofern ist es auch immer spannend, wenn unsere Ansprechpartner aus früheren Projekten zu einem anderen Unternehmen wechseln. Das ist eigentlich der Garant für uns, dass wir auch dort zumindest die Chance haben, vorsprechen zu können und für Aufträge, die dort laufen, ins Bewusstsein der Geschäftsführung zu rücken.

Gleichzeitig ist es wichtig zu wissen, dass der überwiegende Teil unserer Kunden Bestandskunden sind. Das heißt, wir haben mehrere Kunden, die wir schon seit über zehn Jahren betreuen. Nichtsdestotrotz bleibt es ein Projektgeschäft. Das heißt, Bestandskunden sind bei uns häufig Kunden, die mehrere Projekte zeitgleich haben. Die drei Stränge, die wir anbieten – Auswahl, Entwicklung und Change-Beratung –, führen dazu, dass sich häufig ein Portfolio aufbaut. Daher weiß der Kunde oftmals sehr genau, wofür wir gut einsetzbar sind und wo unsere Stärken liegen, aber auch, an welchen Stellen er andere Berater einsetzen würde. In der Regel bevorzugen wir – wie vermutlich jedes Beratungsunternehmen – langfristige, langjährige Kundenbeziehungen. Dies bietet uns gleichzeitig die Chance, uns leichter in den Markt und in den Kunden hineinzuversetzen, um dann eine bestmögliche Beratung anbieten zu können. Das ist die Seite der Verbindung zu unseren Kunden. Auf der anderen Seite haben wir viel darangelegt, dass wir nie in einer absoluten Abhängigkeit zu einem Kunden stehen, sondern mit gutem Gewissen sagen können, dass wir unabhängig sind. Dieser Aspekt einer unabhängigen Unternehmensberatung ist meiner Meinung nach nötig, um eine gute Beratung anbieten zu können. Daher möchte ich nicht in die Verlegenheit kommen, einem Auftraggeber nach dem Munde sprechen zu müssen.

- **I:**

Liest man sich die Karriereseiten von großen Zeitungen durch, so erkennt man, dass in den letzten Jahrzehnten Arbeits- und Organisationspsychologen in immer mehr Unternehmensprozessen gefragt sind. Merken Sie in Ihrem Unternehmen, dass ein Trend entsteht, Psychologen auch bei Beratertätigkeiten jenseits der Personalauswahl und -entwicklung miteinzubeziehen?

- **JQ:**

Ich bemerke vor allen Dingen den Trend, dass es eine Sehnsucht danach gibt, Veränderungen von Kunden professionell mitgestalten zu lassen, und dass Kunden merken, dass sie viele ihrer Veränderungen nicht gut in den Griff bekommen und leider oft daran scheitern. Scheitern kann hier auch bedeuten, dass ihnen wichtige Personen einfach verloren gehen. Ich glaube, dass wir in der Psychologie hierbei einen Vorsprung vor anderen Disziplinen haben. Dies wird durch die Kenntnisse über Personen und Veränderungen und durch das Wissen – auch aus dem klinischen Bereich –, wie man Veränderungen schafft und verstetigt, bedingt. Das ist ein

Unterschied zu anderen Beratungen. Es wird den Unternehmen immer stärker bewusst, dass sie Personen brauchen, die Prozesse und Menschen in Veränderungen begleiten können.

Dennoch glaube ich, dass es an dieser Stelle für externe Berater leichter ist als für interne. Es gibt spezielle Netzwerke – wie beispielsweise die Deutsche Gesellschaft für Personalführung, in der wir ebenfalls vertreten sind –, die immer wieder den Mehrwert des Personalbereichs als Businesspartner, HR-Businesspartner und Talent-Manager herausstellen. Aber es gibt zum Beispiel auch immer wieder solche Schlagzeilen wie „How to kill HR". Zusätzlich kommt es in meiner Wahrnehmung häufig vor, dass Personaler bei Fragen der Unternehmensveränderungen außen vor bleiben. Für mich stellt sich hier die Frage, wo ich mich als Psychologe berufen fühle und ob ich an wichtigen Stellen in der Lage bin, Gehör zu finden und einen unternehmerischen Mehrwert zu bieten.

- **I:**

Neben Ihrer Spezialisierung auf Managementdiagnostik, Führungskräfteentwicklung und Change-Beratung arbeiten Sie auch in interdisziplinären Teams von Beratern. Sie selbst nennen dies Komplementärberatung. Im Rahmen dieser wird häufig in interdisziplinären Teams gearbeitet, in denen beispielsweise Juristen für rechtliche Absicherungen und Wirtschaftswissenschaftler für finanzielle Angelegenheiten zuständig sind. Doch was sind hier die konkreten Aufgaben eines Psychologen?

- **JQ:**

Im Rahmen der Komplementärberatung sind wesentliche Kompetenzen von Psychologen die Auswahl des Teams zur Umsetzung der in diesen Situationen oft schnellen und radikalen Veränderungen, die Unterstützung von Führungskräften und Mitarbeitern bei dem persönlichen Umgang und der Bewältigung der Krise sowie die Aufdeckung und Auflösung von Krisenursachen, die auf Organisationsstrukturen, Kommunikationsstrukturen und teilweise auf unpassenden Gewohnheiten beruhen.

Die Erfahrungen im Bereich Komplementärberatung, die ich bisher sammeln konnte, bezogen sich schwerpunktmäßig auf das Thema Sanierung, Umstrukturierung und Kulturveränderung. Die Sanierungsprozesse, an denen wir arbeiten, sind per se erst einmal in der Hand eines Juristen oder eines Wirtschaftsprüfers, der dafür Sorge trägt, dass das Unternehmen wieder auf solide finanzielle Füße gestellt wird. Der Psychologe kommt in diesem Fall an Bord, wenn es um die Auswahl der Leute geht, die in der Lage sind, einen Turnaround tatsächlich zu bewerkstelligen. Das ist die Spezifikation neben der Führungskräfteauswahl. Diese ist ebenfalls ein Auswahlmoment, wenn es darum geht, ein Sanierungs- oder Umstrukturierungsteam mit Mitgliedern ins Leben zu rufen, die aus alten Gewohnheiten und alten Denkmustern ausbrechen können müssen. Das ist nicht per se durch das Label „Wir sind in der Krise" erledigt. Eine Aufgabe ist es, Mitarbeiter und Führungskräfte diese Muster bewusst werden zu lassen. Das gelingt durch bewusste Irritation, Reflexion und indem man sie sehr persönlich und individuell begleitet, beispielsweise durch Coaching und Prozessfragen. Das sind Dinge, die Fachexperten wie Juristen und Wirtschaftsprüfer von sich aus in dieser Form sicher nie so angehen würden.

Auch bei anderen großen Strategieberatungen nehme ich wahr, dass Projekte oft aufgrund fehlender Unterstützung drohen zu scheitern. Beispielsweise fehlt Unterstützung, um Prozesse und die handelnden Menschen, die sich verändern sollen, auch konsequent und nachhaltig im Blick zu behalten. Da ist der Psychologe aus meiner Sicht prädestiniert, der Begleiter zu sein, aber auch der Moderator oder Mediator, je nachdem, welche Rolle mehr gefordert ist, besonders da er dem Kunden dabei helfen kann, viele seiner Prozessschritte und Denkweisen eigenverantwortlich zu verändern. Das heißt, ein Psychologe kann helfen, dass Denkweisen sich verändern, Perspektiven neu eingenommen werden und Akzeptanz dafür entsteht, dass Prozesse Zeit brauchen. Das sind die Voraussetzungen für einen guten Prozessberater.

Ein gutes Bild dafür ist, dass ein Grashalm nicht schneller wächst, wenn man daran zieht. Solche Bilder bringen eher Psychologen ins Spiel und seltener klassische Fachberater, denn diese sind eher davon überzeugt, dass die Lösung und Veränderung sowie die Zahlen, die sie einbringen, die tatsächlichen Wahrheiten sind. Dadurch leidet die Akzeptanz im Unternehmen, weil die Mitarbeiter entweder überfordert sind oder in alte Gewohnheitsmuster zurückfallen, sobald der Fachberater das Haus verlässt. Außerdem können durch dieses Vorgehen Widerstände aufkommen, deren Bearbeitung Zeit brauchen. Dies können Psychologen sehr viel besser unterstützen.

Ich glaube, eine der wesentlichen, zukünftigen Kompetenzen wird die Offenheit sein, mit anderen Professionen zusammenzuarbeiten. Ich bin davon überzeugt, dass das wichtig ist, weil eine gute Beratung eigentlich nur komplementär funktionieren kann. Außerdem glaube ich, dass wir Psychologen besonders gut darin sind, mit anderen zu kooperieren. Wir drängen uns oft nicht an die vorderste Stelle, sondern warten gerne mal ab, hören zu und sorgen dafür, dass jeder seinen Teil einbringen kann. Wir sollten dann aber auch an der richtigen Stelle den Finger erheben und unsere Expertise in der Komplementärberatung in die Waagschale legen.

- **I:**
Wie muss man sich den Ablauf eines Auftrags bei der von Ihnen beschriebenen Komplementärberatung vorstellen?

- **JQ:**
Zu Beginn einer jeden Komplementärberatung steht die Auftragsklärung. Das heißt, in einem ersten Moment muss ich wissen, wer meine Auftraggeber und Komplementärberater sind. In der Sanierung kann dies das Unternehmen sein, es kann aber auch der Aufsichtsrat oder die Bank sein – je nachdem, wer das größte Interesse daran hat, dass sich etwas verändert, oder wer den größten Verlust für sich sieht, wenn sich Dinge nicht verändern. Es sind klare Zielsetzungen zu beschreiben und eine Exitstrategie zu entwickeln, das heißt von vornherein einen Prozess darzulegen, um diesen bereits in der Beauftragung zu beschreiben, indem dem Kunden transparent gemacht wird, wann mein Auftrag endet. Dies ist zusätzlich wichtig, um klare Verantwortungen zu beschreiben und ein zeitliches Limit festzulegen. Dies kannte ich aus der bisherigen Beratertätigkeit weniger; da gab es natürlich Projekte, die ein Ende hatten, aber ganz klar zu beschreiben, wann wir wieder aussteigen, war

neu. Das sind der auftragsklärende Bereich und die Antwort auf die Frage, wer der Auftraggeber ist.

Anschließend nutzen wir in der nächsten Phase Interviews. Damit steigen wir ein, um ein möglichst breites Bild des Unternehmens zu erhalten: von relevanten Stakeholdern – auch außerhalb des Unternehmens –, von Mitarbeitern, von Führungskräften, aus verschiedenen Bereichen und von Beratern, die mit dem Unternehmen zusammenarbeiten. Dies ist relevant, um die Lage besser verstehen zu können und ebenfalls für die Auswahl der Personen, die z. B. in solch einem Sanierungs- oder Umstrukturierungsteam zusammenarbeiten. In verschiedenen Workshops werden dann miteinander Lösungen erarbeitet und erprobt, um den Ursachen der Krise oder dem Ziel der Umstrukturierung zu entsprechen.

Zusätzlich gibt es im deutschen Raum für das Thema der Sanierung und Insolvenzberatung sehr klare Definitionen, die klären, was eine Insolvenz ist und was in einem Sanierungsprozess notwendig ist. Darin unterscheidet man die Ursachen einer Krise (◘ Abb. 4.3). Liegt es daran, dass das Unternehmen nicht mehr in der Lage ist, seine Rechnungen zu zahlen? Ist es eine Ertragskrise? Ist das Geschäftsmodell vielleicht überholt? Ist das Unternehmen überhaupt in der Lage, schwarze Zahlen zu schreiben? Ist es eine Strategiekrise? Gibt es Probleme, sich am Markt gegenüber den Wettbewerbern zu behaupten? Oder liegt eine Stakeholderkrise vor? An diesem Punkt setzen wir als Psychologen an. Wenn z. B. Geschäftsführer, Vorstände oder Führungskräfte nicht mehr in der Lage sind, miteinander Entscheidungen zu treffen, oder gegeneinander arbeiten, eventuell ihre eigenen Fähigkeiten überschätzen und einfach so weitermachen wie bislang – das sind die Schwerpunkte, an denen dann eine Komplementärberatung ansetzt, um Lösungen zu entwickeln.

Die Krise gibt dem Ganzen natürlich die Dringlichkeit und den Druck, den man leider in den Monaten oder Jahren davor nicht hatte, weil man da noch glaubte: „Das schaffen wir schon irgendwie, dazu brauchen wir auch keine externe Beratung!" Das ist das Paket, das die Komplementärberatung sehr spannend macht und nicht nur den Psychologen, Wirtschaftsprüfer oder Juristen als Berater erfordert, sondern z. B. auch Vertriebs- oder IT-Beratungen miteinbezieht. Es gibt auch Fälle, in denen wir eine Sicherheitsmanagement-Beratung hinzuzogen.

◘ Abb. 4.3 Phasenmodell von Krisen in Organisationen (► https://doi.org/10.1007/000-8hj)

Organisationsentwicklung

Folglich kann festgehalten werden, dass keine Krise gleich und zudem jedes Unternehmen unterschiedlich ist. Insofern muss man bei jeder Situation erneut überprüfen, welche Komplementärberater im Einzelfall die bestmögliche Lösung für dieses Unternehmen darstellen. Mein Ziel ist es auch, durch eine neue Führungskultur, neue Denkweisen und Prozesse und durch eine deutlich verbesserte Reflexion im Unternehmen, zumindest die Wahrscheinlichkeit zu erhöhen, dass das Unternehmen nicht wieder in einen solchen Krisenzustand geraten kann.

- **I:**

Die Arbeit in interdisziplinären Teams gewinnt allgemein immer mehr an Bedeutung. Gibt es neben der Sanierungsberatung weitere Arbeitsfelder, in denen Sie als Psychologe tätig sind, jedoch nicht vermutet werden würden?

- **JQ:**

Ich habe einen Kunden, der sich gerade in einem Kulturwandel befindet. Aber in der Beratung wird sehr schnell klar, dass es nicht nur um die Führungskultur geht – also um den Umgang oder die Art und Weise, wie geführt wird –, sondern zusätzlich eine Veränderung der Arbeitsprozesse und der Struktur dringend notwendig ist und berücksichtigt werden muss. Gleichzeitig fließen dort Fragen zum Arbeitsplatz der Zukunft und viele Fragestellungen mit ein, die ich aus meiner Perspektive nicht gut beantworten kann, sondern hierzu Unterstützung durch andere Experten und andere Fachberatungen benötige, die dort Strukturen schaffen und einen anderen fachlichen Background haben als wir. Das ist ein wichtiger Aspekt: Wir müssen mit diesen gut zusammenarbeiten können. Das heißt, es braucht eine gemeinsame Haltung, ein gemeinsames Kunden- und Beratungsverständnis und möglichst die Basis eines systemischen Ansatzes. Das beschreibt die ressourcenorientierte Überzeugung, dass die benötigten Fähigkeiten zum Wandel beim Kunden sehr wohl vorhanden sind, dass er sich selbst helfen kann und nur temporär unterstützt werden muss, um zukünftig wieder eigenständig zu agieren. Zwar können sich Haltung und Überzeugung von Menschen verändern, dennoch muss bei der Beratung die Chemie stimmen, und es braucht eine gemeinsame Wertebasis.

- **I:**

Gibt es Ihrer Auffassung nach noch weitere Tätigkeitsfelder, in denen Arbeits- und Organisationspsychologen stärker präsent sein sollten?

- **JQ:**

Fasse ich es etwas weiter – und jetzt bleibe ich bei der Angewandten Psychologie –, wundere ich mich, wie wenig wir Psychologen im Finanzsektor vertreten sind, wie wenig Stellung wir beziehen, wenn solche großen und globalen Katastrophen wie eine Finanzkrise entstehen, und wie wenig Verantwortung wir an dieser Stelle als Psychologen übernehmen. Ich glaube, dass wir in der Psychologie inzwischen so viel wissen und wir so viel Erfahrung sammeln konnten, dass es für mich erstaunlich ist, wie wenig wir uns in diesen Bereichen einmischen. Dabei geht es um prospektives Einmischen und nicht darum, erst im Nachhinein ein Erklärungsmuster dafür zu finden, warum es so gelaufen ist und was die Anzeichen dafür gewesen waren. Besser fände ich es, wenn wir zuvor gefragt werden würden. Es muss sich dafür aber auch in den Köpfen der Manager etwas verändern. Sie sollten akzeptieren, dass sich hinter dem Begriff des Psychologen nicht mehr der Esoteriker verbirgt, sondern wir in der Lage sind, Dinge sehr gut zu beschreiben, zu prognostizieren und zu verändern, indem wir den wichtigen Dingen Beachtung und Aufmerksamkeit schenken.

- **I:**

Was sind mögliche Herausforderungen oder Schwierigkeiten bei der Arbeit in interdisziplinären Teams?

- **JQ:**

Schon die Frage nach einer gemeinsamen Haltung kann eine Herausforderung darstellen. Haltung bedeutet z. B. eine humanistische Sicht, dass Menschen sich verändern können. Gerne möchte ich in diesem Zusammenhang darauf eingehen, wie ich mit Kunden und Ansprechpartnern zusammenarbeite und welchen Rhythmus ich habe. Als Prozessberater bin ich nicht dauerhaft vor Ort, sondern lasse dem Prozess und dem System die Atemfreiheit, dass sich Mitarbeiter während des Prozesses miteinander beschäftigen und weiterarbeiten können. Ich schaue ihnen nicht ständig über die Schulter. Fachberater sind oftmals zwischen zwei und sechs Monate beim Kunden „eingeschlossen" und arbeiten die ganze Zeit vor Ort. Das heißt, diese unterschiedlichen Rhythmen, die eine Rolle spielen, muss man erst mal verstehen sowie miteinander teilen und trotzdem eine Architektur der Zusammenarbeit miteinander entwickeln. Wann ist eine Prozessberatung sinnvoll? Sind wir immer zu zweit oder kommt noch ein weiterer Komplementärberater dazu? Wer hat den Lead, also wer ist derjenige, der vielleicht bei Zweifel in der Prozessphase bestimmt, welcher Rhythmus, welche Schnelligkeit, welche Zielsetzung fokussiert werden sollte? Welche Ergebnisvorstellungen liegen vor? So hat ein Kunde im Sanierungsfall häufig sehr klare finanzielle Vorstellungen. Geht es aber um das Thema Kultur und Veränderung, Umgang mit Macht etc. benötige ich besonders den Abgleich, ob wir nicht nur gleich denken und die gleiche Haltung im Komplementärteam haben, sondern ob wir auch das gleiche Abbild davon haben, was ein erstrebenswerter Zustand ist und woran wir unsere Beratung ausrichten.

Zusätzlich ist es wichtig für uns zu wissen, wann und wie wir bemerken können, dass der Kunde so weit und das Ergebnis erreicht ist, um den Beratungsprozess zu beenden. Das und die Fragen nach der Nähe zum Kunden finde ich wichtig. Ich denke, dass wir uns als psychologische Unternehmensberatung durch eine sehr vertrauensvolle Zusammenarbeit auszeichnen. Hier ist natürlich wichtig, dass sich der Kunde persönlich uns gegenüber öffnet. Hier nehme ich jedoch andere Beratungen deutlich distanzierter wahr, auch im Umgang mit der Frage „Wie nah möchte ich an der Person des Kunden dran sein?". Für uns ist es förderlich und hilfreich, einen engen Kontakt aufzubauen, jedoch muss das nicht für eine Wirtschaftsberatung in der gleichen Form der Fall sein. Ich finde es aber wichtig, dass es bemerkt wird, man darüber sprechen kann und ein unterschiedlicher Umgang reflektiert wird. Das ist vielleicht auch der letzte Punkt: Wann funktioniert Komplementärberatung gut – wenn beide Seiten gewillt sind, voneinander zu lernen und in Zukunft miteinander anders und besser zu arbeiten und nicht zu sagen: „Ich komme hier nur aufgrund meiner Expertise hin, und dann verschwinde ich wieder", sondern auch „Abfärbemöglichkeiten" durch die anderen Beratungsfirmen zuzulassen.

- **I:**

Gehören Psychologen mittlerweile genauso selbstverständlich zu Unternehmen wie Betriebswirte?

- **JQ:**

Nein. Ich glaube, dass es aber oft auch noch ein verqueres Bild davon gibt, was ein Psychologe in der Wirtschaft macht. Uns Psychologen fehlt es an Selbstbewusstsein. Das wird uns an der Universität nicht vermittelt. Ich denke, dass die Daseinsberechtigung eines Elektrotechnikers und eines Maschinenbauers in Braunschweig mit der Nähe zum Automobil nie infrage gestellt werden würde und diese daher im Gegensatz zu einem Psychologen mit deutlich geschwellterer Brust ihr Dasein verteidigen. Aus meiner Sicht gehört es dazu, dass wir Psychologen uns den Gelegenheiten stellen, die sich uns bieten. Ich glaube, dass viele Juristen und Wirtschaftswissenschaftler deutlich mutiger sind als wir und selbstverständlich mit solchen Rollen umgehen. Wir als Psychologen halten immer inne und denken „Oh Gott, ist das noch beeinflussbar durch mich?" oder „Mit welchen Fähigkeiten muss ich hier aufwarten?". Das hat etwas Positives. Ich glaube, dass wir reflektiert in solche Rollen hineingehen. Aber deswegen sollte sich nicht die Tür schließen.

- **I:**

Ist es gerade in interdisziplinären Projekten nicht von Vorteil, einen externen Berater zu haben? Welche Rolle spielen Psychologen als interne Berater in Unternehmen?

- **JQ:**

Ich habe die Erfahrung gemacht, dass wir mit internen Ansprechpartnern mit einem psychologischen Background schnell auf Augenhöhe kommen. Es ist vermutlich beschleunigt, da wir bei den Themen die gleiche Sprache gebrauchen und wir das gleiche Verständnis entwickeln. Ich erlebe selten, dass nach der Entscheidung, ein externes Unternehmen heranzuholen, es dann noch zu Widerständen kommt, nach dem Motto „Der interne Psychologe will nicht mit den Beratern außerhalb arbeiten". Dennoch muss erwähnt werden, dass dessen Rolle ein Stück weit einzugrenzen ist. Sie sagen selbst von sich aus, dass man als Prophet im eigenen Laden deutlich schlechtere Karten hat, Gehör zu finden. Psychologen sind selten in der Geschäftsführung anzutreffen. Sie kommen eher aus dem Personalbereich oder aus einem Bereich wie Veränderungsmanagement und brauchen teilweise die verlängerte Werkbank oder den Hebel von außen durch einen externen Berater, um das Gehör auf Vorstands- oder geschäftsführender Seite zu bekommen.

Deswegen ist dieser Job des Psychologen bei einer Komplementärberatung intern sehr eingeschränkt. Mit hoher Wahrscheinlichkeit wird dieser – wenn es zu der jeweiligen Situation passt – jedoch ein Mitglied des Sanierungsteams sein. Allerdings muss er eine gewisse Anerkennung haben, die er sich selbst im Vorhinein erarbeitet haben muss, ansonsten wird es nicht funktionieren. Als Psychologe in einem Unternehmen darf man nicht darauf warten, dass ein Externer kommt

Abb. 4.4 Video 4.4

und einem die Schulterklappen aufsetzt, da man vor 20 Jahren das richtige Studium absolviert hat und jetzt der Moment gekommen ist, in dem man dies zeigen kann. Man sollte schon selbst die Initiative ergreifen, ansonsten wäre man nicht hilfreich, besonders nicht in einer solchen Krisensituation.

- **I:**

Wir sind jetzt fast am Ende unseres Interviews angelangt. Was würden Sie angehenden Studierenden der Arbeits- und Organisationspsychologie empfehlen, falls sie sich für interdisziplinäre Projektarbeit interessieren?

- **JQ:**

Offen zu sein für die Möglichkeiten und möglichst internationale Erfahrungen zu sammeln. Das heißt auch, sprachlich in der Lage zu sein, auf Märkten, in denen sich die Arbeits- und Organisationspsychologie anbietet, die Expertise, die wir haben, zum Ausdruck bringen zu können, aber auch den Stellenwert der Psychologie für sich bewusst zu machen und zu reflektieren, warum und womit ich hier einen Mehrwert bieten kann. Ich erlebe in der Beratung immer wieder, dass für uns schnell Dinge klar erscheinen und diese dann teilweise nicht explizit benannt werden. Wir müssen uns klar darüber sein, dass wir oft einen anderen Blick einnehmen, dass wir Experten sind, wenn es um den Umgang von und mit Menschen geht, und dass wir das dann auch in der richtigen Situation nach außen vertreten und nicht warten, bis wir danach gefragt werden.

Video des Interviews (siehe **Abb. 4.4**):

Literatur

Doppler, K., & Lauterburg, C. (2014). *Change Management. Den Unternehmenswandel gestalten* (13., aktualisierte und erweiterte Aufl.). Campus.

Winkler, S. (2014). Erste Schweizer Studie zu Mitarbeiterbefragungen. *HR Today*. ▸ http://www.hrtoday.ch/article/erste-schweizer-studie-zu-mitarbeiterbefragungen. Zugegriffen: 10. Juni 2016.

Human Factors

Kostanija Petrovic und Gesine Hofinger

Inhaltsverzeichnis

5.1 Einleitung – 120

5.2 User Experience und agile Softwareentwicklung: Interview mit Kostanija Petrovic, HERE Deutschland GmbH – 121

5.3 Human-Factors-Psychologie: Interview mit Dr. Gesine Hofinger von Team HF – 134

Literatur – 149

Ergänzende Information Die elektronische Version dieses Kapitels enthält Zusatzmaterial, auf das über folgenden Link zugegriffen werden kann ▶ https://doi.org/10.1007/978-3-662-65821-5_5. Die Videos lassen sich durch Anklicken des DOI Links in der Legende einer entsprechenden Abbildung abspielen, oder indem Sie diesen Link mit der SN More Media App scannen.

© Der/die Autor(en), exklusiv lizenziert an Springer-Verlag GmbH, DE, ein Teil von Springer Nature 2022
N. Bajwa und C. König (Hrsg.), *Karriereperspektiven in der Arbeits- und Organisationspsychologie*, Meet the Expert: Wissen aus erster Hand, https://doi.org/10.1007/978-3-662-65821-5_5

5.1 Einleitung

Nida ul Habib Bajwa und Cornelius J. König

Stellen Sie sich vor, die Motoren eines Passagierflugzeugs werden unmittelbar nach dem Abheben von einem Schwarm Gänse getroffen, sodass diese komplett ausfallen. Der Pilot des Flugzeugs entscheidet innerhalb weniger Sekunden, das Flugzeug im nahe gelegenen Fluss zu landen, was ihm gelingt, und er kann alle Menschen im Flugzeug retten. Computersimulationen des Geschehens im Nachgang deuten darauf hin, dass man alternativ auch zurück zum Startflughafen hätte fliegen können, hätte der Pilot unmittelbar nach dem Einschlag beschlossen zurückzukehren. Ein menschlicher Fehler also?

Genau hier setzt nun Human Factors als Fachgebiet an, welches sich nicht mit dem Finden eines Schuldigen zufrieden gibt, sondern hinterfragt, wie es zu dem Verhalten, das in einer bestimmten Situation gezeigt wird, gekommen ist und wie man in Zukunft versuchen kann, die Wahrscheinlichkeit zu minimieren, dass dieser Fehler erneut auftritt. Betrachtet man das obige Beispiel, das grob die wahre Begebenheit des US-Airways-Flugs 1549 vom 15. Januar 2009 umschreibt, so findet man in der nachträglichen Untersuchung, dass die Computersimulationen, bei denen geübte Piloten den Startflughafen sicher ansteuern konnten, unrealistische Bedingungen zugrunde gelegt haben: So wurde in den Simulationen immer davon ausgegangen, dass man umgehend nach dem Einschlag der Gänse hätte wissen können, was man tun soll. Menschen können sich jedoch nicht innerhalb von Bruchteilen einer Sekunde auf eine vollkommen unerwartete und noch nie zuvor dagewesene Situation einstellen, d. h., der Mensch braucht erst einmal Zeit, um zu verstehen, was passiert ist, und um entsprechend der Lageeinschätzung eine Entscheidung zu treffen. Berücksichtigt man diese Entscheidungszeit und lässt die Simulation erneut durchführen, so wird ersichtlich, welche Meisterleistung die Piloten des US-Airways-Flugs 1549 vollbracht haben. Der Pilot bewahrte in dieser Extremsituation Ruhe, wog innerhalb von Sekunden mehrere Entscheidungen und deren Konsequenzen ab und traf die richtige.

Im Kontext hochkomplexer technischer Systeme, in denen Menschen häufig nur noch kontrollierende Funktionen haben, versucht man häufig, zwischen technischen und menschlichen Fehlern zu unterscheiden, um die Systeme stetig zu verbessern. Obwohl diese Dichotomie von einigen Forschern in dieser Form abgelehnt wird, da schlussendlich auch technischen Fehlern menschliche Fehler vorausgehen können (z. B. aufgrund einer fehlerhaften Programmierzeile), hilft diese Unterscheidung zur Veranschaulichung. So stellt man sich beispielsweise im Bereich Human Factors einerseits die Frage, wie man die Technik verbessern kann, um menschliche Fehler besser zu berücksichtigen, und andererseits, welche Gewohnheiten von Menschen die Fehlerwahrscheinlichkeiten erhöhen könnten. Entsprechend dieses Spektrums ist Human Factors ein sehr interdisziplinäres Arbeitsfeld, in dem unterschiedliche Richtungen der Psychologie (z. B. Arbeits- und Organisationspsychologie, Allgemeine Psychologie und Sozialpsychologie) genauso vertreten sind wie Ingenieurwissenschaften, Informatik, Rechtswissenschaften und Medizin.

Denken Sie an die in gewisser Regelmäßigkeit auftauchenden Nachrichtenberichte über mangelnde Hygiene in Krankenhäusern. Als Laie würde man nun nach einem Skandal schreien und vielleicht die Unachtsamkeit oder Faulheit des Klinikpersonals als Ursache für mangelndes Hygieneverhalten sehen. Als Human-Factors-Psychologe würde man jedoch der Frage nachgehen, was Menschen davon abhält, die Hygienevorschriften einzuhalten: Was sind Gründe dafür, dass es dem Klinik Personal schwerfällt, nach jedem Patientenkontakt sich die Hände zu waschen? Gleichzeitig steht aber auch die Erarbeitung von konkreten Lösungen im Vordergrund: Was könnte man konkret tun, um es den Mitarbeitern im Krankenhaus zu erleichtern, die Hygienevorschriften einzuhalten?

Neben diesen auf dem Thema Sicherheit fokussierten Themen liegt jedoch auf Fragen der Nutzerfreundlichkeit und Ergonomie ein großer Schwerpunkt im Bereich Human Factors, in die Psychologen ihr Know-how einbringen können. Jeder von Ihnen hat bestimmt schon einmal ein Computerprogramm, Knöpfe an einem Armaturenbrett eines Autos oder eine Smartphone-App verwendet und sich darüber geärgert, warum manche Funktionen nur schwer auffindbar sind. Oft wünscht man sich, dass diese Funktionen intuitiver nutzbar wären. Das Thema User Research und Usability, also die Analyse von Nutzungsgewohnheiten von Anwendern und entsprechender Gestaltung von Mensch-Maschine-Interaktion, steht ebenso im Zentrum der Human-Factors-Psychologie.

Eine gute Passung zum Thema Human Factors besteht für Psychologiestudierende, die sich allgemein für technische Entwicklungen interessieren und gerne interdisziplinär arbeiten. Im Folgenden gibt Kostanija Petrovic vom Kartenhersteller Here.com Einblicke in ihre Arbeit im Bereich User Experience und Usability. Und Dr. Gesine Hofinger vom Unternehmen Team HF stellt ihre Tätigkeit als Beraterin im Bereich Human Factors vor.

5.2 User Experience und agile Softwareentwicklung: Interview mit Kostanija Petrovic, HERE Deutschland GmbH

Das Interview und die Transkription führten Sina Kaltwasser und Kevin Krause durch.

- **Interviewer:**

Liebe Frau Petrovic, wir freuen uns, Sie heute als Expertin zum Thema User Experience und Usability befragen zu dürfen. Bevor wir in das Thema einsteigen, möchten wir zunächst etwas über Ihre Person erfahren. Was hat Sie damals dazu bewogen, Psychologie zu studieren?

- **Kostanija Petrovic:**

Wieso habe ich Psychologie studiert? Mich hat es bereits als Kind fasziniert, dass Menschen irrational sind. Ich wollte immer verstehen, warum sich Menschen verhalten, wie sie es tun, z. B. Drogenabhängige. Solche Leute zerstören ihre Existenz und ihre Gesundheit, vollziehen den Konsum aber dennoch. Neugier über das Verhalten anderer Menschen, das war mein Hauptmotivator. Ich komme zudem aus einer Arbeiterfamilie, wodurch ich keine Vorurteile bezüglich der Psychologie hatte. Ich glaube, dass viele Leute aus einem eher bürgerlichen Umfeld solche Vorurteile haben, weil sie meinen zu wissen, was Psychologie ist. Scheinbar ist es vor allem in unserer westlichen Welt so, dass Laien Psychologie lediglich mit Freud assoziieren, man als im Bereich der Psychologie tätige Person aber weiß, dass die heutige Psychologie wenig mit Freuds Theorien zu tun hat. Nebenbei bemerkt: Freud war gar kein Psychologe, sondern Arzt! Dieses Problem hatte ich nicht, da meine Eltern kaum wussten, womit sich das Gebiet der Psychologie beschäftigt. Außerdem interessierte mich eine Tätigkeit, die dem Menschen zugewandt ist und verschiedene Ausprägungen besitzt, wie z. B. das Feld der Arbeitsgestaltung. Man muss also nicht zwangsläufig eine therapeutische Tätigkeit anstreben.

- **I:**

Hatten Sie nach dem Studium eine konkrete Vorstellung davon, wie Ihre berufliche Karriere aussehen wird? Wie kam es dazu, dass Sie sich auf User Experience und Usability spezialisierten?

- **KP:**

Wie viele andere auch war ich im deutschen Schulsystem lange Zeit ahnungslos, was meine berufliche Zukunft anbelangt. Zunächst habe ich drei Semester Jura an der Universität in Mainz studiert, bevor ich dann zu Psychologie an der TU Darmstadt gewechselt bin. Zum Zeitpunkt des Wechsels war mir bereits klar, dass ich keine klinische Tätigkeit anstreben würde. Während meines Psychologiestudiums in Darmstadt habe ich mich ehrenamtlich bei der konaktiva engagiert, einer Absolventenmesse, die vollständig von Studierenden organisiert und durchgeführt wird. Hier treffen Studierende auf Unternehmensvertreter. Durch dieses Engagement habe ich die typischen wirtschaftspsychologischen Bereiche Recruiting, Personalauswahl und Personalentwicklung kennengelernt, in welchen ich mir auch zum damaligen Zeitpunkt eine berufliche Tätigkeit hätte vorstellen können. Daher absolvierte ich ein Praktikum bei der Commerzbank in der IT-Recruiting-Abteilung. Dieses Praktikum gefiel mir allerdings nicht, insbesondere wegen eines großen Anteils an administrativen Aufgaben. Das Gute daran war jedoch, dass ich sehen konnte, was z. B. beim Verfassen eines Lebenslaufs von Relevanz ist. Dies war mir bei meinen eigenen späteren Bewerbungen von Vorteil. Anderen Leuten beim Verfassen ihrer Bewerbungen zu helfen, ist auch ein kleines Hobby von mir, nur leider kann man damit kein Geld verdienen *(lacht)*. Anschließend war ich lange Zeit als wissenschaftliche Hilfskraft beim Fraunhofer-Institut in Darmstadt tätig, und zwar mit Fokus auf den Bereich Mensch-Computer-Interaktion, genauer auf Ubiquitous Computing, was damals noch Zukunftsmusik war. Dabei ging es um eingebettete und mobile Systeme, die den Nutzer überall erfassen und unterstützen. Die damaligen Forschungskonzepte sind mit Anbruch der Smartphone-Ära Teil unseres Alltags geworden.

In den Bereich User Experience und Usability bin ich auf Vorschlag von Professor Dr. Marc Hassenzahl (damals wissenschaftlicher Mitarbeiter am Institut für Psychologie der TU Darmstadt) Anfang der 2000er Jahre gelangt, an welchen ich einige methodische Fragen bezüglich meiner Diplomarbeit hatte. Marc Hassenzahl war damals einer der Gründer der German UPA e. V., dem Berufsverband der deutschen Usability Professionals. Er hat mir vorgeschlagen, im Bereich der Usability tätig zu werden, wobei mir das Themengebiet zu diesem Zeitpunkt unter diesem Namen unbekannt war, obwohl ich viele thematisch verwandte Inhalte im Studium belegt hatte, bspw. Arbeitswissenschaft. Ich erweiterte den Fokus meiner Diplomarbeit, sodass er auch zu dem Thema passte.

Nach Abschluss meines Diplomstudiums habe ich gezielt nach Stellenangeboten zum Stichwort „Usability" gesucht. Man kann sich User Experience und Usability als eine Art Nachfolge- oder Schwesterdisziplin von Human Factors vorstellen. Zu jener Zeit gab es in diesem Fachgebiet noch nicht viele Stellenangebote. Daher ging ich zunächst an die TU München und arbeitete dort als wissenschaftliche Mitarbeiterin. Als allgemeine Prinzipien würde ich daraus ableiten, keine Angst vor einem noch unbekannten Fachgebiet zu haben und verschiedene Themengebiete durch Praktika oder Werkstudententätigkeit auszuprobieren. Anderenfalls hätte ich wohl nie herausgefunden, dass mir das Fachgebiet Personal nicht lag, obwohl sich die Praktikumsbeschreibung sehr spannend anhörte.

- **I:**

Sie waren nach dem Studium zunächst als Research Associate, anschließend als User Researcher, Product Designer und User Insight Manager tätig und arbeiten nun als Product Owner. Was bedeuten diese Begriffe?

- **KP:**

Unter einem Research Associate versteht man nichts anderes als eine Stelle in einer forschenden Tätigkeit an einem Projekt oder an einer Universität. In solch einer Tätigkeit sind ja viele Psychologen tätig. Das Ziel liegt hierbei meist in einer anschließenden Promotion. Ich war dabei in einem durch die VolkswagenStiftung geförderten Projekt tätig, und zwar zum Thema implizites Wissen im Produktentwicklungsprozess an der TU München mit arbeitspsychologischem Schwerpunkt. Typische Aufgaben waren hierbei Recherche von Literatur, Entwicklung und Anleitung von experimentellen und Fragebogenuntersuchungen, Publikationen wissenschaftlicher Ergebnisse sowie Präsentation dieser auf Konferenzen. Im Rahmen unseres Projekts arbeiteten wir mit Kollegen des Lehrstuhls Maschinenbau zusammen. Darüber hinaus fiel eine Lehrtätigkeit für Studierende des Lehramts in meinen Aufgabenbereich, was mir großen Spaß bereitete. Hierbei kam mir auch meine zuvor an der TU Darmstadt absolvierte Ausbildung zur Trainerin zugute.

Zu dieser Zeit wollte ich gern bei der SAP AG in Walldorf tätig werden, bei welcher ich mich im Vorfeld bereits zweimal beworben und auch vorgestellt hatte, was aber beide Male nicht erfolgreich war. Warum ich zur SAP AG wollte? Bereits während meines Studiums arbeitete ich als Datentypistin mit der Software von SAP. Dass dieser Prozess jedoch noch nicht optimal gestaltet war, fiel mir zu dieser Zeit schon ohne Wissen über Produktgestaltung auf, und ich dachte mir, meine Unterstützung könne dort gut gebraucht werden. Das Unternehmen hatte zudem einen sehr guten Ruf. Im dritten Anlauf klappte es dann mit einer Einstellung. Also, wenn man sich für einen Arbeitgeber begeistert, keine Angst, sich wieder zu bewerben!

Als User Researcher bestand meine Tätigkeit zu 40 % aus Prozessrollout, d. h. Prozessimplementierung in einer Organisation. Praktisch bedeutete das, Trainings zum Thema User-Centered-Design (nutzerzentrierte Produktentwicklung) zu halten, Inhalte waren bspw., wie solch ein Prozess aussieht, welche Schritte dabei zur Anwendung kommen und welche Methoden genutzt werden. Die Tätigkeit als User

Researcher beschreibt eine Rolle im Prozess des User-Centered-Design, in welcher mithilfe verschiedener Methoden Bedürfnisse von Nutzern erhoben werden. Als klassische Methode kann dabei das Interview im Rahmen einer Aufgabenanalyse zur Anwendung kommen. Das Gesagte der interviewten Person wird dabei aufgenommen und anschließend dokumentiert. Nach dem Interview liegen somit ein Interviewtranskript und ein Aufgabenablauf vor, welche im Rahmen eines Workshops zusammen mit anderen Kollegen analysiert werden. Besonderes Augenmerk liegt dabei im Erkennen, an welchen Stellen Pain Points vorliegen. Darunter versteht man Momente, in welchen der Aufgabenprozess bricht, Nutzerfrustration entsteht oder ein großer Aufwand für Nutzer vorliegt.

Daran anschließend wird versucht, den ursprünglichen Prozess zu verbessern und diese Informationen als Input für den Produktgestaltungsprozess zu nutzen. Dabei entwirft man mit dem neuen Wissen ein Produkt, welches den Nutzerbedürfnissen entspricht. Im nächsten Schritt findet Validierung statt, in der Regel als ein Usability-Test. Ziel ist es dabei festzustellen, wie gebrauchstauglich ein Produkt ist. Dabei wird überprüft, wie effektiv, effizient und zufriedenstellend Produkte in einem bestimmten Nutzungskontext sind. Als User Researcher habe ich damals auch die Durchführung von Usability-Tests unterrichtet. Gerade für Personen mit psychologischem Hintergrund ist hierbei deren Vorwissen bezüglich der Interviewführung von Vorteil. Typische Fehler, welche oft bei von Laien durchgeführten Interviews auftreten, sind z. B., dass die interviewte Person einen zu geringen Redeanteil besitzt oder Suggestivfragen gestellt werden. Personen ohne dieses Vorwissen denken häufig, sie würden ein Interview entwickeln, tatsächlich aber legen sie dem Nutzer Aussagen in den Mund, die er vielleicht sonst so nicht gemacht hätte. Als Arbeitsergebnisse dieses Prozesses liegen Protokolle, Video- und Audioaufnahmen sowie daraus abgeleitete Dokumente, die Nutzerbedürfnisse beschreiben, vor. In dieser Rolle kann man nur sehr eingeschränkt darauf Einfluss nehmen, welche dieser Endergebnisse tatsächlich Eingang in ein neues Produkt finden.

Obwohl mir methodische Arbeit großen Spaß bereitete, wollte ich lieber an einem tatsächlichen Produkt arbeiten – von der Konzeption bis zur Auslieferung. Ich kannte durch eine Kollegin aus dem Berufsverband bereits die kanadische Firma OpenText Software GmbH, in welcher es die Rolle eines Product Designers gab. In der damals ausgeschriebenen Position des Product Designers gab es Anteile von Tätigkeiten eines User Researchers, sie war aber stärker im Bereich des Produktmanagements angesiedelt. Unter Produktmanagement versteht man die Tätigkeit, die festlegt, welche Funktionsweise, Features und Zielgruppe ein Produkt besitzen soll. Meine Aufgaben als Product Designer ähnelten teilweise denen des User Researchers. So führte ich zum einen Nutzerinterviews durch, zum anderen fielen aber auch Tätigkeiten wie Prozessanalyse, Prozessaufnahme, Dokumentation von Prozessen und Gestaltung von Produktoberflächen in meinen Aufgabenbereich. Diese Tätigkeiten waren für mich mit die befriedigendsten meiner Laufbahn, da in absehbarer Zeit ein bestimmtes Ergebnis vorlag und man einen direkten Einfluss auf die Gestaltung des Endprodukts nehmen konnte.

Aus privaten Gründen habe ich mich anschließend geografisch verändert und bewarb mich auf eine Stelle bei Nokia in Berlin, welche als Position eines typischen User Researchers ausgeschrieben war. Aus diesem Prozess heraus bin ich jedoch auf eine andere Stelle rekrutiert worden, nämlich die eines User Insight Managers.

Die OpenText Software GmbH arbeitete mit dem Net Promoter Score, einer Kennzahl der Kundenloyalität und -zufriedenheit. Unter diesem Score versteht man die Wahrscheinlichkeit, mit der man ein bestimmtes Produkt einer anderen Person weiterempfehlen würde. Mein Vorwissen mit der Arbeit solcher Scores war mir bei Nokia von Vorteil, da hier bereits ähnliche Kennzahlen zur Anwendung kamen. t ng kam.

Bei dieser Tätigkeit ging es also nicht mehr darum herauszufinden, was ein Produkt alles können muss, sondern darum zu untersuchen, wie wahrscheinlich es ist, dass ein bereits bestehendes Produkt weiterempfohlen wird, und diese Erkenntnisse anschließend in den Produktentwicklungsprozess zurückzugeben. Entscheidungen werden dabei nicht mehr länger aufgrund theoretischer Überlegungen, sondern auf Basis des Feedbacks existierender Nutzer getroffen. Wir analysierten dabei das Feedback von Nutzern digitaler Karten von Mobiltelefonen, welche diese in Foren beurteilten. Anschließend rekrutierte ich ein Team von vier Personen, mit welchem wir gemeinsam Produkte betreuten. Auch dabei half mir das Wissen meines psychologischen Hintergrunds, nämlich dass der Inhalt eines gegebenen Nutzerfeedbacks z. B. von der Art und Weise der Fragestellung abhängen kann.

Durch unternehmensinterne Umstrukturierungen habe ich dieses Team anschließend aufgelöst. Da ich mich wieder verstärkt auf den Bereich Produktentwicklung konzentrieren und mit Entwicklungsteams arbeiten wollte, habe ich mich intern auf eine frei werdende Stelle eines Product Owners bei der zwischenzeitlich aus Nokia hervorgegangen HERE Deutschland GmbH beworben. Viele Tätigkeiten eines Product Designers findet man in denen eines Product Owners wieder. Unter einem Product Owner kann ein Kundenvertreter gegenüber dem Entwicklungsteam verstanden werden. Solche sogenannten SCRUM-Teams bestehen aus drei bis zehn Personen, welche gemeinsam an einem Product Backlog arbeiten; dieser ist nichts anderes als eine dynamische, priorisierte Liste der zu implementierenden Funktionalitäten, auch Features genannt. Der Product Owner ist dabei für die Spezifizierung der Features zuständig, sodass diese heruntergebrochen werden und man weiß, was zu implementieren ist.

Der Product Owner nimmt zudem die Features nach deren Fertigstellung ab. Dieser gesamte Prozess findet stets in Zyklen von bspw. zwei Wochen statt, in welchen neue Funktionalität entwickelt und getestet wird. Großer Vorteil ist hierbei, dass als Resultat innerhalb von zwei Wochen ein sogenanntes „potentially shippable product" entsteht, also ein Produkt, welches direkt zum Kunden ausgeliefert werden könnte. Von Vorteil sind hierbei Kenntnisse und Interesse im Bereich der Informatik. Im Bereich der Produktentwicklung sind vor dem Populärwerden von agilen Methoden, zu denen SCRUM gehört, sogenannte Wasserfallmodelle zur Anwendung gekommen, in welchen im Vorfeld über einen langen Zeitraum spezifiziert und entwickelt wurde. Das Ergebnis entsprach dabei häufig jedoch nicht dem, was man sich erhoffte. Als weiteres Problem stellte sich aufgrund der langen Bearbeitungszeit eine mögliche Änderung von zwischenzeitlich aufgetretenen Nutzerbedürfnissen dar.

Weiterhin ist der Product Owner für die Überprüfung zuständig, ob Entwicklungsressourcen passend zu den Bedürfnissen des jeweiligen Unternehmens eingesetzt werden. Es soll nämlich nicht irgendetwas entwickelt werden, sondern etwas, das von der Geschäftsleitung im Vorfeld als ein relevantes Thema identifiziert wurde.

- **I:**

User Experience und Usability ist ja ein interdisziplinäres Arbeitsfeld. Wie würden Sie den Konkurrenzdruck zu Personen aus anderen Disziplinen einschätzen? Ist es schwierig, im Bereich der User Experience und Usability Fuß zu fassen?

- **KP:**

Sofern man im Studium die richtigen Schwerpunkte gewählt und entsprechende Praktika absolviert hat, ist es nicht schwierig, vor allem nicht im Bereich des User Research Fuß zu fassen. Bei Interesse im Bereich der Produktgestaltung ist es schon etwas komplizierter. Hier würde ich die Wahl eines entsprechenden Nebenfachs im Studium empfehlen. Gerade im methodischen Bereich des User Research kann man die Psychologie als Königsdisziplin bezeichnen, auch wenn viele Personen aus dem Bereich der Ingenieurwissenschaften in diesem Arbeitsfeld tätig sind. Ich sehe eher ein Problem darin, dass das Arbeitsfeld vermutlich 80 % aller Studierenden der Psychologie gar nicht bekannt ist. Es ist zudem ein Bereich mit momentan noch wenig verfügbaren Stellen; zukünftig wird der Bereich aber weiter anwachsen.

Wie man in meinem Lebenslauf erkennen kann, befähigt eine frühe Tätigkeit in der User Experience und Usability auch dazu, in verwandten Disziplinen tätig zu sein. Ich bin nicht davon überzeugt, dass eine Ausbildung nur entsprechend den Bedürfnissen der Wirtschaft erfolgen muss. Meiner Meinung nach ist so etwas keine Ausbildung, und nur für die Wirtschaft braucht man nicht studieren. Bei vielen Studieninhalten habe ich mich oft gefragt, in welchem Kontext das eine oder andere Thema überhaupt mal relevant werden könnte. Mit zunehmender Berufserfahrung findet man aber häufig Anwendung für verschiedene Themen, welche man im Studium kontextfrei beigebracht bekommen hat. Aus diesem Grund finde ich auch unser heutiges Interview sehr wichtig, da auf diese Weise Studienanfänger auf das Themenfeld der User Experience und Usability aufmerksam gemacht werden.

- **I:**

Aktuell sind Sie bei der HERE Deutschland GmbH tätig. Was umfassen, in wenigen Worten, die Hauptdienstleistungen des Unternehmens?

- **KP:**

Die HERE Deutschland GmbH ist ein digitaler Kartenanbieter und Marktführer in digitalen Navigationssystemen in Fahrzeugen. Unsere Kunden stammen aus dem Bereich der Automobilindustrie.

- **I:**

Was fällt unter Ihren Aufgabenbereich bei der HERE Deutschland GmbH?

- **KP:**

Ich bin als Teil eines Teams für die Erstellung der Konsumentenprodukte zuständig. Dabei handelt es sich um eine Android- und iOS-App sowie zwei Webseiten, mit deren Hilfe man Orte aufsuchen kann und dorthin navigiert wird. Wie schon angesprochen, bin ich zudem als Product Owner und Betreuer eines SCRUM-Teams tätig. Momentan werden wir stärker auf eine Rolle im Produktmanagement ausgerichtet. Wer also stark mit einer bestimmten Tätigkeit verheiratet ist, dem würde ich solch eine Tätigkeit nicht nahelegen, da sich in den regulären Arbeitsabläufen häufiger etwas ändern kann.

Aktuell betreue ich weniger das SCRUM-Team, sondern beschäftige mich stärker mit den Themen Marktanalyse, Wettbewerbsanalyse und Produktdefinition. Wir überlegen uns also, was ein Endprodukt machen soll und was es können muss. Praktisch besteht der Tag aus vielen Geschäftstreffen, Absprachen mit anderen Abteilungen, Lesen von Dokumentationen und Ergebnissen der Marktforschungsabteilung, um daraus entsprechende Anforderungen für unsere Produkte abzuleiten. User Experience Designer beschäftigen sich hingegen damit, wie eine Nutzeroberfläche sich verhalten soll und gestaltet wird.

- **I:**

In der psychologischen Fachliteratur wird User Experience als Nutzererfahrung und Usability als Gebrauchstauglichkeit eines Produkts beschrieben. Aus welchen Gründen sind User Experience und Usability bei den Dienstleistungen der HERE Deutschland GmbH gefragt?

- **KP:**

User Experience und Usability sind bei allen unseren Produkten gefragt, bei denen Menschen direkt mit diesen interagieren. Mit unseren Produkten kommen Endnutzer in Kontakt, daher müssen unsere Produkte gebrauchstauglich, ansprechend gestaltet und einfach zu bedienen sein. So sollen die Nutzer nicht stundenlang ein Manual lesen müssen oder viele Fragezeichen vor dem Kopf haben, bevor sie sich mit einem Produkt befassen. Vor Kurzem habe ich mir einen neuen Herd gekauft, wobei ich vorher nicht in der Bedienungsanleitung las, wie denn dessen Kochtimer funktioniert. Daher habe ich einfach geraten und lag dabei richtig. Bei meinem Herd liegt also eine gute Form von Produktgestaltung vor.

- **I:**

Wie erfahren Sie dabei, was sich potenzielle Nutzer von einem neuen Produkt erwarten? Wie gelangen Sie zu diesem impliziten Wissen Ihrer Nutzer?

- **KP:**

Hierfür sind zunächst einmal bestimmte Vorkenntnisse erforderlich, z. B. wie ein Markt funktioniert oder man eine Zielgruppe findet. Auf einer Makroebene kann man sich auf Analystenberichte beziehen, um herauszufinden, welche Produkte sich bereits auf dem Markt befinden, wie die Konkurrenz aussieht oder mit welchen Applikationen eines Produkts unsere Nutzer Schwierigkeiten haben. Um an diese Informationen zu gelangen, berufen wir uns auf die Ergebnisse unserer eigenen Marktforschungsabteilung. Im Methodenset unserer Marktforschungsabteilung befinden sich Fragebogenuntersuchungen sowie qualitative und quantitative Untersuchungen. Unsere Kollegen aus dem Bereich User Research führen ethnografische Studien durch, die Königsdisziplin des User Research. Dabei werden nutzerbegleitend im jeweiligen Nutzungskontext Daten mittels z. B. Beobachtung erhoben, wie ein Nutzer mit einem bestimmten Produkt interagiert. Dabei schauen wir uns auch an, was in der Mensch-Produkt-Interaktion gut oder schlecht funktioniert. Aus diesen Beobachtungen werden dann Nutzerbedürfnisse abgeleitet. Aktuell kommen noch weitere Quellen zur Datenauswertung hinzu, z. B. Auswertungen der Ergebnisse aus sozialen Medien wie die Reviews unserer App Stores. Zudem hat jede unserer Applikationen einen Feedbackkanal, in welchem unsere Nutzer eine direkte Bewertung eines Produkts abgeben können. All diese Methoden sind jedoch expliziter Art, und das, was Menschen sagen, kann sich stark von ihrem tatsächlichen Verhalten unterscheiden. So äußern sich ja viele Menschen gegen Massentierhaltung, können aber letztlich doch nicht den Schritt gehen, auf ihr Schnitzel zu verzichten.

Um Informationen über implizite Einstellungen zu erhalten, arbeitet unsere Marktforschungsabteilung mit Fokusgruppen. Darüber hinaus analysieren wir Nutzerdaten aus unseren Applikationen, aus welchen hervorgeht, wie häufig welche Funktionalitäten eines Produkts benutzt werden, mit welchen Pfaden Nutzer zu ihrem Ziel gelangen und welche Funktionalitäten gar nicht genutzt werden. Seit den letzten fünf Jahren kommt bei uns zudem Remote User Research und Remote Usability zum Einsatz. Hierbei interagieren Nutzer, vermittelt über eine Plattform mit Prototypen unserer Produkte und geben uns Rückmeldung mittels Fragebogen oder Videoaufzeichnung. Es kommen bei uns also viele verschiedene Methoden zur Erfassung der Nutzerbedürfnisse zum Einsatz, wodurch wir als Resultat eine Vielzahl an Informationen erhalten. Da aus ökonomischen Gründen jedoch nicht alle Informationen in eine Analyse miteinbezogen werden können, muss man in der Lage sein zu erkennen, in welchem Kontext welche Information mit welcher Methode erfasst wird.

- **I:**

User Experience und Usability sind ja nicht nur bei Produkten, wie der Kartennavigation, gefragt. Können Sie uns noch andere Beispiele aus Wirtschaft und Technik nennen, in denen User Experience und Usability relevant sind?

- **KP:**

Grundsätzlich in allen Situationen, in denen ein Mensch mit Technik interagiert. Daher ist es ein stark zukunftsorientiertes Feld. Am Erfolg des neuen iPhone kann man sehen, was eine gute User Experience bedeuten kann. Durch gute Gebrauchstauglichkeit und gutes Nutzererleben kann man sich von anderen Unternehmen differenzieren und erfolgreich sein. Auf der anderen Seite neigen Menschen immer stärker dazu, sich nicht mit Dingen auseinanderzusetzen, die zu lange dauern oder das Studieren einer Gebrauchsanweisung erfordern. Beispiele wären alle Arten von Computersystemen wie Laptops und Tablets, Entertainmentsystemen wie Fernsehern und Kommunikationssystemen wie Mobiltelefonen.

- **I:**

Augenscheinlich gehen die Inhalte Ihrer Arbeit weit über das Wissen hinaus, welches man in einem Studium mit organisationspsychologischem Schwerpunkt erwirbt. Inwieweit ist es notwendig, sich dafür Wissen aus anderen Wissenschaften, wie zum Beispiel den Computer- oder Ingenieurwissenschaften, anzueignen? Wie gelangt man an solches Wissen?

- **KP:**
Vor allem durch Neugier. Und es gibt heutzutage wirklich sehr viele Möglichkeiten, sich auch außerhalb des Studiums Zugang zu hochwertigen Informationen zu verschaffen. An dieser Stelle möchte ich kurz auf Cousera eingehen. Dabei handelt es sich um ein amerikanisches Start-up-Unternehmen, welches kostenlose Onlinekurse anbietet. Ich habe mir bspw. dort Videos zu einem Marketingkurs der Wharton Business School angesehen, für welche bei regulärer Einschreibung Studiengebühren im fünfstelligen Bereich fällig werden würden. Es gibt auch andere Plattformen wie edX oder die Plattform der Stanford-Universität. Großer Vorteil ist hierbei auch, dass man sich die investierte Zeit selbst einteilen kann.

Darüber hinaus habe ich mich durch Technologiemagazine, wie z. B. *Wired*, weitergebildet. Andere interessante Internetseiten sind *The Verge, TechCrunch, VentureBeat* oder der *Blog der Gründerszene*. Am Anfang sind die Inhalte dieser Seiten meist noch etwas überfordernd, das legt sich jedoch schnell. Dabei finde ich es aufregend, dass man merkt, wie schnell sich die Welt ändert und man selbst an dieser Veränderung teilhaben kann. Wegen der immer weiter fortschreitenden Entwicklung der digitalen Welt ist man heute nicht mehr darauf angewiesen, dass an der Universität eine Veranstaltung zu einem bestimmten Thema angeboten wird.

Im November 2015 habe ich die erste Wired-Mobility-Konferenz besucht, bei welcher verschiedene Personen aus dem Bereich der Mobilität, bspw. der Automobilindustrie, zu Gast waren, unter anderen ein Sprecher des Unternehmens Hyperloop Transportation Technologies. Dieses Unternehmen erforscht Alternativen zum Fliegen und Autofahren bei gleichzeitigem Zurücklegen großer Strecken unter hohen Geschwindigkeiten. Es setzt sich aus vielen freiwilligen Mitarbeitenden zusammen, die in virtuellen Teams weltweit arbeiten, jedoch ohne unmittelbare finanzielle Vergütung. Stattdessen bekommen die Mitarbeiter Optionen auf den potenziellen Unternehmenserfolg. Dennoch würde ich eine Tätigkeit dort empfehlen, wenn man die Zeit investieren kann, um einfach mal herauszufinden, ob einem so etwas Spaß machen würde. Es ist also nicht so schwierig, sich Wissen über die Studieninhalte hinweg anzueignen.

- **I:**
Ein Teilbereich der User Experience und Usability ist das Usability-Testing, d. h. zu überprüfen, wie potenzielle Interessenten mit Ihren Produkten zurechtkommen. Als Expertin für User Experience und Usability stehen Sie dabei ja in direktem Kontakt mit den späteren Nutzern. Wie entscheiden Sie, wer in den Kreis der Personen fällt, welcher die späteren Nutzer optimal und repräsentativ abbildet? Wie sorgen Sie also für Generalisierbarkeit Ihrer Forschung – und dies trotz einer meist kleinen Stichprobe?

- **KP:**
Zunächst muss eine Zielgruppendefinition vorgenommen werden. Dem schließt sich – auf Basis der eingangs vorgenommenen Definition – eine Rekrutierung entsprechender Personen an. Hierbei spielen demografische Merkmale und Nutzungsmerkmale eine Rolle, d. h. welche Produkte von der jeweiligen Gruppe typischerweise genutzt werden. Als Usability-Urgestein hat Jakob Nielsen fünf Personen als ausreichende Zahl einer Nutzerstichprobe festgelegt und darüber hinaus erläutert,

aus welchen Gründen der Erkenntnisgewinn bei einer höheren Stichprobenzahl nicht zunimmt. Wir bei der HERE Deutschland GmbH führen Tests in der Regel mit sechs Personen durch. In bestimmten industriellen Bereichen können aber auch zehn bis 20 Tests bzw. Teilnehmer gerechtfertigt sein. Aus praktischer Berufserfahrung kann ich jedoch feststellen, dass die Ergebnisse bei sechs Versuchspersonen auch bei verschiedenen Methoden miteinander konvergieren. Das abgegebene Feedback in Foren stellt für uns dabei eine sehr kostengünstige Methode dar, da auch hier die Ergebnisse mit denen eines kostenintensiveren Usability-Tests stark übereinstimmen, und das, obwohl bei dieser Art abgegebenen Feedbacks gar keine Kontrolle über Untersuchungsbedingungen vorliegt.

- **I:**

Sobald Nutzer identifiziert und rekrutiert sind, beginnen die Untersuchungen, wie nutzerfreundlich ein Produkt ist. Welche Methoden kommen dabei zum Einsatz, und wie bewerten Sie diese?

- **KP:**

Als Standardmethode kommt der Usability-Test zum Einsatz, bei welchem die Nutzer direkt mit dem jeweiligen Produkt interagieren. Darüber hinaus gibt es auch die Möglichkeit der sogenannten Expertenevaluation, bei der Experten das Produkt untersuchen; allerdings kommen verschiedene Experten häufig zu sehr unterschiedlichen Befunden. Ich möchte in diesem Rahmen auch auf die DIN EN ISO 9241-210 (► http://www.iso.org/iso/iso_catalogue/catalogue_tc/catalogue_detail.htm?csnumber=52075)verweisen, die den Human-Centered-Design-Prozess beschreibt. Alle weiteren in der Fachliteratur existierenden Methoden entsprechen nicht dem Standardvorgehen in der Praxis.

- **I:**

Insbesondere bei psychologischen Laborexperimenten wird oft versucht, einen Raum zu schaffen, der optimale Bedingungen bietet und verschiedene Faktoren kontrolliert. Dabei ist es jedoch gut vorstellbar, dass einige Nutzer zwar bei Ihnen vor Ort gut mit einer Smartphone-App umgehen können und Sie keine Mängel bemerken, im Alltag allerdings aufgrund von Zeitdruck und Stress damit überfordert sind. Dies wird in der Wissenschaft als Lab-versus-Field-Problem bezeichnet. Wie gehen Sie mit dieser Unsicherheit um?

- **KP:**

Gerade in der Fahrzeugindustrie werden Usability-Tests im entsprechenden Kontext durchgeführt, in welchem das Produkt später zur Anwendung kommen wird. Die Tests würden also nicht nur bei uns im Labor, sondern auch bei einer realen Autofahrt durchgeführt werden. Weiterhin kann nach einem Labortest nochmals schriftliches Feedback von den Nutzern eingeholt werden. Zudem sollten die jeweiligen Versuchsleiter im Vorfeld auch stets selbst das Produkt getestet haben, um die beste Testmethode auswählen zu können.

- **I:**

Usability-Tests können reaktiv und proaktiv erfolgen. Entweder erfolgt die Überprüfung der Benutzerfreundlichkeit eines Produkts, nachdem es bereits produziert wurde. Alternativ kann Usability by Design erfolgen, das heißt, man überprüft die Benutzerfreundlichkeit parallel zum Produktionsprozess. Welchen dieser zwei Ansätze würden Sie empfehlen?

- **KP:**

Beide Ansätze müssen angewandt werden. Idealerweise hat bereits eine Validierung mit einem Prototypen stattgefunden, also bevor man überhaupt etwas implementiert bzw. „gebaut" hat. In der Realität wird das aber nicht immer so passieren, da man nicht in einer idealen Welt lebt. Um Entwicklungsressourcen optimal einzusetzen und den Entwicklungsaufwand gering zu halten, ist Usability by Design von Vorteil. Ein großer Nachteil von reaktiven Usability-Testungen ist es, wenn man nach einer Produktentwicklungsphase von z. B. drei Monaten im Extremfall feststellen kann, dass das Produkt gar nicht gebrauchstauglich ist. Als Folge entstehen unnötige Mehrkosten, um die entstandenen Fehler zu korrigieren. Nichtsdestotrotz wäre meine Empfehlung, dass sich nach einer proaktiven Phase auch stets eine reaktive Phase anschließt, deren Erkenntnisse dann in die nächste Produktiteration einfließen können. Ziel des ganzen Prozesses sollte sein, dass nicht nur die Gebrauchstauglichkeit eines Produkts ermittelt wird, sondern darüber hinaus eine gute Passung zwischen dem Produkt, dessen Funktionalität und den Nutzerbedürfnissen vorliegt.

- **I:**

Wir haben bereits erfahren, wie Sie die Zielgruppe Ihrer zu testenden Produkte bestimmen und welche Methoden dabei zur Anwendung kommen. Wie fahren Sie nun fort, um den Prozess des Usability-Testings abzuschließen?

- **KP:**

Unsere Kollegen des User Research analysieren die erhobenen Daten und verfassen daran anschließend einen Ergebnisbericht. Dieser Bericht zeigt die positiven Merkmale des entsprechenden Produkts und aufgetretene Probleme bei Interaktion mit dem Produkt auf. Diese Probleme klassifiziert man nach Schweregrad. All diese Informationen werden an die User Experience Designer, Product Manager, Product Owner und Produktentwicklungsteams weitergegeben, welche dann entsprechende Änderungen am Produkt vornehmen.

- **I:**

Dem Bereich der User Experience und Usability wird aktuell und zukünftig eine größere Bedeutung zukommen. Während sich Nutzer von Windows 1998 in den 1990er Jahren mit einem einfachen Computerprogramm zufriedengaben, waren Nutzer von Windows 8 einige Jahre später bereits viel schwieriger zufriedenzustellen. Haben sich die Ansprüche der Nutzer Ihrer Produkte in den letzten Jahren geändert?

- **KP:**

Ja, davon bin ich überzeugt. Vor noch 15 Jahren waren z. B. Produkte der SAP AG, obwohl Pionier im Bereich der Softwareergonomie, mit viel negativem Feedback assoziiert. Mittlerweile gewinnt der gleiche Anbieter Awards im Produktdesign. Nach Veröffentlichung des iPhone hat sich die komplette Nutzerwahrnehmung geändert, da die Nutzer merkten, wie einfach ein technisches Produkt eigentlich bedient werden kann. Heutzutage zeigen viel weniger Menschen die Bereitschaft, Technik als kompliziert zu akzeptieren und eine Bedienungsanleitung zu lesen. Nutzer erwarten immer stärker, dass ein Produkt sofort funktioniert. Das ist auch keine Sache der Unmöglichkeit, denn mit guter Produktgestaltung ist es möglich, sich den Nutzerbedürfnissen anzupassen.

- **I:**

Ihr Unternehmen ist ja auch international aufgestellt. Unterscheiden sich eigentlich Menschen unterschiedlicher Kulturen in der Wahrnehmung, was nutzerfreundlich ist? Macht das einen Unterschied in der Art und Weise, wie Sie User Experience und Usability testen?

- **KP:**

Es relativiert sich. Es gibt sicher Unterschiede zwischen verschiedene Kulturen, allerdings spielt der Ausprägungsgrad dieser Unterschiede für unsere Arbeit kaum eine Rolle.

- **I:**

Während unserer Recherchen ist uns aufgefallen, dass Sie bis September des Jahres 2015 Präsidentin der German Usability Professionals Association waren. Welche Ziele verfolgt dieser Berufsverband? Was war Ihre Rolle?

- **KP:**

Die Ziele des Berufsverbandes sind die Förderung des Berufsfeldes und das Anbieten einer Plattform zum Erfahrungsaustausch verschiedener in dem Berufsfeld tätiger Personen. Innerhalb der letzten sechs Jahre haben wir unsere Mitgliederzahl verdoppeln können und unser Verband besteht aktuell aus 1300 Mitgliedern. Pro Jahr organisieren wir zwei wichtige Veranstaltungen: zum einen die German UPA Summer School, die sich an Studierende richtet, und zum anderen die Konferenz „Mensch und Computer", gemeinsam mit der Fachgruppe Mensch-Computer-Interaktion der Gesellschaft für Informatik e. V. mit jährlich 800 Besuchern, in welcher Personen aus Wissenschaft und Praxis zusammentreffen und sich über den aktuellen Stand der Forschung und Praxis austauschen. Studierenden mit Interesse am Fachgebiet User Experience und Usability empfehle ich, sich die Konferenz einfach mal anzusehen und keine Hemmungen zu haben. Der Konferenzbeitrag für Studierende kostet circa 50–70 €. Gern kann man auch als freiwilliger Helfer teilnehmen.

Als Präsidentin des Berufsverbandes zählte es zu meinen Haupttätigkeiten, den Berufsverband zu leiten, zu repräsentieren, Kontakte zu Partnern herzustellen und für unsere Veranstaltungen zu werben.

- I:

Eine ausgewogene Mischung aus beruflichen Herausforderungen und privatem Ausgleich sehen viele Menschen als notwendig für ihr Wohlbefinden an. Als wie familienfreundlich würden Sie Ihren Beruf einschätzen?

- KP:

Das kommt stark darauf an, wie der Arbeitgeber das Unternehmen organisiert. In der IT-Branche ist eine hohe Stressresistenz gefragt, und somit eignet sich der Fachbereich sicherlich nicht für jede Person. Einige Unternehmen bieten Teilzeitmodelle an. Da viele meiner Kollegen jedoch Kinder haben, kann der Beruf nicht allzu familienunfreundlich sein.

- I:

An dieser Stelle möchten wir kurz auf die Zukunftsperspektiven Ihres Berufs eingehen. Welche Möglichkeiten der beruflichen Weiterentwicklung gibt es für Personen, welche in einer Position wie Ihrer tätig sind?

- KP:

Das wäre einer meiner Kritikpunkte am Themenfeld – viele Möglichkeiten gibt es da nämlich nicht. In meiner aktuellen Position besteht die theoretische Möglichkeit als Bereichsleiter tätig zu sein; das zu erreichen, ist allerdings nicht ganz trivial. Man kann sich jedoch in seiner Seniorität weiterentwickeln. Je länger man in diesem Berufsfeld tätig ist, und je mehr Projekte man betreut, desto stärker ist eine Steigerung des Gehalts zu erwarten. Attraktiv ist, dass man sich horizontal verändern kann, so wie ich vom User Researcher zum Product Designer und schließlich zum Product Owner. Ich konnte im Bereich des User Research schon öfter erleben, dass, wenn eine neue Position eines Teamleiters zu vergeben war, nicht die am fachlich kompetenteste Person ausgewählt wurde. Mir persönlich gefällt solch ein Vorgehen nicht. Natürlich muss für solch eine Position ein hohes Maß an Führungskompetenz vorhanden sein, jedoch ist Fachwissen auch von großer Relevanz. Ein solcher Vorgang ist natürlich vor allem für die Kollegen frustrierend, die sich auf das Gebiet spezialisiert haben. Es ist allerdings Besserung in Sicht: Je mehr Unternehmen das Thema aufgreifen, desto besser ist das Verständnis für die Rollen und Kompetenzen.

- I:

Zum Abschluss unseres Gesprächs würde uns interessieren, welche Schwerpunktsetzungen im Studium und praktische Erfahrungen Sie universitären Absolventen empfehlen, um im Bereich der User Experience und Usability Fuß zu fassen. Gibt es darüber hinaus noch etwas, das Sie unseren Lesern mit auf den Weg geben möchten?

- KP:

Interessenten für das Fachgebiet sollten keine Angst vor Technik haben. Im Laufe meiner Karriere habe ich öfter beobachten können, dass Probieren über Studieren geht. Studierende sollten zudem wissen, wie man seine Fähigkeiten, Fertigkeiten und Kenntnisse professionell darstellt. Auch wie man professionell kommuniziert,

◘ Abb. 5.1 Video 5.1 (▶ https://doi.org/10.1007/000-8hm)

sollte man sich schon frühzeitig aneignen. Zur Darstellung der eigenen Fähigkeiten: Ein bisschen zu klappern, gehört zum Geschäft, und davon sollte man sich nicht abhalten lassen. Möglicherweise ziehen sonst Personen, die zwar weniger kompetent sind, sich aber besser darstellen können, an einem vorbei, und das wäre wirklich schade, oder?

- **I:**

Liebe Frau Petrovic, wir danken Ihnen herzlich für das interessante Gespräch!
   Video des Interviews (siehe ◘ Abb. 5.1):

5.3 Human-Factors-Psychologie: Interview mit Dr. Gesine Hofinger von Team HF

Das Interview und die Transkription führten Marina Raupach und Julius Frankenbach durch.

- **Julius Frankenbach:**

Frau Hofinger, vielen Dank, dass Sie sich die Zeit genommen haben, uns ein paar Fragen zu beantworten und uns etwas über Ihr Fachgebiet zu erzählen. Sie sind Psychologin, Mitbegründerin und Partnerin der Firma Team HF Human Factors Forschung Beratung Training. Was macht Ihre Firma, und welche Position nehmen Sie darin ein?

- **Gesine Hofinger:**

Das Team HF ist eine Partnerschaftsgesellschaft (das ist eine Gesellschaftsform für Freiberufler), die wir mit drei Partnerinnen gegründet haben und die mit einigen Angestellten und weiteren Netzwerkpartnern Forschung, Beratung und Training macht. Hauptsächlich arbeiten wir im Bereich Human-Factors-Psychologie, das heißt, wir beschäftigen uns mit allem, was das Handeln von Menschen in sicherheitskritischen Arbeitssystemen angeht. Wir haben uns auf den Bereich Einsatzorganisationen konzentriert, arbeiten viel mit Verwaltungen und Unternehmen zusammen und machen Forschungsprojekte in verschiedenen Bereichen. Diese Mischung aus Forschung, aber eben auch der Zusammenarbeit mit Anwendern für den praktischen Nutzen von Theorien ist uns sehr wichtig.

- **I:**

Sie haben im Jahr 2000 bei Professor Dietrich Dörner an der Uni Bamberg promoviert. Professor Dörner ist ja vor allem für seine Grundlagenforschung bekannt. War Ihnen schon während der Promotion klar, dass es danach in die eher angewandte Richtung Human Factors geht?

- **GH:**

Ja und nein. Prof. Dietrich Dörner macht Grundlagenforschung, aber hat immer schon einen starken Anwendungsbezug gehabt, das heißt, wir haben auch am Lehrstuhl dort immer mit Menschen aus verschiedenen Branchen kooperiert und verschiedene Praxisprojekte gemacht. Meine Promotion war im Bereich Umweltpsychologie angesiedelt. Ich habe aber schon seit dem Studium parallel in dem Bereich sicherheitskritische Situationen und Krisenmanagement gearbeitet. Von daher war das Interesse früh da. Dass Human Factors einmal mein Schwerpunkt werden würde, war im Studium noch nicht absehbar, aber in der Promotionsphase hat es sich dann langsam deutlicher herausgebildet.

- **I:**

Im klassischen Psychologiestudium tauchen die Human Factors ja eher am Rande auf. Welche Rolle spielen die Human Factors aktuell an deutschen Universitäten?

- **GH:**

An der Stelle müsste man erst einmal definieren, was Human Factors sind. Letzten Endes gehört ja fast alles, was wir in der Psychologie lernen, zu Human Factors. Psychologie ist die Wissenschaft vom Menschen, vom menschlichen Verhalten und Erleben. Das heißt, alles, was die Psychologie uns zu bieten hat, kann einfließen in das, was man Human Factors nennt. Nur dass Human Factors mehr ist als Psychologie! Es geht auch um die Interaktion von Mensch und Technik in komplexen soziotechnischen Systemen. Zu den Perspektiven von Human Factors gehören unbedingt Arbeitswissenschaft, Ergonomie, Physiologie, Arbeitsmedizin, technische Fächer und Ingenieurwissenschaften. Human Factors fächert sich also sehr breit, aber Psychologie ist ein Kernbestandteil davon, für mich als Psychologin der Ausgangspunkt. Insofern taucht Human Factors in der Psychologie überall auf, auch wenn es dort nicht so genannt wird. Der Begriff „Human Factors" ist unter Psychologen eher unbekannt, in Deutschland zumindest. An den deutschen Universitäten spielt Human Factors eine sehr kleine Rolle und im Psychologiestudium so gut wie gar keine. Studiengänge, die „Human Factors" im Titel haben, kann man in Deutschland aktuell (Sommer 2016) in zwei Universitäten (FU Berlin und TU München) studieren, einige andere Studiengänge wurden wieder aufgegeben. Das ist aber nur ein Ausschnitt der HF-nahen Studiengänge, die es im deutschsprachigen Bereich gibt (z. B. Mensch-Computer-Systeme, Ingenieurpsychologie, Human Performance in Sociotechical Systems).

- **I:**

Nun haben Sie ja in Ihrer beruflichen Laufbahn schon sehr viel Praxiserfahrung gesammelt. Kann man das gewinnbringend an der Uni einbringen, in die Lehre und Forschung?

- **GH:**

Forschung, Lehre und Praxis gehören aus meiner Sicht zusammen! Ich finde es für mich sehr nützlich, dass ich in der Arbeit mit Praktikern Wissenschaft nutzen und vermitteln kann. Das ist für die Praxis wichtig. Andererseits ist es für die Universität sehr wichtig, die Fragestellungen aus der Praxis zurückzubekommen, ebenso wie das Wissen und die Sichtweisen der Praktiker. Diesen Dialog zu pflegen, finde ich als Forscherin sehr wichtig. Genauso halte ich es für wichtig, beide Seiten in der Lehre zu beleuchten. Ich habe eine Zeit lang auch universitäre Lehre gemacht und dabei immer versucht, auch Praktiker einzubinden oder die Studierenden in die Praxis zu bringen.

- **I:**

Nun haben Sie sich ja nach Ihrer Promotion für den Weg der Existenzgründung entschieden. Was hat Sie dazu bewogen, Ihre berufliche Zukunft in der Art selbst zu gestalten?

- **GH:**

Das mit den Entscheidungen ist immer etwas, das im Nachhinein oft wie eine klare Entscheidung aussieht. Tatsächlich führe ich bis heute ein „Doppelleben". Ich habe ein Standbein an der Universität, in Forschungsprojekten. Es gab auch Phasen, in denen ich überwiegend an der Universität tätig war. Von daher ist die Entscheidung für die Selbstständigkeit nie eine gegen die Universität gewesen.

Am Anfang hat sich die Selbstständigkeit tatsächlich so ergeben, aus familiären Gründen und weil es praktisch war. Ich schätze inzwischen aber die Selbstständigkeit gerade auch deswegen sehr, weil man eben anders arbeiten kann. Es hat beides Vor- und Nachteile. Auch für die Forschung hat es Vor- und Nachteile.

- **I:**

Und wie gehen Sie mit den Unsicherheiten um, die typischerweise mit der Arbeit in Selbstständigkeit verbunden sind?

- **GH:**

Man kann ja unterscheiden: Sicherheit oder Unsicherheit bezüglich des Geldes und bezüglich der Fragen: Hat man Arbeit, also hat man eine Arbeitsstelle oder Aufträge, und wie viel Arbeit, aber auch wie viel Freizeit hat man? In der thematischen Nische, in der ich mich bewege, hatte ich immer das Glück, dass die Unsicherheiten relativ gering waren, und zwar dadurch, dass es viel mehr Interesse an dem Thema gibt als Menschen, die sich in diesen Bereichen auskennen. Aber klar, wenn man sich für die Selbstständigkeit entscheidet, muss man es aushalten können, dass man nicht weiß, was nächste Woche sein wird. Und wenn man gerne wissen möchte, was man bis zur Rente beruflich tun wird, dann ist Freiberuflichkeit vielleicht ein bisschen anstrengend. Es muss schon auch zu dem Menschen, der so arbeiten will, passen. Ich habe diese Art zu arbeiten nie als besonders unsicher empfunden.

- **I:**

Das ist ja in der Forschung letzten Endes ähnlich, zumindest bis man es in eine unbefristete Stelle geschafft hat.

- **GH:**

Aus meiner jetzigen Perspektive würde ich sagen, die Uni-Karriere ist sogar unsicherer als ein Arbeiten in der Wirtschaft oder in der Freiberuflichkeit. Wenn Sie mit einer Anstellung in Drittmittelprojekten starten und Sie Jahres-, Zweijahres- oder, mit richtig Glück, auch einmal Dreijahresverträge haben, dann ist die Sicherheit, was später einmal aus Ihnen wird, auch nicht so groß.

- **I:**

Fremdbestimmtheit ist sicher auch ein Thema. Wenn man vom nächsten Auftrag oder der nächsten Stelle als Wissenschaftler abhängig ist, kann man vielleicht nicht wählerisch sein.

- **GH:**

Es gibt – wie bei Unsicherheit – verschieden Formen von Fremdbestimmtheit. Es gibt die inhaltliche Fremdbestimmtheit. Die ist natürlich immer dann höher, wenn man einen Chef oder eine Chefin hat. Das trifft auf ein Angestelltenverhältnis in der Wirtschaft oder an der Universität zu. Aber Sie haben natürlich auch als Selbstständiger eine Fremdbestimmtheit darin, dass Sie Aufträge nicht immer zu hundert Prozent frei gestalten können. Sie können natürlich auch Nein sagen, aber eben nicht immer. Abgesehen davon haben wohl die meisten Berufe einen Anteil von Fremdbestimmtheit, aber als Freiberufler hat man einen größeren Einfluss darauf, was man macht, für wen und mit wem.

- **I:**

In Ihrem Lebenslauf finden sich sowohl klassische Stationen einer Forscherkarriere, von denen wir ein paar schon angesprochen haben, aber auch Stationen einer Karriere in der Praxis, zum Beispiel Ihre Existenzgründung. Sehen Sie sich heute als Praktikerin oder als Forscherin, oder kann man das nicht trennen?

- **GH:**

Für mich gehört das klar zusammen! Ich sehe mich als anwendende Wissenschaftlerin und auch als für Anwender Forschende. Im Team HF haben wir auch einen Zweig, der „Training" heißt, und auch einige Beratungsprojekte, und da sind wir natürlich mit einem wissenschaftlichen Hintergrund praktisch tätig. Ich kann es für mich nicht trennen.

- **I:**

Ist das etwas, das Ihren Klienten bewusst ist, also dass das, was Sie praktisch bieten, auf Wissenschaft fundiert ist und auch auf Ihrem eigenen wissenschaftlichen Arbeiten?

- **GH:**

Klar, und zwar darüber, dass wir ja auch publizieren und unsere Publikationen auf unserer Homepage zur Verfügung stellen. Unsere Position ist: Empfehlungen für die praktische Arbeit sollten auf Wissen basieren, das es gibt, und nicht nur auf eigenen Erfahrungen. Ich finde es wirklich wichtig, dass das, was man vermittelt, begründet ist, und das nicht nur mit eigener Kompetenz und Expertise, sondern auch mit dem, was die Wissenschaft zu dem jeweiligen Thema weiß.

- **I:**

Nun ist Human Factors ein sehr breites und vielfältiges Tätigkeitsfeld, wie Sie gesagt haben. Mit welchen konkreten Aufgaben beschäftigen Sie sich, und wie können wir uns einen typischen Arbeitstag vorstellen, sofern es einen solchen gibt?

- **GH:**

Nun, das sind zwei verschiedene Fragen. Einen typischen Arbeitstag gibt es einmal als Büroarbeitstag, und dann gibt es Arbeitstage bei Projektpartnern oder Kunden. Ein Büroarbeitstag sieht nicht sehr anders aus als in einer Universität. Wir schreiben Forschungsanträge, wir schreiben Angebote, wir bereiten Seminare vor, schreiben Publikationen, wir lesen und diskutieren, wir erarbeiten Konzepte. Das ist sozusagen die normale Bürotätigkeit. Dann gibt es noch die Tage, an denen wir für Workshops oder Trainings vor Ort sind. Also in unserem Fall sind diese Dinge meistens beim Kunden oder bei Projektpartnern oder dort, wo wir für Forschungsprojekte Feldstudien machen und dadurch auch unterwegs sind. Das ist sehr unterschiedlich, insofern gibt es keinen ganz typischen Arbeitstag. Das ist für Praktikanten immer ein bisschen schwierig, zum Beispiel, wenn man sagt: „Lauf einfach ein paar Tage mit!", das kann sehr langweilig sein, wenn man im Büro sitzt, das kann aber auch sehr spannend sein, zum Beispiel, wenn in der U-Bahn Evakuierungsversuche vorzubereiten sind.

- **I:**

Evakuierungsversuche in einer U-Bahn, das klingt sehr interessant. Ist das ein aktuelles Projekt von Ihnen?

- **GH:**

Ja, wir sind Teil eines großen Verbundprojektes, ein kleiner Teil eines großen Projektkonsortiums, das im Rahmen der zivilen Sicherheitsforschung des Bundesministeriums für Bildung und Forschung arbeitet. Hier beschäftigen wir uns mit Sicherheit bei U-Bahn-Bränden. Eine unserer Aufgabe in diesem Projekt ist es, Fluchtwege aus Sicht der Human-Factors-Psychologie anzuschauen und auch zu erforschen, wie Human Factors noch besser in Fluchtwegsimulationen einfließen können, um deren Aussagekraft zu erhöhen. Wir machen dort eine Mischung aus Literaturarbeit und Feldstudien. In den Feldstudien befassen wir uns teilweise mit „besonderen Nutzergruppen". Unter diesem Begriff fassen wir Menschen mit Einschränkungen zusammen, Menschen, die nicht gut Deutsch sprechen oder lesen können, Menschen, die sich in U-Bahn-Systemen nicht auskennen. Dazu gehören aber auch Studien mit Versuchspersonen aus der Gruppe „ganz normaler" Studierender.

Human Factors

- **I:**

Woher kommt die Idee, dass man sich mit Bränden in U-Bahnen aus sicherheitstechnischer Sicht beschäftigen sollte? Ist das etwas, das aus der Wissenschaft kommt oder aus der Politik?

- **GH:**

Der Wunsch, sich mit Sicherheit in U-Bahnen zu beschäftigen, kommt natürlich zuallererst von den U-Bahn-Betreibern, der Feuerwehr und auch von den Sicherheitswissenschaftlern in den Ingenieurwissenschaften. Wir sind dann dazu gebeten worden, weil die eher technisch orientierten Anwender und Forscher bemerkt haben, dass es da eben Komponenten gibt, auf die sie keine Antworten haben. Dies betrifft zum Beispiel das Verhalten von Menschen bei Evakuierungen. Aus sehr vielen Ereignissen weiß man, dass das, was geplant ist, nicht unbedingt so funktioniert, wie es geplant ist, weil Menschen sich anders verhalten, als Ingenieure das gedacht hatten. Die Beschäftigung mit U-Bahn-Sicherheit hat also sehr viele verschieden Quellen. Vorrangig ist das natürlich eine anwendungspraktische Forschungsfrage, für deren Beantwortung man verschiedene Wissenschaften braucht.

Für sicherheitsbezogene Forschung gibt es generell zwei Arten von Anlass. Man hat zum einen Unglücksfälle, Unfälle oder auch Terroranschläge, die man hinterher aufarbeitet und dabei feststellt: Es gibt Dinge, die haben wir vorher nicht gewusst oder nicht beachtet, oder es ist alles anders, als man gedacht hat. Das stößt natürlich Forschung an, und zwar sowohl im technischen wie auch im sozialwissenschaftlichen Bereich. Und dann gibt es natürlich auch Menschen, die eher im Bereich des Risikomanagements denken und leben, die also vorausschauend fragen: Was könnte denn alles passieren? Welche Sicherheitsprobleme könnte es geben? Weil diese Fragen oft etwas allgemeiner sind, ist es etwas schwieriger, Forschungsprojekte anzustoßen, also konkrete Projekte, für die man noch einen Geldgeber braucht. Immer dann, wenn Sie eine neue Technologie einführen wollen, stellt sich auch die Frage: Welche Nebenwirkungen könnte es haben, welche Sicherheitsbaustellen könnten da wieder entstehen? Auch das kann Forschungsprojekte anstoßen.

- **I:**

Können Sie uns noch einen anderen Arbeitsbereich des Team HF vorstellen?

- **GH:**

Wir haben einen relativ starken Schwerpunkt im Bereich Krisenmanagement, wo wir uns mit Krisenmanagement und Notfallplanung beschäftigen, hier insbesondere mit Krisenstabsarbeit. Das ist ein Bereich, in dem wir nur zum Teil forschend tätig sind, dafür eher in der Trainingsanwendung. Hierzu publizieren wir auch (z. B. Hofinger & Heimann, 2016). Bei Projekten mit Krisenstäben von Behörden und Verwaltungen, von Unternehmen, aber auch von Einsatzorganisationen, wie Polizei und Feuerwehr, schauen wir gemeinsam mit den Praxispartnern, was die jeweiligen Bedürfnisse des konkreten Stabs sind, aber auch, wie die konkrete Stabsarbeit funktioniert, was die Problematiken sind, was man da vielleicht verbessern kann, wie der Raum mit dem Team zusammenhängt, und so weiter. Das ist ein in sich breit gefächerter Bereich, der für uns im Moment ein Schwerpunkt ist. Ansonsten sind wir auch im Bereich Patientensicherheit aktiv. Hier steht folgende Frage im

Vordergrund: Wie kann man Arbeitsabläufe in Krankenhäusern sicherer für Patienten und Patientinnen gestalten? Auch das ist ein klassisches HF-Thema, weil eben auch Arbeitssysteme, Menschen und Technologien zusammenpassen müssen.

- **I:**

Was sind die häufigsten Methoden und Techniken, die Sie in Ihrem Arbeitsalltag verwenden?

- **GH:**

Das müssen wir natürlich auch für die verschiedenen Arbeitsbereiche unterscheiden. Ich arbeite in Forschungsprojekten meistens qualitativ. Wir nutzen natürlich auch quantitative Methoden oder Auswertungsverfahren, idealerweise mit Methodentriangulation. Beide Ansätze haben Vor- und Nachteile und ergänzen sich dann. Manchmal machen wir auch Laborexperimente, wobei experimentelle Studien grundsätzlich an der Uni besser ihren Platz haben, einfach aus Ressourcengründen. Wir arbeiten sehr viel mit Interviews, Anforderungsanalysen, Begehungen, Dokumentenanalysen. Primär in den Forschungsprojekten nutzen wir auch Feldstudien zur Datenerhebung, zum Beispiel Beobachtungsstudien, oder Expertenworkshops und Fokusgruppen. Das ist also ein sehr gemischtes Methodenspektrum. Wir arbeiten auch mit Simulationen und Planspielen. Dabei stellt sich immer die Frage, was für die Fragestellung nützt und wer im Team was besonders gut kann. Das Gleiche gilt natürlich für Forschungs- wie Praxisprojekte!

- **I:**

Was genau kann man sich unter Simulationen vorstellen, zum Beispiel in dem U-Bahn-Projekt?

- **GH:**

In dem U-Bahn-Projekt arbeiten wir mit Partnern des Forschungszentrums Jülich zusammen, die Fußgänger- und Brandsimulationen miteinander koppeln. Dabei arbeiten wir gemeinsam an der Fragestellung, wie man Human Factors in Fußgängersimulationen mit einbeziehen kann. Wir selber simulieren nicht, sondern das ist eher konzeptuelle Arbeit und Literaturarbeit.

Simulation ist natürlich wieder ein sehr unscharfer Begriff. Simulation als Als-ob-Technik hat ein Riesenspektrum: Auf der einen Seite High-Fidelity- oder Full-Scale-Simulationsumgebungen, wo man z. B. ein Flugzeug, ein Kraftwerk oder einen Patienten so detailgetreu, wie es geht, abbildet, um dann daran Handlungen zu üben. Mit dieser Art Simulatoren arbeiten wir aber selten, eher im Trainingsbereich, einfach weil dies in den jeweiligen Institutionen verankert ist. Ich arbeite immer wieder mit Patientensimulatoren, um Ärzte, manchmal auch Pflegekräfte, im Umgang mit kritischen Situationen zu schulen oder die Simulatorinstruktoren in Human Factors weiterzubilden.

Man kann Simulationen aber auch wunderbar für Forschung verwenden; das haben wir auch schon gemacht. Eine andere Form von Simulation ist die grobe Abbildung eines Realitätsbereiches. Wir setzen zum Beispiel in Trainings, aber auch im Bereich von angewandter Forschung, Simulationen in Form von Planspielen ein. Diese werden entweder am Computer simuliert oder mit Papier und Bleistift. Dafür gibt es sehr viele verschiedene Anwendungsbereiche, zum Beispiel für die Krisenstabsarbeit oder Teamarbeit unter Stress. Wir verwenden in Trainings verschiedene Planspiele, teilweise selbst erstellte, teilweise übernommene. Zusätzlich haben wir damit auch schon kleine Anwendungsforschungsprojekte gemacht.

- **I:**

Praxis und Forschung verlangen ja oft sehr unterschiedliche Herangehensweisen und Perspektiven. Ist es manchmal herausfordernd, zwischen den beiden Rollen hin und her zu wechseln und sie unter einen Hut zu bringen?

- **GH:**

Herausfordernd ja, man muss sich immer im Klaren darüber sein, was gerade der Kontext ist, in dem man arbeitet. Die unterschiedlichen Herangehensweisen von Praxis und Forschung erlebe ich nicht als Problem, weil ich sehe, dass sich diese Bereiche bedingen und befruchten. Natürlich arbeitet man jeweils anders, natürlich ist auch die Interaktion anders, aber ich sehe das nicht als Problem. Sicherlich ist es nicht für jeden Menschen angenehm, in verschiedenen Rollen zu arbeiten. Dadurch, dass wir auch in verschiedenen Themenbereichen arbeiten, muss man Generalist sein. Also man muss von vielen verschiedenen Dingen mindestens Ahnung haben, sonst funktioniert diese Art zu arbeiten nicht. Ich muss natürlich immer genau wissen, was ich gerade tue: Bin ich beratend tätig? Trainiere ich Menschen? Mache ich gerade ein Forschungsprojekt? Wenn ich zum Beispiel ein angewandtes Forschungsprojekt habe, muss ich auch akzeptieren, dass die Forschungspartner in der Praxis an weitergehenden wissenschaftlichen Fragestellungen nicht interessiert sind, sondern dass ihnen handhabbare Lösungen für ein Thema genügen. Diese Lösungen müssen wissenschaftlich begründet sein, aber das sind dann natürlich Projekte, in denen man relativ wenig neues Wissen generiert.

Natürlich kann man in der Rolle als Forscherin die Bearbeitung der Fragestellung weiter vertiefen. Dies wiederum kann man in der Freizeit tun, im Kontext eines neuen Forschungsprojekts oder über Qualifikationsarbeiten von Studierenden. Leider ist es manchmal auch so, dass Projekte keine Finanzierung für tiefergehende Fragen beinhalten. Dann muss man sehr streng in Personalmonaten rechnen und denken. Die Entscheidung, wann und wie ein Thema vertieft werden kann, muss dann natürlich auch in der Rolle der Unternehmerin getroffen werden. Das heißt, die Herausforderung ist eigentlich nicht die Herangehensweise von „Praxis versus Wissenschaft", sondern „universitäres Forschungsprojekt versus im eigenen Forschungsbüro stattfindendes Projekt". Auch wenn man natürlich mit denselben Theorien und demselben Ethos herangeht, ist die konkrete Projektgestaltung anders. Aber das lernt man im Laufe der Jahre, und beides hat Vor- und Nachteile. Aber man muss sich schon immer wieder fragen: In welchem Kontext bewege ich mich? Was ist der Auftrag? Was sind die Ressourcen, die ich habe? Worum geht es eigentlich? Was ist das Ziel?

- **I:**

Ein berühmtes Beispiel aus dem Bereich Human Factors ist der Flug 232 der Fluglinie United Airlines aus dem Jahr 1989. Bei der Maschine, die am 19. Juli 1989 von Denver nach Chicago fliegen sollte, ist aufgrund eines Schadens an der Hydraulik die komplette Steuerung ausgefallen. Trotzdem gelang der Crew die unglaubliche Leistung, das Flugzeug nur durch die Steuerung des Triebwerkschubes auf dem Flughafen in Sioux City (Iowa) notzulanden. Die Maschine zerschellte, aber auf dem Boden wartende Rettungsteams konnten 175 der 285 Passagiere retten. Welche Rolle hat die Disziplin Human Factors dabei gespielt, dass dieses tragische Unglück nicht noch mehr Menschenleben gekostet hat?

- **GH:**

Die Disziplin Human Factors als Wissenschaft hat dabei nicht unmittelbar eine Rolle gespielt, aber die Human Factors haben natürlich eine Rolle gespielt. Der Kapitän und seine Cockpitbesatzung, sie waren zu dritt mit einem Gast, haben in bewundernswerter Weise als Team funktioniert. Sie haben das, was man heute Crew Resource Management nennt, exemplarisch vorgelebt. Das sind auch Human Factors. Ich weiß nicht, ob diese Piloten wissenschaftlich ausgebildet waren. Ich nehme es nicht an, denn zu der Zeit waren Human-Factors-Trainings noch nicht flächendeckend verbreitet. Ich weiß in diesem konkreten Fall auch nicht, ob sie solche Szenarien schon in Trainings gelernt hatten. Die Wissenschaft hat jedenfalls aus diesem Fall profitiert. Es haben sich viele Menschen sehr genau angeschaut, was die Cockpitbesatzung gemacht hat und wie das gelingen konnte. Das heißt, die Wissenschaft lernt nicht nur aus Unglücken und schlimmen Ereignissen. Dieser Flugunfall war natürlich ein tragisches Ereignis, aber er hatte auch viele positive Aspekte. HF-Forschung fragt also nicht nur „Wie geht es schief?", sondern auch „Wie funktioniert es?".

- **I:**

Mit zunehmender Automatisierung von Systemen, zum Beispiel im Flugbetrieb oder in der Industrie, nimmt der Mensch mehr und mehr eine rein überwachende Funktion ein und interveniert häufig nur noch bei Störungen der technischen Systeme. Manche technikaffinen Menschen würden nun behaupten, dass der Faktor Mensch immer weniger wichtig wird. Wie sehen Sie das?

- **GH:**

Der Faktor Mensch wird nicht weniger wichtig, er wird *anders* wichtig. In dem Moment, in dem Maschinen Aufgaben übernehmen, die vorher Menschen gemacht haben, haben wir einige Fehlerquellen weniger. Also zum Beispiel kann eine Maschine irgendwelche vorbeifliegenden Elemente einfach besser und fehlerfreier zählen als ein Mensch. Das heißt, bestimmte Fehlerquellen entfallen in dem Moment durch Automatisierung. Es kommen aber natürlich auch neue Fehlerquellen hinzu, nämlich einerseits da, wo Designer, Programmierer und Konstrukteure von Maschinen und Programmen Fehler eingebaut haben – das passiert durchaus auch hin und wieder –, und andererseits an der Schnittstelle Mensch-Maschine. Da entstehen natürlich Fehler, die es ohne Maschine nicht geben würde, wenn es die Interaktion an der Mensch-Maschine-Schnittstelle nicht geben würde. Der Faktor Mensch wird auf keinen Fall weniger wichtig! Es gibt auch Leute, die sagen, er wird wichtiger, in dem Sinn, dass die menschlichen Eigenschaften relativ gesehen immer wichtiger werden, weil technische Fehlerquellen abnehmen.

Das Thema Automation und Automatisierung zeigt eigentlich sehr gut die Relevanz von Human Factors als übergreifende Wissenschaft oder als Gefüge von Wissenschaften. Wenn Sie ein Arbeitssystem, in dem Maschinen, PCs und Roboter eine entscheidende Rolle spielen, und Menschen zusammenbringen wollen, sodass es funktioniert, dann müssen Sie insgesamt natürlich sehr viel Wissen haben über die technische Seite, die Programmierung, die Steuerung, die Hardware und das Bauen der Dinge. Sie müssen aber eben auch sehr viel Wissen haben über Menschen, über Wahrnehmung, Denkfähigkeit etc., und Sie brauchen sehr viel Wissen über die Interaktion und die Schnittstellengestaltung. Das ist genau das, was Human Factors tut: sich die Menschen und die Schnittstelle Mensch-Maschine anschauen.

Was wir noch gar nicht besprochen haben, sind die Schnittstellen Mensch-Mensch und Mensch-Organisation. Die Zusammenarbeit von Menschen und Maschinen funktioniert im weitesten Sinne ja immer innerhalb eines Arbeitssystems. Dann wiederum ist die Frage, wie die Arbeit organisiert ist und wie das Gesamtsystem ist – vom Arbeitsplatz über das Management und die Ausbildung bis hin zur Qualifikation und Qualitätssicherung. Das sind richtig viele große Themen, und Human Factors heißt, das alles so miteinander zu verbinden, dass es passt und als Gefüge insgesamt möglichst effizient und fehlerfrei – also sicher – funktioniert und sich die Menschen dabei oder dadurch auch noch wohlfühlen (so z. B. schon Hawkins, 1987). Angesichts dieses Ziels, denke ich, wird sehr gut klar, dass man nur mit Psychologie, nur mit Ingenieurwissenschaften oder nur mit Programmier- und Informatikkenntnissen nicht weiterkommt.

- **I:**

Automatisierung verringert also einerseits menschliche Fehlerquellen, führt aber andererseits dazu, dass die verbleibenden menschlichen Beiträge wichtiger werden. Denken Sie, dass Menschen durch Automation teilweise auch entfremdet werden von ihrer Arbeit, weil sie weniger Zugang zu den technischen Systemen und auch weniger Expertise darin haben?

- **GH:**

Es wird sicher schwieriger, hochautomatisierte Systeme als Anwender oder Nutzer noch gut zu kennen. Das betrifft selbst Piloten, die die Wirkungsweise und Zusammenhänge ihrer Maschinen sehr gut kennen müssen, sodass sie manchmal nicht mehr ganz genau wissen, was das Flugzeug im Detail eigentlich tut. So wissen sicher auch Nutzer von Robotiksystemen, PCs und von allen möglichen Maschinen nicht genau, wie diese jeweils funktionieren. Insofern ja, Automation führt mitunter zu geringerer Expertise der Nutzer, andererseits übernehmen Menschen natürlich immer mehr die kognitiv anspruchsvolleren Aufgaben, wenn die einfachen Tätigkeiten von Maschinen übernommen werden. Insofern muss man sehr genau hinschauen: Ist es eine Entfremdung, indem die Technik im weitesten Sinne Aufgaben übernimmt und der Mensch zuschaut, oder ist es nicht auch eine Freisetzung von Kreativität, von Kapazitäten, indem wir sehr viele langweilige, monotone, auch schädliche Tätigkeiten abgeben können?

Ich würde Automatisierung nicht pauschal beurteilen. Es kommt wirklich darauf an, wovon genau wir reden. Sie merken ja schon, die Begriffe „Technik", „Automation", „Computer", „Maschinen", „Roboter" … das geht ja alles durcheinander.

Da muss man sehr genau schauen, wovon man spricht: Welche Fähigkeiten von Menschen sind noch oder werden jetzt erst gefordert? Welche Kompetenzen fallen weg oder werden entwickelt? Wo gibt es Beschränkungen oder neue Handlungsspielräume? Wo gibt es Entfremdung, indem man nicht mehr weiß, was man tut? Und wo gibt es weniger Entfremdung, indem man nicht mehr auf stupide Einzeltätigkeiten festgelegt ist?

- **I:**

Sehen Sie es als Aufgabe der Disziplin der Human Factors, auf mögliche Gefährdungen hinzuweisen, schon bevor es zu Katastrophen kommen könnte? Oder ist die Arbeit allgemein eher rückwärtsgewandt, in dem Sinne, dass man bereits geschehene Unglücke erklärt?

- **GH:**

Human Factors an sich ist natürlich vorwärts wie rückwärts einsetzbar. Wenn Sie Unfallanalysen durchführen, können Sie mit genau der gleichen Methodik in die Zukunft gerichtetes Risikomanagement machen. Ob es Aufgabe der Wissenschaft ist, auf Gefährdungen hinzuweisen, ist eher eine wissenschaftspolitische Frage. Sie können aber als Human-Factors-Wissenschaftler beides tun, und es gibt Personen, die beides tun. Ob Wissenschaft vor dem Einsatz von Technik warnen soll oder ob konkret Personen, also Wissenschaftler, sich einmischen in eine Debatte um eine Gefährdung durch Technik, das ist eine allgemeine wissenschaftsethische, wissenschaftspolitische Frage, die auch nicht allein Human Factors betrifft. Aber von den Methoden, vom Wissen und von den Themen her ist es natürlich sehr gut möglich, über Risiken, Gefährdungen und natürlich auch über Nebenwirkungen neuer Technologien zu sprechen.

- **I:**

Nun gibt es ja Fälle, in denen Gefahrenpotenzial erkannt wurde und Gegenmaßnahmen ergriffen wurden, zum Beispiel beim Hygieneverhalten von Personal in Krankenhäusern. Jedem Arzt ist bewusst, dass Handhygiene extrem wichtig ist. Trotzdem hört man immer wieder Nachrichten von Zwischenfällen in Kliniken, die auf mangelnde Hygiene zurückzuführen sind. Welche Lösungsansätze bietet HF bei Gefahrenpotenzial, was den Akteuren bekannt ist, aber nicht angemessen berücksichtigt wird?

- **GH:**

Das ist ein schönes Beispiel. Sie haben gerade gesagt, es ist jedem Arzt bewusst. Nein, es ist nicht jedem Arzt bewusst, wie wichtig Handhygiene ist, obwohl Kampagnen laufen, obwohl man es eigentlich gelernt haben müsste. Handhygiene ist ein schönes Beispiel für Human Factors, weil es zeigt, wie die Organisation, wie Führung, Management, Arbeitszeitgestaltung, Arbeitsplatzgestaltung, Arbeitsmittelgestaltung, Motivation, Schulung, Training und Teamarbeit ineinandergreifen müssen, damit ein Verhalten, von dem alle wissen, dass es richtig und wichtig ist, auch umgesetzt wird. Die Tätigkeit, sich die Hände richtig zu reinigen und richtig zu desinfizieren, kann man sehr schnell lernen. Das ist mit den heutigen Mitteln sogar beinahe nebenwirkungsfrei, z. B. durch hautschonende Desinfektionsmittel. Es gibt außerdem sehr klar definierte Kriterien von der Weltgesundheitsorganisation

(WHO), bei welchen Gelegenheiten und Indikationen eine Händedesinfektion durchzuführen ist. Es ist ein Thema, da kennt man die Gefahr: Keimverschleppung. Und man kennt eine Maßnahme, die Abhilfe schafft. Es gibt die Ressourcen dafür, das Mittel steht bereit, es ist bezahlbar, es ist verfügbar, dennoch wird es nicht angewendet.

Wir haben Compliance-Raten in verschiedenen Häusern und Stationen zwischen 20 und über 90 %. Es gibt Stationen, in denen sogar Wissenschafter danebenstehen und Strichlein machen, also ein Beobachtungseffekt dabei ist, in denen die Compliance dennoch sehr gering ist und sich Personal nicht in gebotener Häufigkeit die Hände desinfiziert. Und die Frage ist hier: Warum? Die Antwort heißt nicht einfach: Es ist eine Bewusstseinsfrage! Dann würde es reichen, alle zu schulen. Nein, so ist es leider nicht! Sondern es müssen eben auch die Desinfektionsmittelspender an Stellen angebracht sein, an denen sie leicht zugänglich sind. Es gibt Studien, die zeigen, dass bereits dann, wenn man in Patientenzimmern die Anordnung im Raum, die Platzierung der Desinfektionsmittelspender verändert, die Compliance-Rate steigen kann. Das ist ein super Human-Factors-Beispiel, weil es zeigt, wie die Hardware des Arbeitsplatzes, in diesem Fall die Geräte in einem Raum, zusammenhängen mit dem Bewusstsein.

Zusätzlich kann man bei diesem Thema auch sehr schön den Einfluss von Führung zeigen: Wenn die Führungskräfte sich die Hände desinfizieren, machen das auch die Mitarbeiter. Tun Führungskräfte das nicht, sinkt auch die Compliance bei den Mitarbeitern. Das ist ein Thema, bei dem man tatsächlich von mehreren Seiten draufschauen muss. Für mich ist es ein sehr wichtiger Anwendungsbereich für Human Factors. Hier zeigt sich, dass manchmal die naheliegenden Antworten (Schulungen, „Besser aufpassen!", Appelle) nicht ausreichen, denn die Schulungen gibt es, aber das Bewusstsein ist nicht da, nicht in ausreichendem Maß. Bewusstsein allein löst das Problem nicht, es muss auch die Zeit für eine Tätigkeit vorhanden sein, von der Organisation eingeräumt werden. Ich muss zum Beispiel in meinen Arbeitsprozessen als Pflegekraft die Möglichkeit haben, etliche Male am Tag, 20 bis 30 s für die Händedesinfektion einzubauen. Jetzt können Sie jeden, der im Krankenhaus arbeitet, fragen: Die Zeit ist nicht da. Das heißt, ich muss vom Management her dafür sorgen, dass entweder die Zeit da ist – das ist eine Geldfrage –, oder ich muss überlegen, diesen Vorgang der Händedesinfektion in andere Arbeitsprozesse einzubinden, wie beispielsweise in Gespräche mit den Patienten oder in das Von-A-nach-B-Gehen. Irgendwelche Lösungen muss ich finden. Das heißt, ich kann nicht einfach von den Leuten verlangen, das Richtige zu machen, wenn ich ihnen nicht die Mittel, die Zeit, die Möglichkeiten und auch die Kompetenzen zur Verfügung stelle. Hände zu desinfizieren im Krankenhaus, ist ein Beispiel, das so klein aussieht, aber es verdeutlicht gut die ganze Human-Factors-Problematik und -Anwendung.

- **I:**
Diese Compliance-Rate, die Sie vorhin genannt hatten, 20 %, was war das Kriterium der Studie?

- **GH:**
Es ist keine Studie. Es gibt in Deutschland seit 2008 die Aktion „Saubere Hände", eine Kampagne vom Bundesgesundheitsministerium (▶ http://www.aktion-sauberehaende.de/ash/ash/). Compliance wird in sehr vielen Krankenhäusern

gemessen, und zwar misst man einerseits den Desinfektionsmittelverbrauch, andererseits wird auch beobachtet, also gezählt, wie häufig bei den jeweiligen Indikationen der WHO die Hände desinfiziert werden. Diese Indikationen sind zum Beispiel vor und nach Patientenkontakt oder wenn man die Patientenumgebung angefasst hat. Es gibt auch Differenzierungen je nach Kontext, je nach Patient usw. Aber im Prinzip gibt es fünf Indikationen, wann man sich die Hände desinfizieren sollte, und man kann zählen, ob die Menschen am Krankenbett, die Pflegekräfte und Ärzte das tun oder nicht. Und wenn sie es tun, kann man noch untersuchen, ob sie es richtig oder schlampig machen.

Es gibt aus vielen Ländern Studien, und überall ist die Compliance bei den Ärzten geringer als bei den Pflegekräften, was unter anderem natürlich mit Wissensdefiziten, mit Schulungen zu tun hat. Es hat aber auch mit Einstellungen zu tun, da sind wir bei den psychologischen Human Factors: Motivation, Wissen, Einstellungen. Es hat aber gleichermaßen mit Führung zu tun, mit dem Team, mit der Organisation der Arbeit – wir sehen das bei diesem Thema auch in den Studien gespiegelt –, wirklich allen Ebenen von Arbeitssystemen, von Human Factors. Technik sehen wir in diesem konkreten Beispiel natürlich nur in Form von Desinfektionsmittelspendern, wobei es da auch technische Ansätze für die Lösung des Problems gibt, z. B. Zugangssperren an Türen, die erst öffnen, wenn ich meine Hände desinfiziert habe. Aber solche Dinge funktionieren auch nur begrenzt. Also ist das ein Human-Factors-Beispiel, das relativ wenig Technikanteile hat, dafür aber neben Führung und Wissen bzw. Einstellungen deutlich die Bedeutung von Arbeitsplatz und Arbeitsmitteln zeigt. Hier ist es vor allem die Verfügbarkeit des Desinfektionsmittels: Habe ich es in meinem Kittel im Fläschchen, habe ich Spender auf meinem Verbandswagen, im Patientenzimmer oder im Flur?

- **I:**

Wir haben ja jetzt schon über die Branchen Luftfahrt und Industrie sowie über das Gesundheitswesen gesprochen. Andere Bereiche sind zum Beispiel Polizei oder Militär. Das sind sehr spezialisierte Branchen mit höchst unterschiedlichen Anforderungen an die Akteure. Mussten Sie sich als Psychologin viel neues Wissen aneignen, um Ihre Expertise in diesen Bereichen einbringen zu können?

- **GH:**

Ja natürlich. Ich bin natürlich immer Psychologin. Ich werde nie Anästhesistin sein oder ein Flugzeug selbst fliegen, da bleibt man natürlich in der eigenen Expertise. Aber was sehr wichtig ist, und das betrifft nicht nur Human-Factors-Anwendung, sondern eigentlich jeden anwendenden Psychologen: Wenn ich mit Anwendern, Praktikern spreche, muss ich deren Sprache kennen und möglichst verwenden können. Ich kann niemals verlangen und voraussetzen, dass sich diese Leute psychologisches Fachvokabular aneignen, im Gegenteil: Sollte ein psychologischer Fachbegriff herausrutschen, wird man schnell dafür kritisiert. Das heißt, man muss jeglichen psychologischen Fachbegriff in Alltagsdeutsch übersetzen oder mindestens eingängig erklären können. Andererseits sprechen Ärzte, Piloten, Polizisten, Feuerwehrleute in der gemeinsamen Arbeit vollkommen ungeniert in ihrer Fachsprache weiter. Die Sprache ist also das eine, man muss sehr viele Begriffe kennen.

Was ich auch sehr wichtig finde: Ich muss die Arbeitsprozesse meiner Kooperationspartner oder Kunden so weit verstehen, dass ich ihre Themen und Probleme verstehen kann. Ich kann sie ja nicht beraten, ich kann ihnen auch kein sinnvolles Training anbieten, und ich komme auch in einem Forschungsprojekt nicht sehr weit, wenn ich nicht weiß, was sie eigentlich machen, was ihre Anforderungen und was ihre Probleme sind. Das setzt natürlich voraus, dass man bereit ist, sich die Arbeitswelt anderer anzuschauen. Das tun mein Team und ich auch sehr stark, und es macht natürlich auch Spaß. Wir sind zum Beispiel viel in Feuerwachen, ich bin auch in Cockpits mitgeflogen, als das noch ging, wir besuchen die Sicherheitsbereiche von Festivals, wir sitzen in Leitstellen und schauen eine Schicht lang zu, was die da machen. Das heißt, man muss auch bereit sein, diese Zeit einzusetzen. Das kann man nicht in beliebig vielen Branchen tun, das ist klar, man muss sich auf bestimmte Bereiche spezialisieren. Tut man das nicht, kann man auch keine nützliche Arbeit leisten. Den Leuten irgendwelche allgemeinen Theorien zu vermitteln, ist für sie nicht wirklich interessant und nützt ihnen vor allem auch nicht wirklich. Das heißt, wenn ich nützliche Arbeit leisten will in der Forschung oder im Training, dann setzt das voraus, dass ich mich so weit mit den Themen meiner Partner beschäftige, dass ich weiß, wovon sie sprechen. Das ist auch ein Reiz, den dieses Arbeitsfeld bietet. So lernen wir jeden Tag, und wir lernen viele Bereiche kennen, von denen wir im Psychologiestudium noch nicht mal wussten, dass sie existieren. Das macht die Human-Factors-Arbeit sehr anregend und sehr spannend, also dass man mit Menschen aus anderen Branchen in Kontakt ist und dadurch auch den eigenen Horizont erweitert und sehr viele, im Sicherheitsbereich auch wichtige und spannende, Dinge lernt, die man sonst als Psychologe oder Psychologin nicht lernt.

- **I:**

Neben den vielen Beiträgen der Ingenieurwissenschaften, der Informatik, der Rechts- und Wirtschaftswissenschaften bleibt die Psychologie doch eine Kerndisziplin der Human Factors. Ist den Auftraggebern und fachfremden Kollegen immer bewusst, dass das zu weiten Teilen psychologische Expertise ist, die Sie in die Arbeitsprozesse einbringen? Anders gefragt, werden Sie als Psychologin wahrgenommen in Ihrem Beruf?

- **GH:**

Ja, ich werde ja auch als Psychologin angesprochen, eingeladen, angefragt. Am Anfang ist es sogar oft so, je nachdem, über welche Schiene man in einen Kontext hineinkommt, dass man zunächst als Psychologin wahrgenommen wird. Dabei meinen die Leute häufig, alle Psychologen arbeiten in der Therapie. Dann muss man ihnen erst mal erklären, dass es Psychologen gibt, die nicht klinisch arbeiten, sondern die zum Beispiel Arbeits-und Organisationspsychologie machen oder Human-Factors-Psychologie, wobei dieser Begriff natürlich recht unbekannt ist; den muss man dann erst einmal erklären. Wenn ich direkt für diese Themen angefragt werde, ist es für die Leute zweitrangig, ob ich Psychologin bin. Ich könnte auch etwas anderes an der Stelle sein. Dann interessiert sie die Expertise für einen bestimmten Bereich, für Teamarbeit, für Arbeitssysteme, für was auch immer sie brauchen. Aber natürlich bleiben meine Partnerinnen und ich Psychologinnen. Wir haben aber auch Mitarbeiter, die keine Psychologen sind, sondern Soziologen oder Kommunikationswissenschaftler – und hoffentlich demnächst noch aus anderen Disziplinen. Psychologie ist ein sehr wichtiger Teil von Human Factors, und das ist durchaus etwas, das den Leuten bewusst ist.

- **I:**
In welchen Bereichen, sowohl in er Forschung als auch in der Anwendung, sehen Sie in Zukunft noch Potenzial für die Weiterentwicklung des Faches? Wo könnten zukünftige Wachstumsfelder liegen?

- **GH:**
Um das Fach weiterzuentwickeln, wäre es in den deutschsprachigen Ländern erst mal die Herausforderung, Human Factors als universitäres Fach zu etablieren. Human Factors ist im Moment an den Universitäten sehr wenig vertreten. Das heißt also, eine Human-Factors-Wissenschaft, die es in anderen Ländern (z. B. Großbritannien) durchaus als so bezeichnete Wissenschaft gibt, haben wir in Deutschland gar nicht. Das finde ich eine sehr wichtige Aufgabe. Natürlich braucht jedes einzelne der vielen, vielen Forschungsfelder, die da drinstecken, eine stetige Weiterentwicklung. Wir sind bei vielen Fragen tatsächlich am Anfang. In der Anwendung ist natürlich das Potenzial, den technischen Anwendern bekannt oder bewusst zu machen, wie Menschen und ihre Arbeitssysteme zusammenwirken, also zum Beispiel Human Factors auch in einem Anteil in ingenieurwissenschaftliche Studiengänge hineinzubringen, aber auch z. B. in medizinische Studiengänge. In der Pilotenausbildung sind Human Factors bereits stark enthalten. Aber in den meisten Ausbildungen oder Studiengängen außerhalb der Psychologie kommen die Themen nicht vor. Hier liegt also eine wichtige Aufgabe, die Bedeutung von Human Factors in der Praxis weiter bekannt zu machen.

Aktuelle wissenschaftliche Felder sind natürlich einerseits sehr stark im Bereich der Automatisierung, des Umgangs mit Industrie 4.0, Robotik, der Übernahme von Arbeitsaufgaben durch Computer zu finden. In dem Bereich wird derzeit viel geforscht, da auch die Industrie sehr viel Geld in diese Forschung steckt, zum Beispiel in der Verkehrspsychologie, aber ebenso in der produzierenden Industrie. Das ist einfach ein Zukunftsfeld, und wir können nicht absehen, wohin die technische Entwicklung in den nächsten Jahren noch geht. Mit den Human-Factors-Wissenschaften werden wir auch stark gefordert sein, und da gibt es viel Potenzial. Ein anderer großer Bereich ist das Thema, sicherere Arbeitssysteme zu schaffen, nicht nur durch die Technisierung, sondern auch durch das Zusammenspiel von Mensch, Technik und Organisation auf allen Ebenen. Es gibt unbegrenzte Möglichkeiten sich die Interaktion von Menschen und ihren Arbeitsmitteln genauer anzuschauen.

- **I:**
Welche Schritte würden Sie Absolventen der Psychologie empfehlen, die im Bereich Human Factors Fuß fassen oder das Feld näher kennenlernen wollen?

- **GH:**
Ich würde Studierenden empfehlen, wenn sie sich schon im Studium befinden, sich nach geeigneten Masterstudiengängen umzuschauen, die es ja gibt. Ein Praktikum ist natürlich immer richtig und wichtig. Man kann Praktika bei verschiedenen Firmen im Human-Factors-Bereich machen, die sehr verschiedene Arbeitsformen und

■ Abb. 5.2   Video 5.2 (▶ https://doi.org/10.1007/000-8hk)

inhaltliche Ausrichtungen haben. Wichtig wäre, sich diese Art Arbeit anzuschauen und sich zu fragen, ob man das kann, ob man das will und ob man Lust hat, mit Menschen anderer, vor allem technischer Fachrichtungen zu arbeiten. Es empfiehlt sich unbedingt auch, wissenschaftliche Literatur zu lesen, denn es ist ja so, dass es irrsinnig viel Forschung gibt, die kein einzelner Mensch auch nur ansatzweise überblicken kann. Das heißt, man muss viel mehr lesen, als einem im Studium vielleicht nahegelegt wird (für einen Einstieg könnte z. B. nützlich sein: Badke-Schaub et al., 2012). Man muss sich selber schlaumachen, mit Menschen sprechen, Arbeit ansehen, ausprobieren und sich dann spezialisieren.

- I:

Vielen Dank für das Gespräch.
Video des Interviews (siehe ■ Abb. 5.2):

Literatur

Badke-Schaub, P., Hofinger, G., & Lauche, K. (Hrsg.). (2012). *Human factors. Psychologie sicheren Handelns in Risikobranchen,* (2., komplett überarbeitete und aktualisierte Aufl.). Springer.

Hawkins, F. H. (1987). *Human factors in flight*. Ashgate.

Hofinger, G., & Heimann, R. (Hrsg.). (2016). *Handbuch Stabsarbeit. Führungs- und Krisenstäbe in Einsatzorganisationen, Behörden und Unternehmen*. Springer.

Arbeits- und Gesundheitsschutz

Cornelia Schneider

Inhaltsverzeichnis

6.1 **Einleitung – 152**

6.2 **Gesundheitsmanagement: Interview mit Cornelia Schneider der Firma GGW Homburg – 153**

Literatur – 177

Ergänzende Information Die elektronische Version dieses Kapitels enthält Zusatzmaterial, auf das über folgenden Link zugegriffen werden kann ▶ https://doi.org/10.1007/978-3-662-65821-5_6. Die Videos lassen sich durch Anklicken des DOI Links in der Legende einer entsprechenden Abbildung abspielen, oder indem Sie diesen Link mit der SN More Media App scannen.

© Der/die Autor(en), exklusiv lizenziert an Springer-Verlag GmbH, DE, ein Teil von Springer Nature 2022
N. Bajwa und C. König (Hrsg.), *Karriereperspektiven in der Arbeits- und Organisationspsychologie*, Meet the Expert: Wissen aus erster Hand, https://doi.org/10.1007/978-3-662-65821-5_6

6.1 Einleitung

Nida ul Habib Bajwa und Cornelius J. König

Jedes Jahr bringen mehrere Krankenkassen jeweils einen Gesundheitsreport heraus, der die häufigsten Krankheiten auflistet, die zur krankheitsbedingten Abwesenheit von Arbeitnehmern führen. In den letzten Jahren waren neben Atemwegserkrankungen, Erkrankungen des Muskel-Skelett-Systems und Verletzungen insbesondere psychische Erkrankungen immer häufiger der Grund für die Arbeitsunfähigkeit von Arbeitnehmern. Dass psychische Erkrankungen bald sogar den nicht unbedingt rühmlichen ersten Platz für krankheitsbedingte Abwesenheit vom Arbeitsplatz einnehmen werden und man auch in Zeitungen immer häufiger vom Burnout-Syndrom liest, zeigt, dass eine dringende Notwendigkeit besteht, solchen Erkrankungen aktiv vorzubeugen.

Der Gesetzgeber nimmt bereits seit Langem Arbeitgeber im Rahmen von Gefährdungsbeurteilungen in die Pflicht, Arbeitsplätze zu analysieren und für Sicherheit und Gesundheitsschutz von Arbeitnehmern zu sorgen. Diese sogenannten psychischen Gefährdungsbeurteilungen werden zumeist in Form von Befragungen von Mitarbeitern in Unternehmen durchgeführt und erfassen unterschiedliche tätigkeitsbezogene Merkmale wie beispielsweise Arbeitsorganisation, Arbeitskomplexität, Handlungsspielraum, soziale Unterstützung, Mitarbeiterführung oder Teamarbeit. Anhand der aufgelisteten Themen werden potenzielle Stressoren und deren Folgen für Mitarbeiter erfasst und Maßnahmen abgeleitet, wie die Organisationen diesen aktiv entgegenwirken können.

Hier hilft es, sich ein großes Unternehmen wie ein kleines Dorf vorzustellen: Wenn Tausende Menschen in einem Werk einer Organisation arbeiten, so werden selbstverständlich viele Herausforderungen zutage treten, die es in einem kleinen Dorf auch gibt. Manche Personen verstehen sich schlecht miteinander, manche sind sogar heillos zerstritten, manche haben mit Alkoholproblemen zu kämpfen, manchen fehlt Ausgleich nach der Arbeit, z. B. in Form von Sport. Unternehmen haben verständlicherweise ein Interesse daran, dass ihre Mitarbeiter immer eine hohe Leistungsfähigkeit an den Tag legen können, und entsprechend ist es im Interesse der Unternehmen, beim Thema Gesundheit der Mitarbeiter vor allem Präventionsarbeit zu leisten. Dabei stehen z. B. folgende Fragen im Vordergrund:

- Wie kann man idealerweise Abläufe und Arbeitsplätze im Unternehmen so gestalten, dass die Belastung für die Mitarbeiter möglichst gering ausfällt?
- Wie schult man Führungskräfte, dass sie die Gesundheit ihrer Mitarbeiter im Blick haben?
- Wie motiviert man Mitarbeiter, dass sie sich selbst aktiv um ihre Gesundheit kümmern?
- Wie betreibt man effektive Burnout-Prävention?

Bei der Vielzahl der gesundheitsrelevanten Fragen im Unternehmen ist es daher nicht verwunderlich, dass vor allem in größeren Unternehmen häufig spezielle Abteilungen eingerichtet wurden, die sich mit dem Thema des betrieblichen Gesundheitsmanagements und der betrieblichen Gesundheitsförderung befassen.

Es ist unschwer zu erkennen, dass die zuvor genannten Fragestellungen insbesondere auch der Arbeit von Arbeits- und Organisationspsychologen bedürfen: Die verbreitetsten Instrumente zur Erfassung psychischer Gefährdung stammen von Arbeits- und Organisationspsychologen. Zudem sind die Themen Stress am Arbeitsplatz und Stressmanagement in der arbeits- und organisationspsychologischen Forschung so prominent, dass es eigenständige psychologische Fachzeitschriften gibt, die sich ausschließlich diesem Thema widmen. Dieses Forschungswissen ist die Basis für die Gestaltung von nachhaltigen Personalentwicklungsmaßnahmen, die die Mitarbeiter befähigen sollen, auf ihre psychische Gesundheit zu achten. Zu guter Letzt hat das Thema Achtsamkeit, also die bewusste Lenkung der eigenen Aufmerksamkeit auf interne und externe Wahrnehmungen in einem gegenwärtigen Augenblick, Einzug in Unternehmen erlangt. Dies ist eine große Errungenschaft der Stressforschung, da mittlerweile unter Forschern Einigkeit besteht, dass Achtsamkeit als Technik einen positiven Einfluss auf den Umgang mit Stress haben kann.

Das Feld Gesundheitsmanagement ist insbesondere für Arbeits- und Organisationspsychologen mit einer Affinität zur Klinischen Psychologie attraktiv, da das psychische Wohl des Mitarbeiters im Vordergrund der Arbeit steht. Als Arbeits- und Organisationspsychologe ist man zwar kein psychologischer Psychotherapeut, der psychische Erkrankungen behandeln soll, sondern kümmert sich um die aktive Vorbeugung, also darum, dass Mitarbeiter des Unternehmens erst gar nicht erkranken. Passiert dies doch, können Arbeits- und Organisationspsychologen detaillierte Ursachenanalysen durchführen und effektive Gegenmaßnahmen vorschlagen. Gleichzeitig sind Arbeits- und Organisationspsychologen kompetente Ansprechpartner, die in schwerwiegenderen Fällen auch professionelle Hilfe bei einem psychologischen Psychotherapeuten vorschlagen können.

Im Folgenden stellt Cornelia Schneider das Thema Gesundheitsmanagement aus verschiedenen unternehmerischen Perspektiven vor.

6.2 Gesundheitsmanagement: Interview mit Cornelia Schneider der Firma GGW Homburg

Das Interview und die Transkription führten Tatjana Cassel, Marie Engel und Lisa Rau durch.

- **Interviewer:**

Frau Schneider, Sie arbeiten nun schon seit geraumer Zeit bei der GGW Homburg. Können Sie kurz beschreiben, was die Aufgabenbereiche Ihres Unternehmens sind?

- **Cornelia Schneider:**

Ich habe die GGW 1993 gegründet. Die Abkürzung GGW steht für „Gesellschaft für Gesundheitspflege und Weiterbildung". Entstanden ist die Idee zur GGW aus der Arbeit mit unseren Patienten. In der therapeutischen Arbeit arbeiten wir mit Kranken, um deren Beschwerdebilder zu verbessern oder im Idealfall zu beseitigen. In der GGW hingegen arbeiten wir mit Gesunden, damit diese gesund und leistungsfähig bleiben und das möglichst über die ganze Lebensspanne. Gesundheit entsteht nicht in einer physiotherapeutischen, psychologischen oder ärztlichen

Praxis, denn dort wird Krankheit beseitigt. Gesundheit entsteht dort – wie die Weltgesundheitsorganisation (WHO) so schön sagt –, „wo Menschen leben, lieben und arbeiten".

Es gibt etliche Beispiele aus meinem therapeutischen Alltag, in denen evident wurde, dass Krankheiten durch Arbeitsbedingungen und/oder mangelndes Selbstmanagement im Beruf mit verursacht oder dort aufrechterhalten wurden. Nach über 20 Jahren therapeutischer Arbeit wollte ich nicht mehr „reparieren", sondern ich wollte Menschen in ihren Lebenswelten begleiten und ihnen Impulse geben, dass diese Krankheiten gar nicht erst entstehen. Als ich die GGW gegründet habe, war der Geschäftszweck zuerst einmal private Prävention. Meine Kollegen und ich haben dann aber sehr schnell erkannt, dass es mehr braucht als die Veränderung des persönlichen Verhaltens in den klassischen Gesundheitsfeldern Bewegung, Ernährung und seelische Ausgeglichenheit. Wir konzentrierten uns in der Folge auf Institutionen, Organisationen und Firmen, um mit den Menschen in ihren beruflichen Settings arbeiten zu können.

Unsere Arbeit besteht heute aus vier Feldern: 1) dem betrieblichen Gesundheitsmanagement (BGM), 2) der betrieblichen Gesundheitsförderung (BGF) sowie 3) der persönlichen Gesundheitsförderung (PGF). Alle drei Bereiche sind getrennte Tätigkeitsfelder. Unser vierter Arbeitsschwerpunkt sind die Beratung, Analysen und auch Maßnahmen im Bereich Demografie: Was brauchen Menschen, um gut zu arbeiten, sogar mit Genuss und Freude zu arbeiten und das in jeder Lebensphase? Wie wird man gut im Beruf älter? Unsere Lebenserwartung ist gestiegen. Frauen werden nahezu doppelt so alt als noch vor hundert Jahren. Das Rentenalter wird sich immer weiter nach oben verschieben. Was müssen junge Menschen tun, um mit 50 oder 60 noch gerne zu arbeiten? Und wie bereiten sie sich darauf vor, um bis 65, bis 70 und vielleicht sogar darüber hinaus arbeiten zu können? Und was müssen die Arbeitgeber verändern, damit das auch menschengerecht möglich wird?

Die vier Arbeitsbereiche betriebliches Gesundheitsmanagement, betriebliche Gesundheitsförderung, persönliche Gesundheitsförderung und Demografie sind trotz unterschiedlicher Inhalte eng miteinander verwoben und ergänzen sich zu einem übergeordneten Ziel: gesunde Menschen in ihrer Entwicklung so zu begleiten, dass sie gesund und leistungsfähig bleiben und ihre Fähigkeiten und Ressourcen über die Lebensspanne weiterentwickeln.

- I:

Sie haben bereits kurz angerissen, wie Ihr Kundenstamm charakterisiert ist. Können Sie hier eventuell noch Beispiele nennen? Und wie werden Kunden auf Sie aufmerksam?

- CS:

Unsere Kunden kommen aus unterschiedlichen Bereichen. Die Hauptzielgruppen unserer Arbeit sind große Industrieunternehmen. Hier haben wir einen Schwerpunkt in der metallverarbeitenden Industrie und bei den Automobilzulieferern. Wir arbeiten auch viel für die öffentliche Verwaltung, sowohl im Saarland als auch in anderen Bundesländern. In den letzten fünf Jahren kommen zunehmend mehr Anfragen aus dem Mittelstand. Die Kundenakquise war in den neunziger Jahren ziemlich schwer, denn nur wenige kannten die Inhalte und auch den Nutzen des betrieblichen Gesundheitsmanagements und der betrieblichen Gesundheitsförderung. Die Kundengewinnung war somit richtig harte Arbeit. Heute nach 25 Jahren Projektarbeit in vielen Branchen bin ich in der glücklichen Lage, dass ich keine Werbung mehr brauche. Natürlich macht man sie trotzdem, indem man auf Kongresse geht, Vorträge hält und Artikel veröffentlicht. Ein erfolgreiches und auch evaluiertes Projekt bringt Ihnen neue Kunden.

Unser stärkstes Marketingmittel ist die Mund-zu-Mund-Propaganda innerhalb und auch zwischen den Firmen. Heute ist es so, dass wir praktisch von Firma zu Firma „weitergereicht" werden. Gleichzeitig bemühen wir uns um eine gute Außendarstellung unserer Arbeit, wobei man immer gut abwägen muss, wie viel Energie man in die inhaltliche Arbeit und wie viel man ins Marketing investiert. Ich glaube, dass niemand in diesem Beruf Fuß fassen könnte, wenn er auf Marketingmaßnahmen verzichtet. Es ist also ganz anders als im therapeutischen Bereich. Als Therapeut brauchen Sie in der Regel kein Budget für das Marketing. Aber im Bereich betriebliches Gesundheitsmanagement brauchen Sie ein gutes und nachhaltiges Konzept für die Öffentlichkeitsarbeit.

- **I:**

Wie setzt sich Ihr Team interdisziplinär zusammen? Welche Ausbildung und Erfahrung sollte ein potenzieller Mitarbeiter Ihres Unternehmens mitbringen?

- **CS:**

Ein Erfolgsfaktor in unserer Arbeit ist die interdisziplinäre Zusammensetzung unseres Teams. Betriebliches Gesundheitsmanagement kann man nicht aus einer Disziplin heraus alleine leisten. Mediziner bspw. sind für die Beseitigung von Krankheit ausschlaggebend, aber für die Erhaltung und Förderung von Gesundheit brauchen wir unterschiedliche Fachrichtungen mit unterschiedlichen Denkansätzen.

In unserem Team gibt es natürlich schwerpunktmäßig Psychologen, aber auch Pädagogen, Physiotherapeuten, Ökotrophologen, Ernährungsmediziner sowie Ergonomen, also ganz unterschiedliche Disziplinen, welche je nach Projekt miteinbezogen werden.

- **I:**

Betrachtet man Ihren Lebenslauf, fällt auf, dass Sie noch vor Ihrem Psychologiestudium eine Ausbildung zur Physiotherapeutin absolvierten und im Anschluss als freie Mitarbeiterin in einer physiotherapeutischen Praxis arbeiteten. Wie kam es dazu, dass Sie sich dazu entschieden, Psychologie zu studieren?

- **CS:**

Ich hatte mich schon vor der physiotherapeutischen Ausbildung entschieden, Psychologie zu studieren. Mit meiner Abiturnote musste ich mich auf eine längere Wartezeit einrichten. Auf jeden Fall wollte ich mit Menschen arbeiten. Daher hatte ich mich für die Physiotherapieausbildung primär nur als Überbrückung zum Studium entschieden. Schon während der Ausbildung habe ich gemerkt, wie psychologisch Physiotherapeuten eigentlich arbeiten und dass Physiotherapie und Psychologie wunderbar zusammenpassen und sich hervorragend ergänzen. Wenn ich physiotherapeutisch arbeite, arbeite ich, ob bewusst oder unbewusst, immer auch psychologisch.

Als ich dann einen Studienplatz bekommen hatte, war mir klar, dass ich die Physiotherapie nicht aufgeben, sondern die beiden Berufe verknüpfen wollte. Das war Anfang der achtziger Jahre. Damals spielte die Psyche des Menschen in der Physiotherapieausbildung kaum eine Rolle. Aber auch im Psychologiestudium fand der Körper nicht viel Aufmerksamkeit. So stark wie die Physiotherapie damals die Psyche vernachlässigt hat, hat – meiner Wahrnehmung nach – auch die Psychologie den Körper vernachlässigt. Deswegen hatte ich mich entschlossen, diesen etwas mühseligen Weg zu gehen, die Physiotherapie mit Psychologie nicht nur in der Ausbildung, sondern auch in der Anwendung zu koppeln. Das war anstrengend und schwierig, aber auch sehr bereichernd.

- I:

Zeitgleich zu Ihrem Studienbeginn ließen Sie sich mit einer eigenen physiotherapeutischen Praxis in Homburg nieder. Was waren die Beweggründe dafür, neben Ihrem Studium einer selbstständigen Tätigkeit nachzugehen?

- CS:

Weil ich mich damals auf Patienten mit chronischen Rückenschmerzen konzentriert hatte. Wenn Sie mit dieser Zielgruppe arbeiten, ist es wenig nützlich, nur die biomechanische Perspektive einzunehmen. Es war sehr hilfreich, die Inhalte, die ich im Studium, kennengelernt hatte, möglichst schnell in kleinen Portionen in den Alltag zu transportieren. Damals war es auch in der Physiotherapie nicht üblich, Inhalte, wie beispielsweise Psychosomatik, Gesprächsführung oder Selbstmanagement, in die Arbeit zu integrieren. Das ist heute viel besser geworden. Die Selbstständigkeit war für mich die einzige Möglichkeit, die beiden Berufe von Beginn an gut miteinander zu verlinken. Damals hätte ich keinen Arbeitgeber gefunden, der mir das ermöglicht hätte. Also konnte ich diesen Ansatz nur in der Selbstständigkeit verwirklichen.

- I:

Nach Abschluss Ihres Studiums arbeiteten Sie weiterhin für einige Jahre in Ihrer physiotherapeutischen Praxis. Waren Sie unmittelbar nach Ihrem Studium auch psychologisch tätig?

- CS:

Das lässt sich gar nicht so einfach erklären, denn ich war immer in beiden Bereichen tätig. Die Schwierigkeit dabei war, dass wir ein Gesundheitswesen mit einer gesetzlichen Krankenversicherung haben, die interdisziplinäres Arbeiten in dieser Form überhaupt nicht vorsieht, d. h., entweder Sie arbeiten als Physiotherapeut oder Sie arbeiten als Psychologe. Aber ich wollte beides. Ich wollte mich nicht durch Vorschriften von Krankenkassen knebeln lassen. Deswegen habe ich damals eine Coaching-Ausbildung absolviert und physiotherapeutisch weitergearbeitet. Ich wollte meine Patienten physiotherapeutisch und psychologisch begleiten. Ich war nicht psychotherapeutisch tätig, sondern habe immer versucht, einen eigenen integrativen Ansatz zwischen Physiotherapie und Psychologie zu finden. Aber ich habe

Arbeits- und Gesundheitsschutz

nicht zwischen Physiotherapie und Psychologie getrennt. Und das ist bis heute so. Wenn mich jemand fragt, was sind Sie von Beruf? Beides. In welchem Beruf arbeiten Sie? In beiden Berufen. Ich habe zwei Denkweisen, die ich versuche, bestmöglich zu verknüpfen. Es sollen nicht die äußeren Rahmenbedingungen bestimmen, wie z. B. die Krankenkassen, was ich wo und zu welcher Ziffer wie abrechnen darf. Das war natürlich auch für uns in der Praxis ein großer Schritt zu sagen, wie wir in dieser Praxis überhaupt arbeiten wollen. Das erste Schild an unserer Tür lautet: „Praxis für Physiotherapie, für Psychologie und Osteopathie", und ein zweites Schild verweist auf das betriebliche Gesundheitsmanagement. Das ist wohl etwas ungewöhnlich, weil es in unserem Gesundheitssystem so nicht vorgesehen ist, aber es funktioniert seit über 25 Jahren sehr gut.

- **I:**

Wenn man den Medien glaubt, so sind Menschen heute gestresster denn je. Vor allem der Stress am Arbeitsplatz spielt da eine große Rolle. Was können Sie als Arbeits- und Organisationspsychologin dagegen tun?

- **CS:**

Sie haben etwas ganz richtig benannt: „In den Medien." In den Medien werden diese Themen teilweise sehr einseitig dargestellt. Natürlich gibt es Stress am Arbeitsplatz, gar keine Frage. Wir haben eine Verdichtung von Arbeit, Flexibilisierungs- sowie immer höheren Leistungsansprüchen. Wir beobachten aber auch steigende private Ansprüche. Das setzt Menschen unter Stress. In der letzten Generation gab es auch Stress, in der vorletzten auch. Gehen Sie 100 Jahre zurück und schauen Sie sich an, unter welchen Bedingungen die Menschen arbeiten mussten. Noch in den sechziger Jahren gab es eine Sechs-Tage-Woche mit 52 h Arbeitszeit, deutlich weniger Urlaubstagen und kaum Arbeitsschutz. Da fände ich es vermessen zu sagen, dass heute alles schlimmer ist als früher. Heute ist alles anders. Jede Generation muss lernen, mit den Ansprüchen, die von außen, aber auch von innen kommen, umzugehen. Wir unterstützen Menschen in diesem Lernprozess.

Leider ist das Wort „Stress" völlig negativ belegt, völlig zu Unrecht. Stress ist nichts anderes als Beanspruchung. Und da gibt es eine positive und eine negative Beanspruchung, die subjektiv bewertet wird. Selbstverständlich muss die betriebliche Gesundheitsförderung mit diesem Thema arbeiten. Wir vermeiden aber ganz bewusst das Wort „Stress" oder „Stressbewältigungstraining". Wir finden, Stress kann man nicht managen – genauso wie man Zeit nicht managen kann. Was bzw. wen man aber immer managen kann, ist sich selbst.

Der große Unterschied zwischen privater und betrieblicher Gesundheitsförderung ist natürlich, dass wir nicht nur die Einzelperson in den Fokus nehmen, sondern immer auf drei Ebenen arbeiten: persönliche Ebene, Teamebene und Organisationsebene. Wir analysieren potenzielle Stressoren auf allen drei Ebenen, prüfen auf Veränderbarkeit und leiten Maßnahmen auf allen drei Ebenen ein. Auf der Organisationsebene analysieren wir Arbeitszeitmodelle, Arbeitsabläufe, Führungsqualität, Ergonomie und andere Rahmenbedingungen. Auf der Teamebene diskutieren wir bspw. Kooperation, Arbeitsverteilung und soziale Interaktionen. So nützt es wenig, ein Entspannungstraining zur Stressreduktion durchzuführen, wenn Mitarbeiter am Arbeitsplatz immer wieder den alten Konflikt mit dem Kollegen unter den Tisch kehren. Die dritte Ebene bezieht sich auf das Individuum: Wie geht der Einzelne mit den Belastungen um? Welche Ziele setzt er sich? Sind sie realistisch? Oder hechelt er immer wieder unerreichbaren Zielen hinterher? Wie bewertet er seine Situation? Erst wenn wir die Abläufe auf allen drei Ebenen beleuchten und Veränderungsprozesse auf jeder dieser Ebenen einleiten, können wir nachhaltig dazu beitragen, dass Menschen gesünder, zufriedener und leistungsstärker werden.

Wir wissen, Stress ist nicht objektiv messbar. Stress ist immer ein subjektiver Bewertungsprozess. Betriebliche Gesundheitsförderung findet in dem Schnittfeld Unternehmen, Team und Person statt. In der privaten Gesundheitsförderung gibt es vielleicht den Ratschlag: „Geh in einen Stressbewältigungskurs, lerne Entspannungsmethoden, treibe Sport und ernähre dich vernünftig." Aber das greift viel zu kurz.

Ein Beispiel: In der Industrie, bei der Polizei und in Krankenhäusern wird viel im Schichtdienst gearbeitet. Schichtdienst ist sowohl eine Gesundheitsbelastung als auch ein Stressor, den man nicht „weg entspannen" kann. Sie können Schichtdienst nicht gesundheitsförderlich gestalten, aber Sie können dennoch auf allen drei Ebenen prüfen, was zu tun ist, damit Menschen so wenig wie möglich dadurch belastet werden.

1. *Auf Unternehmensebene:* Welches Schichtsystem bevorzugen wir? Wir wissen aus der Arbeitspsychologie, dass es sehr belastende und weniger belastende Schichtsysteme gibt.
2. *Auf der Teamebene:* Wie arbeiten Menschen in diesen Schichtsystemen zusammen? Wie ist z. B. die Führungsqualität? Dies ist ein ganz zentrales Thema in der betrieblichen Gesundheitsförderung. Wenn Sie einen wohlwollenden, wertschätzenden und empathischen Vorgesetzten haben, kann dieser Belastungen auf vielfältige Weise ausgleichen.
3. *Auf der persönlichen Ebene:* Wie gesundheitsbewusst verhält sich der Mitarbeiter? Welche Schlafhygiene betreibt er? Wie gestaltet er sein soziales Leben? Wie bewegt und ernährt er sich? Wie gestaltet er seine Freizeit? Welche Ressourcen kann er in seiner Freizeit entwickeln? Aber auch welche Ressourcen kann er beim Arbeiten für sich nutzen?

Erst wenn diese drei Ebenen zusammenkommen, haben wir Chancen, messbar etwas für die Betriebe, aber auch für den Mitarbeiter zu verändern.

- **I:**
Es gibt interindividuelle Unterschiede in der Stresswahrnehmung. Studien zeigen außerdem, dass die Überzeugung, Stress beeinträchtige die Gesundheit, zu schlechterer (psychischer) Gesundheit führt. Wie geht man nun damit um? Kann man durch die Veränderung von Überzeugungen Stress ins Positive umkehren?

- **CS:**
Stress ist, wie ich oben schon erwähnt habe, per se erst mal gar nichts Negatives. Sie haben natürlich völlig recht, Überzeugungen und Bewertungen sind entscheidend. Daher ist ein wesentlicher Ansatz in unserer Arbeit, die Selbstreflexionsfähigkeit und die Selbstverantwortung der Menschen zu stärken. Indem Sie Ihre Denk- und Verhaltensweisen reflektieren, haben Sie die Möglichkeit zur Korrektur oder

Arbeits- und Gesundheitsschutz

Neubewertung. Dass dies möglich ist, belegen viele Studien, aber auch unsere tägliche Erfahrung mit den Mitarbeitern in Betrieben zeigt, dass es selten die objektiven Außenreize, sondern vielmehr die Bewertungen sind, unter denen Menschen leiden. Hier setzen die Methoden des Selbstmanagements an. Gedanken und Gefühle sind ebenso trainierbar wie der Körper. Die Voraussetzung für neues Denken, Fühlen und Handeln ist dabei die Lernbereitschaft des Einzelnen. Das ist oft die größte Hürde, die wir in unserem Alltag überwinden müssen: Lern- und Reflexionsbereitschaft überhaupt herzustellen.

Wir bieten keine fertigen Lösungen für Betriebe und Klienten an. Wir laden ein, über Selbstreflexion zu neuen Bewertungsprozessen zu kommen. Diese Angebote sind aus unserer Sicht jedem Ratschlag überlegen, übrigens auch in allen anderen Gesundheitsbereichen, denn Belehrungen aktivieren nicht. Belehrungen sind überhaupt nicht hilfreich in der Erhaltung und Förderung der Gesundheit. Wir haben in der Prävention ja kein Wissensdefizit, sondern vielmehr ein Verhaltensproblem. Wir wissen viel, aber wir tun wenig. Dennoch finden wir in vielen Präventionsratgebern oder in den Medien vor allem Empfehlungen in dem Sinne „Tu dieses, vermeide jenes". Es gibt zahllose Gesundheitsexperten, die scheinbar genau wissen, was Menschen gesund hält. Nein, wir wissen nicht, was für unsere Klienten gut ist, aber wir helfen und unterstützen sie, ihre eigenen Lösungen und gegebenenfalls ihre neuen Bewertungen und damit hilfreiche Verhaltensweisen zu finden. Das ist kein einfacher Prozess, aber er ist möglich.

- **I:**
Wie stehen Sie zum Konzept der Achtsamkeit, und wie wenden Sie es an?

- **CS:**
Achtsamkeit ist in der Gesundheitsförderung ein wichtiges und sehr nützliches Konzept. Wie will ich lernen, gut mit mir selbst und anderen umzugehen, wenn ich mir nicht bewusst mache, was ich fühle und wie ich handele? Das konzentrierte Üben der Achtsamkeit kann in vielen Bereichen der betrieblichen Gesundheitsförderung sinnvoll eingesetzt werden. So können sich langfristig innere Haltungen entwickeln, die weit über die jeweilige Übungssituation hinaus ihre biologischen und psychologischen Wirkungen entfalten. Wir nutzen die Strategien des Achtsamkeitstrainings vor allem bei Personengruppen, die hohe Anforderungen im Berufsalltag zu bewältigen haben. Hier ist immer wieder erstaunlich, wie schnell Menschen davon profitieren können, wenn sie sich erst einmal auf den Prozess eingelassen haben.

Das Prinzip der Achtsamkeit ist allerdings keineswegs neu. Es geht auf alte buddhistische Traditionen zurück, und wir finden es in vielen Therapie- und Lernmethoden in unterschiedlicher Ausprägung, ohne dass dies explizit mit dem Namen „Achtsamkeit" belegt würde. So arbeiteten Physiotherapeuten z. B. schon in den Siebzigern mit der Feldenkrais-Methode, einem körperorientierten Lernverfahren, das u. a. auch auf Achtsamkeit basiert. Diese Methode setzen wir in verschiedenen Settings ein, da es das Prinzip der Achtsamkeit hervorragend mit funktioneller Körperarbeit verbindet.

Ich möchte aber auch warnen vor den manchmal medial aufgewerteten Begriffen wie „Achtsamkeit", „Resilienz" oder „Burnout". Sie fallen fast schon zwangsweise, wenn es um Gesundheitsförderung geht, bringen häufig aber keinen neuen

Erkenntnisgewinn. In jedem Hochglanzmagazin finden Sie Berichte dazu, denn diese Worte verkaufen sich gut. Häufig handelt es sich nur um neue Etiketten für alte Phänomene oder Strategien aus der Psychologie. Nicht selten verkommen sie zur Worthülse oder gar zum reinen Marketingmittel. Daher sollten Auftraggeber sowie Fachleute immer wieder kritisch hinterfragen, was genau hinter welchem Begriff steht.

- **I:**

Wie ist die Akzeptanz aufseiten der Klienten?

- **CS:**

Bei den Mitarbeitern hoch. Das Bewusstsein für die Prävention hat sich verändert. Der Einfluss der Psychologie auf den Gesundheitszustand ist mittlerweile in nahezu allen Bevölkerungsschichten anerkannt. Wir haben ausreichend Belege für die biopsychosozialen Zusammenhänge in Krankheitsentstehung und Prävention. Die wissenschaftlichen Fakten dazu wurden in den letzten Jahren in der Öffentlichkeit auch immer besser kommuniziert. Wir arbeiten viel mit Männern in der Industrie. Dabei fällt auf, dass sich das „Männerbild" und damit auch das Verhalten der Männer verändert haben. Wenn man vor 20 Jahren in einer Männergruppe Entspannungsübungen oder Reflexionen zur Ressourcenstärkung angeboten hatte, stieß man nicht selten auf Ablehnung. Es war mit dem damals herrschenden „Männerbild" nicht gut vereinbar. So wie sich aber aktuell die gesellschaftliche Vorstellung von Männlichkeit verändert, so verändert sich auch das Denken und Handeln des Einzelnen. Ebenso hat sich die Didaktik in der Gesundheitsförderung grundlegend gewandelt. D. h., es liegt ganz stark an uns: Wie vermitteln wir die Inhalte? Wie glaubwürdig sind wir selbst? Wie transportieren wir die Methoden, und wie begründen wir diese? Wenn Sie das didaktisch gut machen, gibt es sehr wenige Widerständler in den Betrieben. Wer häufig auf Menschen trifft, die die Prävention ablehnen, der sollte vielleicht lieber sich selbst und seine Vorgehensweise hinterfragen. Denn wenn Sie sicher sind, sich gut mit der Methode auskennen und eine gute Präsentationsform haben, werden Sie kaum große Widerstände zu überwinden haben.

Eine andere Frage ist die Akzeptanz auf Seiten der Auftraggeber, also der Unternehmens- und Geschäftsführer. Hier erhalten Sie Akzeptanz zumeist mit Zahlen, Daten und Fakten. Daher sollte man sich auf die Frage, ob und wie sich die Investition ins betriebliche Gesundheitsmanagement rechnen, gut vorbereiten.

- **I:**

Seit einigen Jahren gewinnt das Thema Burnout immer mehr an Bedeutung. Burnout-Beschwerden seien eine der Hauptursachen für krankheitsbedingte Fehlzeiten und das in vielen verschiedenen Berufsbereichen. Es wurden in jüngerer Vergangenheit zunehmend Studien zu Stress veröffentlicht, und Krankenkassen geben Berichte über psychische Belastungen am Arbeitsplatz heraus. Welche Rolle spielt Ihrer Meinung nach das Thema Burnout?

- **CS:**

An einem Beispiel aus meiner Beratungspraxis möchte ich Ihnen kurz erläutern, warum wir mit der Benutzung des Begriffs „Burnouts" sehr vorsichtig sein sollten.

Ein Klient antwortete mir auf meine Frage, welches Anliegen er habe: „Ich glaube, ich bekomme Burnout." Dann fragte ich ihn, woran er das merke. Darauf antwortete der Klient: „Ich bin abends immer so müde." An dieser Antwort kann man ablesen, was der inflationäre Gebrauch des Begriffs „Burnout" verursachen kann. Selbstverständlich gibt es ernst zu nehmende Burnout-Fälle. Diese Menschen haben einen großen Leidensdruck und sind natürlich auch therapiebedürftig. Aber ich habe den Eindruck, dass das Thema medial überzeichnet wurde und dadurch auch Burnout-Diagnosen gestellt werden, die gar keine echten Burnout-Fälle sind. Das beschädigt die wirklich Kranken. Wir erleben durch diesen undifferenzierten Gebrauch von Krankheitsbegriffen, die in den Talkshows und Boulevardblättern benutzt werden, dass der Bedarf nach Krankheitszuschreibungen geweckt wird. Wir beobachten, dass der normale Mitarbeiterkonflikt als Mobbing-Fall bezeichnet und dass eine angemessene Müdigkeit und Erschöpfung vorschnell als drohendes Burnout beschrieben wird. Es profitieren sehr viele Branchen davon, dass wir so viele Krankheitskategorien haben.

Wir vermeiden in unserer Arbeit jede Form von Diagnosestellung, wobei Burnout ja auch keine Diagnose ist. Mittlerweile ist es im ICD-10 (ICD-10 steht für die 10. Fassung der internationalen Klassifikation von Krankheiten) gelistet, aber nicht unter den psychischen Erkrankungen, sondern unter der Zusatzkategorie Z. Wir halten es für überhaupt nicht hilfreich, mit dem Thema Burnout in Firmen zu gehen. Wenn ein Mensch ein Burnout hat oder wenn er gar depressiv ist, dann ist er kein Fall für die betriebliche Gesundheitsförderung, sondern für eine Therapie. Und das gilt es zu unterscheiden, denn wir machen keine Therapie am Arbeitsplatz. Natürlich passiert es vereinzelt, dass wir in unseren Workshops und Seminaren merken, dass ein Mitarbeiter therapiebedürftig ist. Dann sprechen wir auch eine entsprechende Empfehlung aus und kooperieren mit Therapeuten und Kliniken. Aber das sind natürlich die Ausnahmen, denn die Mitarbeiter, die tatsächlich an einem Burnout oder einer Depressionen leiden, sind in der Regel ja gar nicht mehr am Arbeitsplatz. Was für uns interessant ist und für die Gesellschaft interessant sein sollte, ist die Prävention von Burnout. Und darauf konzentrieren wir uns.

Meiner Meinung nach sind die erhöhten Zahlen von Arbeitsunfähigkeitstagen wegen psychischer Erkrankungen nicht auf eine tatsächliche Zunahme der psychischen Erkrankungen zurückzuführen, sondern lediglich auf eine vermehrte Diagnosestellung oder auch auf einem „Symptomwechsel". Als ich vor 25 Jahren Patienten mit chronischen Rückenschmerzen behandelt habe, haben diese mir von ähnlichen Belastungssituationen und Erlebnissen berichtet wie heute die Patienten, die bspw. an einem Burnout leiden. Heute ist es viel akzeptierter, die seelischen Belastungen zu thematisieren, und das ist gut so. Die Zahlen belegen auch, dass wir nicht kränker werden – im Gegenteil. Wenn Sie die Arbeitsunfähigkeitszahlen der letzten Jahrzehnte betrachten, sind diese nicht gestiegen, aber die Diagnoseverteilungen haben sich verändert. Erkrankungen des Bewegungs- und Skelettsystems sind immer noch die Nummer eins. Nummer zwei sind Erkrankungen der Atemwege, und Nummer drei ist die Kategorie der psychischen Erkrankungen. Die Zahl der Arbeitsunfähigkeitstage ist seit den siebziger Jahren des letzten Jahrhunderts gefallen und nicht gestiegen. Was neu ist, ist die Verteilung in den Diagnosegruppen. Und das „Image" bestimmter Krankheitsbilder hat sich verändert.

Wir sind nicht bereit, mit in dieses Horn zu blasen, dass alles nur schlechter wird und die Menschen deswegen krank werden, weil die Bedingungen am Arbeitsplatz so furchtbar sind. Natürlich gibt es vieles zu verbessern, aber die Statistiken der Krankenkassen zeichnen ein viel differenzierteres Bild von der Realität. Wir vermeiden es möglichst, von Krankheiten zu sprechen, und vermeiden auch die Wörter, denn Wörter schaffen Befindlichkeiten und teilweise auch Bedürfnisse.

- **I:**

Der Begriff „Burnout" wird häufig als Ersatz für Depressionen arbeitender Menschen gebraucht (Berger et al., 2012) und impliziert, dass sich die Betroffenen durch ihr übermäßiges Engagement ausgebrannt fühlen. Ist das Label „Burnout" Ihrer Meinung nach also für einen fleißigen Arbeitenden unter Umständen besser zu akzeptieren als die Diagnose Depression?

- **CS:**

Natürlich hat jede Gesellschaft und auch jede Zeit ihre ganz spezifischen Erkrankungen. Es ist in der Tat so, dass manche die Diagnose Burnout als ganz besonderes „Label" klassifizieren – nach dem Motto: „Ich bin der ganz Engagierte, und ich habe mich so verausgabt. Ich habe alles für die anderen gemacht, und weil ich mich so für andere eingesetzt habe, bin ich jetzt krank." Für manche ist dieses Etikett leichter zu ertragen als eine depressive Verstimmung oder gar eine Depression. Die Fachwelt ist sich nicht einig in der klaren Definition und der klaren Trennung zwischen Depression und Burnout. Wir müssen sehr darauf achten, nicht Diagnosen erster und zweiter Klasse zu kreieren.

- **I:**

Seit dem Jahr 2013 sind Arbeitgeber nun dazu aufgefordert, bei der Gefährdungsbeurteilung nicht nur körperliche, sondern auch psychische Belastungen zu erheben. Wird Ihr Unternehmen häufig von anderen Firmen zu einer solchen psychischen Gefährdungsbeurteilung engagiert? Wie muss man sich solch eine psychische Gefährdungsbeurteilung vorstellen?

- **CS:**

Wir haben diese Gefährdungsanalysen schon durchgeführt, bevor es einen gesetzlichen Auftrag dazu gab. Es gab schon immer Firmen, die dem Gesetzgeber da um eine Nasenlänge voraus waren. Und klar ist auch, dass wir psychische von physischen Belastungen überhaupt nicht trennen können. Es wäre absurd zu glauben, dass die körperlichen Belastungen für die körperlichen Krankheiten und die psychischen Belastungen für die psychischen Erkrankungen verantwortlich wären. Gute Gefährdungsanalysen erfassen also immer beides. Aber der Gesetzgeber hat uns durch seine Vorgaben nun eine höhere Legitimation für diese Analyse verschafft. Wir erhalten daher auch Anfragen von Firmen, die nur durch die Gesetzeslage überhaupt motiviert sind, sich mit einer solchen Analyse auseinanderzusetzen. Wir führen sie auf unterschiedliche Art und Weise durch, je nach Unternehmen und je nach Zielsetzung. Wir unterscheiden zwischen quantitativen und qualitativen Verfahren. Zu den quantitativen gehören standardisierte Fragebögen, manchmal auch in Verbindung mit halbstandardisierten Interviews angewandt. Zu den qualitativen Verfahren zählen bspw. Workshops, mit denen man in kleinen Unternehmen gut arbeiten kann. Das Problem ist heute nicht mehr das Instrument oder die Auswahl

Arbeits- und Gesundheitsschutz

des Instrumentes. Die Herausforderung besteht darin, die richtigen Maßnahmen aus der Analyse abzuleiten, nachhaltig umzusetzen und zu evaluieren.

- **I:**

Können Sie den Prozess der Gefährdungsanalyse anhand eines Beispiels kurz erläutern?

- **CS:**

Am einfachsten wäre es, wenn bereits ein funktionierendes betriebliches Gesundheitsmanagementsystem vorläge. In diesem Falle wäre ganz klar definiert, was das Ziel des betrieblichen Gesundheitsmanagements ist. Es gäbe eine Betriebsvereinbarung zum Selbstverständnis, was das betriebliche Gesundheitsmanagement leisten soll. Es wären verantwortliche Personen definiert, die den Prozess steuern und begleiten. Es gäbe einen Lenkungskreis, der Entscheidungen trifft. Man hätte Rahmenbedingungen und Strukturen geschaffen, mit deren Hilfe man Gesundheitsförderung später überhaupt erst umsetzen kann. Natürlich gäbe es auch ein Budget, da das betriebliche Gesundheitsmanagement auch Kosten verursacht. Aber wenn man es richtig gemacht hat, gibt es auch einen Return on Investment. Es fließt also mehr Geld zurück, als man investiert hat. In einem funktionierenden betrieblichen Gesundheitsmanagementsystem hat man sich auf ein bestimmtes Messinstrument zur Analyse der gesundheitsbelastenden Faktoren verständigt. Und wenn diese Analyse im betrieblichen Gesundheitsmanagement vorgesehen ist, dann haben wir schon die Gefährdungsanalyse. Sie erfasst körperliche und seelische Gefahrenmomente. Wir arbeiten z. B. mit einem standardisierten Fragebogen, halbstandardisierten Befragungen von Mitarbeitern oder führen Workshops durch. Was wir einsetzen, besprechen wir immer mit den Unternehmen.

Ein K.o.-Kriterium für den Einsatz eines Fragebogens ist beispielsweise, wenn bei der Vorstellung der Analyseinstrumente Fragebögen bei den Entscheidungsträgern grundsätzlich negative Reaktionen hervorrufen würden. So hatten wir in einem Betrieb eine Erfahrung aus der Vergangenheit, in der ein Unternehmensberater einen sechsseitigen, schwer verständlichen Fragebogen eingesetzt hatte, bei dem die Rücklaufquote nur 15 % betrug. Hier wäre der erneute Einsatz eines Fragebogens nicht empfehlenswert.

Eine Alternative waren in diesem Fall abteilungsbezogene Gesundheitswerkstätten. In diesen Workshops wurden gemeinsam mit den betroffenen Mitarbeitern sowohl die physischen und psychischen Anforderungen und Ressourcen erfasst als auch der Veränderungsbedarf definiert. Ebenso erarbeiteten die Mitarbeiter erste Lösungsvorschläge, die den Verantwortlichen im Betrieb dann präsentiert wurden. In diesem qualitativen Verfahren haben Sie die Chance, die Mitarbeiter mit ihren Verbesserungsvorschlägen einzubeziehen. Der Fragebogen dagegen hat das Risiko, dass manchmal nur Mängel aufgedeckt, aber keine Lösungen produziert werden. Welches Verfahren passt, ist im Vorfeld mit dem Unternehmen zu klären. Diese Beratungsleistung ist ein klassisches Feld für Psychologen. Deswegen sollten Sie nicht nur ein Standardinstrument der Gefährdungsanalyse, sondern möglichst viele Methoden kennen.

- **I:**

Wie reagieren die Mitarbeiter auf diese Erhebungen? Befürchten sie unter Umständen negative Konsequenzen für sich oder ihre Arbeit?

- **CS:**

Häufig gibt es am Anfang auf Seiten der Belegschaft Misstrauen. Das hat meist Gründe, und die gilt es auch anzuerkennen. Deswegen teilen wir niemals nur Fragebogen aus oder versenden sie gar per Post oder E-Mail. Wir laden Mitarbeitergruppen (zumeist ca. 10 bis 15 Personen aus einer Hierarchieebene) ein, erklären ihnen den Sinn der Erhebung und geben Hinweise zur Bearbeitung. Zudem erklären wir die Gewährleistung der Anonymität und kommen dabei ins Gespräch mit den Mitarbeitern. Wir hören uns die Gründe an, wenn sie diese Fragebögen nicht ausfüllen wollen. Das schafft Vertrauen. Aufgrund dieser Art der Herangehensweise haben wir nur ganz geringe Ausfälle, die dadurch entstehen, dass sich Mitarbeiter weigern teilzunehmen. Widerstände entstehen durch schlechte Vorerfahrungen und auch Ängste, die es zu würdigen gilt. Es ist die Aufgabe von Psychologen im betrieblichen Gesundheitsmanagement, Menschen so zu begleiten und zu führen, dass sie sich aktiv und angstfrei beteiligen und einbringen.

- **I:**

Bei einer solchen Gefährdungsbeurteilung geht es hauptsächlich um subjektive Einschätzungen von Mitarbeitern. Manche Aspekte, wie z. B. Lärmbelastung, lassen sich beispielsweise auch objektiv erheben. Wie geht man mit dem Spannungsfeld subjektiver und objektiver Belastungen um?

- **CS:**

Für uns sind objektive Messdaten und subjektive Befindlichkeiten keine Widersprüche, sondern häufig ergänzen sich diese Daten. Unser Auftrag ist es, mit beiden Datenarten zu arbeiten und beide Aspekte zu berücksichtigen. Insofern stellt sich das für uns nicht als Spannungsfeld dar – wohl wissend, dass es manchmal sehr unterschiedliche Bewertungen gibt. Beispielsweise gibt es Arbeitsplätze, bei denen wir objektiv messen können, dass der Greifraum zu klein, die Last zu hoch oder die Beleuchtung schlecht ist, die Mitarbeiter aber dennoch zufrieden sind. Andererseits kommen wir auch an ergonomisch perfekt gestaltete Arbeitsplätze, an denen es den Mitarbeitern schlecht geht. Aber das hindert uns ja nicht, beide Aspekte zu reporten. Bei den objektiven Maßen gibt es auch gesetzliche Vorgaben, die eingehalten werden müssen, und das können wir den Arbeitgebern kommunizieren. Wir haben also eine gute Grundlage für Veränderungen und bringen so beide Maßeinheiten, sowohl das Subjektive als auch das Objektive, gut zusammen.

- **I:**

Eine weitere Spezialisierung Ihres Unternehmens ist das betriebliche Gesundheitsmanagement. Können Sie beschreiben, was genau man darunter versteht? Was ist hierbei Ihre Funktion?

- **CS:**

Kommen wir noch einmal zu den drei Definitionen: dem betrieblichen Gesundheitsmanagement (BGM), der betrieblichen Gesundheitsförderung (BGF) und der privaten (persönlichen) Gesundheitsförderung (PGF). Lassen Sie mich diese drei Begriffe noch deutlich voneinander abgrenzen:

– *Betriebliches Gesundheitsmanagement* zielt darauf ab, Rahmenbedingungen, Strukturen und Prozesse zu entwickeln, die die Grundlage für die betriebliche Gesundheitsförderung bilden. Das betriebliche Gesundheitsmanagement ist eine Managementaufgabe mit dem Ziel, Arbeitsplätze nachhaltig gesundheitsfördernd zu gestalten und gesundheitsgerechtes Verhalten der Mitarbeiter zu unterstützen. Zielgruppe des betrieblichen Gesundheitsmanagements sind die Führungskräfte und je nach Fragestellung speziell ausgewählte Akteure. Sie sind dafür verantwortlich, Ziele und Vorgehensweisen zu vereinbaren sowie Verantwortlichkeiten zu definieren. Es wird ein Jahresbudget festgelegt und ein Gremium (z. B. ein Lenkungskreis Gesundheit) gebildet, welches die Prozesse steuert, begleitet und evaluiert. Die Mitglieder dieses Gremiums entscheiden auch, welche externen Experten sie hinzuziehen möchten. Wesentliche Voraussetzung für den Erfolg ist, dass die Führungskräfte betriebliches Gesundheitsmanagement als Managementaufgabe verstehen und in die bestehenden Systeme integrieren. Ohne dies gibt es keine nachhaltigen Effekte in der betrieblichen Gesundheitsförderung.

– *Betriebliche Gesundheitsförderung* umfasst alle Maßnahmen, die sich unmittelbar auf das Verhalten der Mitarbeiter und/oder die Verhältnisse am Arbeitsplatz beziehen. Zielgruppe der betrieblichen Gesundheitsförderung sind alle Mitarbeiter eines Unternehmens. Verhältnisbezogene Maßnahmen zur betrieblichen Gesundheitsförderung können bspw. eine ergonomische Arbeitsplatzberatung sowie eine Veränderung des Arbeitszeitmodells sein. Beispiele für verhaltensbezogene Maßnahmen sind Bewegungsprogramme oder Selbstmanagementprogramme, die einen direkten Bezug zu der konkreten beruflichen Situation und deren Anforderungen haben. So würde ein Programm zur Reduzierung von Rückenbeschwerden direkt an die konkrete Arbeitsplatzsituation ankoppeln und die aktuellen Beanspruchungen der Mitarbeiter berücksichtigen (z. B. Überkopfarbeit, Heben und Tragen von Lasten, monotones Arbeiten oder Arbeiten mit ganz spezifischen Stressoren). Maßnahmen der betrieblichen Gesundheitsförderung dürfen nicht verwechselt werden mit Maßnahmen der persönlichen Gesundheitsförderung.

– *Persönliche Gesundheitsförderung* beinhaltet alle Maßnahmen, die jeder Einzelne zur allgemeinen Gesundheitsförderung, zum Schutz oder zur Verbesserung seiner Gesundheit in Anspruch nehmen kann. Diese Maßnahmen sind in der Regel unabhängig von der konkreten Arbeitsplatzsituation und unterliegen der Selbstbestimmung eines jeden Einzelnen. Diese Form der Gesundheitsförderung kann nicht von außen „verordnet" werden. Jeder Mensch bestimmt und wählt freiwillig, welche Maßnahme für ihn geeignet erscheint, um die eigene Gesundheit, Erholungsfähigkeit und Zufriedenheit zu fördern. Zu solchen Maßnahmen zählen bspw. die verschiedensten Bewegungs- und Entspannungsprogramme, Kurse zur allgemeinen Fitnessförderung, Raucherentwöhnung, Ernährungsberatung oder auch Massagen am Arbeitsplatz.

Es gibt Psychologen, welche nicht im betrieblichen Gesundheitsmanagement arbeiten (BGM), also nicht bei der Strukturierung beraten, sondern nur in der betrieblichen Gesundheitsförderung (BGF) tätig sind. Diejenigen, die im betrieblichen Gesundheitsmanagement tätig sind, haben eine Beratungsfunktion; sie helfen dem Unternehmen bei dem Aufbau und der Implementierung von Strukturen oder moderieren einen Lenkungskreis. Die anderen Psychologen unterstützen bei der Umsetzung, welche Seminare, Workshops, Vorträge oder auch Einzelberatungen umfasst.

Ein weiteres Themenfeld für Psychologen sind Seminare für Führungskräfte, um dafür zu sensibilisieren, wie Führung und Gesundheit zusammenhängen. Dies ist die Schnittstelle zwischen dem betrieblichen Gesundheitsmanagement und der betrieblichen Gesundheitsförderung. Selbstverständlich brauchen alle Führungskräfte, wenn ein betriebliches Gesundheitsmanagementsystem implementiert wird, eine Schulung darüber, wie sie als Führungskraft die Gesundheit der Mitarbeiter beeinflussen können. Führungskräfte haben in diesem Kontext mehrere Funktionen: Sie sind Vorbild für jegliches Gesundheitsverhalten, sie sind Gestalter von Arbeitsbedingungen und Arbeitsorganisation, die krank machen könnten. Wir wissen heute, dass Führungsstil und Gesundheitsquoten zusammenhängen. Je nach Führungsstil können Sie Menschen gesund halten oder auch krank machen, und letztendlich sind Führungskräfte ja auch Gestalter ihrer eigenen Gesundheit.

Uns ist die Trennlinie zwischen betrieblicher Gesundheitsförderung und persönlicher Gesundheitsförderung sehr wichtig: Betriebliche Gesundheitsförderung ist betrieblich, und persönliche Gesundheitsförderung ist privat. Ein Beispiel dazu: Jemand fühlt sich sehr belastet und gestresst. Eine klassische Empfehlung auf privater Ebene könnte lauten: „Treibe Sport und lerne, dich zu entspannen." Dies ist eine freiwillige und ganz private Entscheidung der Person. Im betrieblichen Bereich würde man dagegen die spezifischen Belastungsfaktoren und Stressoren am Arbeitsplatz betrachten. Ein Stressverursacher könnte bspw. ein Konflikt im Team sein, der seit Monaten oder gar Jahren schwelt. Dann wäre eine betriebliche Gesundheitsförderungsmaßnahme ein Konfliktmanagement in dieser Abteilung.

Hier liegt der große Unterschied zur persönlichen Gesundheitsförderung: Wenn ich einen beruflich verursachten Stressor identifiziert habe, z. B. einen Konflikt, dann ist die Maßnahme des Konfliktmanagements eine verbindliche Maßnahme für alle beteiligten Kollegen. Gleiches gilt bei der Gefährdungsanalyse: Wenn ich bei einer Gefährdungsanalyse feststelle, dass ergonomisch katastrophale Bedingungen herrschen, dann stelle ich es nicht frei, ob etwas verändert wird, sondern es muss verändert werden. Das ist die Verpflichtung des Arbeitgebers. Genauso hat der Arbeitnehmer in der betrieblichen Gesundheitsförderung die Verpflichtung, an der Maßnahme teilzunehmen. Es ist sowohl ein sehr heikles Thema als auch eine große Herausforderung zu bestimmen, wann Mitarbeiter zu Maßnahmen verpflichtet und wann diese auf freiwilliger Basis angeboten werden.

Wir führen auch Maßnahmen in der persönlichen Gesundheitsförderung am Arbeitsplatz durch. Es gibt mittlerweile viele Firmen, die ihren Mitarbeitern Fitness-und Entspannungstrainings, Raucherentwöhnungs- oder Ernährungsprogramme anbieten. Das mag alles gut sein, aber es ist private Gesundheitsförderung. Sie findet meistens auch in der Freizeit statt, während die betriebliche Gesundheitsförderung in der Arbeitszeit stattfindet. Wenn Sie die aktuelle Studienlage prüfen, werden Sie feststellen, dass es keinen Hinweis darauf gibt, dass die persönliche Gesundheitsförderung am Arbeitsplatz die Arbeitsunfähigkeitszahlen senkt. Wenn Sie hingegen eine gute betriebliche Gesundheitsförderung durchführen, können Sie die Effekte belegen. Dies gilt es, im Vorfeld mit dem Arbeitgeber zu klären.

Ganz viele assoziieren mit betrieblicher Gesundheitsförderung Entspannungs- und Fitnessprogramme, Ernährungsberatung oder Raucherentwöhnung. Dies ist ein völliges Missverständnis, denn die betriebliche Gesundheitsförderung ist die andere Seite der Personal- und Organisationsentwicklung, sie ist arbeitsplatzspezifisch. Noch ein Beispiel dazu: Sie haben in einer Abteilung hohe Krankheitsquoten und stellen aufgrund der Datenlage fest, dass diese vor allem durch Erkrankungen des Muskel- und Skelettsystems verursacht werden. Viele Firmen bieten dann Rückenschulen an. Die Rückenschule gehört zu den populärsten Maßnahmen in der betrieblichen Gesundheitsförderung, aber es gibt keinerlei Evidenz für die klassische Rückenschule. Es ist immer wieder erstaunlich, dass sich solche Maßnahmen, weil sie so plausibel sind, so durchsetzen können. Wenn Sie eine arbeitsplatzspezifische Rückenschulung anbieten, dann haben Sie deutlich erhöhte Chancen, die Ausfallquote zu senken.

- **I:**

Kommen wir noch einmal auf das betriebliche Gesundheitsmanagement zurück. Wie sieht der Prozess der Implementierung eines betrieblichen Gesundheitsmanagementsystems aus? Können Sie den Prozess anhand eines Beispiels kurz erläutern?

- **CS:**

Ich nehme als Beispiel ein mittelständisches Unternehmen mit 600 Mitarbeitern, welches uns vor Kurzem beauftragt hatte. Es hatte einen neuen Personalchef, und er wollte Verschiedenes verändern, u. a. wollte er auch ein betriebliches Gesundheitsmanagement einführen. Jedoch hatte er zunächst die Vorstellung, dass es dabei lediglich um Gesundheitskurse geht. Im Erstgespräch wurden die Unterschiede zwischen betrieblichem Gesundheitsmanagement, betrieblicher Gesundheitsförderung und persönlicher Gesundheitsförderung erläutert. Im nächsten Schritt haben wir uns darauf verständigt, dass wir mit den Verantwortlichen des Betriebes einen Informations- und Reflexionstag zu dem Thema durchführen. Wir haben uns mit der Geschäftsführung, der Personalvertretung, dem Betriebsrat, der Schwerbehindertenvertretung sowie Vertretern der Führungskräfte zusammengesetzt und sie über die Möglichkeiten des betrieblichen Gesundheitsmanagements informiert. Danach wurde eine Zielvereinbarung getroffen. Es wurde also definiert, was erreicht und wie der Erfolg gemessen werden soll.

Nach dieser Faktenklärung und Zieldefinition haben wir verschiedene Analysetools vorgestellt und danach mit dem Kunden ausgewählt. Daraufhin erfolgte die Erhebung von physischen und psychischen Belastungsfaktoren. Die Ergebnisse wurden dann dem Lenkungskreis vorgestellt. In einem Lenkungskreis sind immer Personen mit Entscheidungskompetenz vertreten, im Idealfall ist es die Geschäftsführung. Je größer die Firma ist, desto wahrscheinlicher werden Sie nicht die Geschäftsführung, sondern die Personalabteilung in dieser Funktion mit dabei haben. Nach der Vorstellung der Ergebnisse aus der Gefährdungsanalyse haben wir zusammen einen Maßnahmenplan diskutiert, in welchem auch die Schulung aller Führungskräfte vorgesehen war.

Bei fast allen Analysen fällt auf, dass viele Mitarbeiter es als psychische Belastung erleben, dass ihre Vorgesetzten nicht wertschätzend, nicht respektierend und nicht anerkennend genug sind. Häufig wird auch die Kommunikation zwischen Führungskräften und Mitarbeitern schlecht bewertet. Selbstverständlich sind dafür nicht die Führungskräfte alleine verantwortlich. Diese sind häufig ganz engagiert und kompetent, stehen aber so unter Druck, dass sie einen Tunnelblick haben und ihnen gar nicht bewusst ist, wie sie mit ihrem Führungsverhalten auf ihre Mitarbeiter wirken. Deswegen war eine zentrale Maßnahme die Schulung der Führungskräfte zum Thema „Wie führe ich gesund?". Bei uns heißt dieses Programm „Gesundheit ist Chefsache". Zudem gab es eine Schulung zum Selbstmanagement für die Personen aus dem Büro- und Entwicklungsbereich. Außerdem wurden die Schichtarbeiter geschult, wie sie mit den Belastungen des Schichtdienstes besser umgehen können. Die Firma hat gleichzeitig auch das Schichtsystem umgestellt. Zudem wurden Einzelcoachings mit Führungskräften vereinbart, um ihre Führungskompetenzen zu reflektieren und zu verbessern. Anderthalb Jahre nach Einführung werden wir die Veränderungen wieder messen und dann die nächste Projektphase planen.

Das zentrale Problem in der Prävention ist dabei nicht das Vermitteln von Wissen, sondern das Verändern von Verhalten auf allen Ebenen. Die Verhaltensänderung ist meist ein Prozess, der Zeit braucht und bei dem psychologische Kompetenz unabdingbar ist. Dabei richten wir das Augenmerk auf die Stärkung der Ressourcen von Unternehmen und Mitarbeitern.

- I:

Das betriebliche Gesundheitsmanagement ist ein Feld, das häufig interdisziplinär behandelt wird, z. B. durch Pädagogen, Physiotherapeuten oder Psychologen. Wie gelingt es Ihnen dennoch, ganzheitlich zu arbeiten und nicht nur Einzelaufgaben zu erfüllen?

- CS:

Wichtig ist, dass man diese unterschiedlichen Professionen nicht einfach nur nebeneinanderstellt, sondern das Wissen und Handeln der verschiedenen Berufe gut miteinander vernetzt. Deswegen ist es für uns wichtig, dass wir uns im Team immer wieder über unsere unterschiedlichen Perspektiven austauschen. Ich habe das Glück, dass ich zwei Berufe in der praktischen Arbeit verknüpfen kann. Auch wenn ich einige Kollegen mit Doppelqualifikation habe, ist das natürlich nicht die Regel und keinesfalls die Voraussetzung zum erfolgreichen Arbeiten im betrieblichen Gesundheitsmanagement. Es braucht aber auf jeden Fall die Offenheit, um über den Tellerrand der eigenen Profession zu blicken, und die Fähigkeit, andere Perspektiven einzunehmen. Wenn wir z. B. einen neuen Selbstmanagementkurs konzipieren, dann sind verschiedene Berufsgruppen daran beteiligt. Da fertigt z. B. der Psychologe einen ersten inhaltlichen Entwurf an und der Pädagoge fragt: „Aber wie wollt ihr das Lernziel erreichen?". Der Physiotherapeut sagt: „Ihr habt überhaupt nicht an den Körper gedacht" und der Ergonom: „Überlegt doch, wie die Verhältnisse im Raum auf diesen Menschen in dieser Situation wirken." Das heißt, das betriebliche Gesundheitsmanagement entsteht im Miteinander. Damit haben wir sehr gute Erfahrungen gemacht, nicht nur für die Nutzer, sondern auch für die Entwicklung unseres eigenen Wissens. Dieses vernetzte Denken, Sprechen und Handeln hilft uns, unsere Fähigkeiten kontinuierlich weiterzuentwickeln.

Dann ist es natürlich auch von dem Auftrag, den wir von den Firmen bekommen, abhängig. Wenn wir z. B. in einem produzierenden Gewerbe sind, in einer Halle, in der körperlich schwer gearbeitet wird, dann nehmen die Physiotherapeuten, die eine ergonomische Zusatzqualifikation haben, in der Regel eine größere Rolle ein als ein Feng-Shui-Berater. Die Psychologen sind jedoch fast überall im Hintergrund mit dabei. Regelmäßige, gut vorbereitete und nachbereitete Teambesprechungen gehören somit zu unseren wichtigsten Strategien, um diesen kollegialen Austausch weiterzuentwickeln.

- **I:**

Sie haben eben die wichtige Rolle der Pädagogen angesprochen. Können Sie darauf kurz eingehen?

- **CS:**

Wie schon mehrfach erwähnt, ist das zentrale Problem in der Prävention die Verhaltensveränderung. Hier können die Psychologen einen wertvollen Beitrag leisten. Wir haben in den letzten Jahren aufgrund der neurobiologischen Forschung eine Menge Hinweise bekommen, wie es gelingen kann, Ziele zu setzen und zu erreichen oder auch das eigene Verhalten zu verändern. Die Pädagogen haben hier einen etwas anderen Blickwinkel. Sie gehen oftmals noch pragmatischer vor. Dies ist bei der Umsetzung von Projekten sehr nützlich. Nehmen wir als Beispiel die Gestaltung eines Seminars. Psychologen können gute Inhalte entwickeln, wissenschaftliche Daten interpretieren und Theorien miteinander vergleichen, aber wenn es um die Didaktik in dem Seminar geht, da können wir viel von den Pädagogen lernen. Es ist wenig hilfreich, sich nur auf psychologische, sinnvolle Inhalte zu konzentrieren. Wir benötigen zusätzlich interaktive Seminarmethoden, um damit Menschen zu motivieren und zu beteiligen oder gar begeistern zu können. Hier können Pädagogen uns wertvolle Impulse für unsere Arbeit geben.

- **I:**

Wir wollen den Prozess des betrieblichen Gesundheitsmanagements nun etwas genauer beleuchten. Betrachten wir zunächst die Planungsphase. Wie konkret sind die Fragestellungen und Vorstellungen Ihrer Kunden?

- **CS:**

Zu Beginn finden wir überwiegend keine konkreten Fragestellungen vor. Es gibt auch Ausnahmen, aber in den meisten Betrieben herrscht relative Orientierungslosigkeit, wenn es um das betriebliche Gesundheitsmanagement geht. Gesundheitsförderung wird immer noch häufig mit klassischen Ratgeberempfehlungen assoziiert: „Gesund sein bedeutet, sich viel zu bewegen, nicht zu rauchen, sich möglichst gut zu ernähren und sich zu entspannen." Dieses rein auf biologische Faktoren bezogene Denken ist immer noch sehr stark ausgeprägt. Daher treffen wir manchmal auch auf Unverständnis, wenn wir weder Ernährungs- noch Bewegungsempfehlungen aussprechen. Wir analysieren zunächst, was die Mitarbeiter brauchen und was sie als gesundheitsförderlich bzw. auch als gesundheitsschädigend erleben. Dieses Vorurteil, dass sich die Gesundheit nur auf die biologischen Faktoren reduzieren lässt, ist die erste Hürde, die wir nehmen müssen.

- **I:**

Inwiefern sind die Kunden an diesem Prozess beteiligt?

- **CS:**

Die Kunden müssen zu 100 % beteiligt sein, denn sie sind die Experten für ihre Arbeitsplatzsituation, für die Möglichkeiten und Grenzen der Personal- und Organisationsentwicklung. Sie entscheiden letztendlich und tragen die Verantwortung dafür. Wir sind dabei behilflich, Ziele zu entwickeln, Prozesse zu begleiten und Ergebnisse zu messen. Wir sind die Lotsen, wir sind nicht der Kapitän. Natürlich gibt es einige Angebote, welche standardisiert immer wieder mit Erfolg eingesetzt werden können. Hier sprechen wir auch Empfehlungen aus. Dies ist z. B. der Fall bei den zuvor schon erwähnten Schulungen der Führungskräfte. Wie diese Schulungen allerdings durchgeführt werden, planen wir gemeinsam mit den Verantwortlichen im Betrieb: Was genau sollen die Führungskräfte hier lernen? Welche Inhalte wünschen sie sich schwerpunktmäßig? Wie lange darf die Maßnahme dauern? Man kann unsere Aufgabe auch mit einem Kaufladen vergleichen. Wir fragen, was gebraucht wird, und stellen die möglichen Angebote vor. Wenn bspw. eine Beratung bzgl. des betrieblichen Gesundheitsmanagements angefragt wird, stellen wir erst mal die möglichen Instrumente vor. Die Verantwortlichen in der Firma diskutieren unsere Angebote und entscheiden, welches Angebot für ihre Situation passt. Dabei ist die Passung jedoch nur ein Aspekt. Zusätzlich muss auch beachtet werden, ob eine Maßnahme überhaupt realisierbar ist. Wir dürfen nicht vergessen, dass der Hauptzweck der Firmen nicht die Gesundheit der Mitarbeiter, sondern die Produktivität ist. Daher muss sichergestellt sein, dass die Maßnahme auch mit dem Tagesgeschäft vereinbar ist.

Wir sind Dienstleister, wir beraten und begleiten, aber entscheiden nicht. Wir brauchen die volle Beteiligung von Unternehmen und Mitarbeitern. Dieses Prinzip, dass die Entscheidung in der Selbstverantwortlichkeit des Betriebes liegt, übertragen wir auch auf die Mitarbeiter. Wir haben bspw. im Jahr 2016 unsere Arbeit unter das Motto „Eigenverantwortlichkeit stärken" gestellt. Diese Eigenverantwortlichkeit würden wir ersticken, wenn wir sagen würden: „Du musst A, B, C und D machen." Je mehr ich berate, desto weniger stimuliere ich die Eigenverantwortlichkeit. Das ist ein großes Problem in der Gesundheitsförderung. Die Menschen werden permanent mit diesen Tipps und Ratschlägen überschwemmt. Man kann den Mitarbeitern nicht alles erst vorschreiben und dann sagen: „Sei eigenverantwortlich."

- **I:**

Wie kann man sich die spezifischen Interventionen für Arbeitnehmer vorstellen? Können Sie anhand eines klassischen Beispiels die Durchführung skizzieren?

Arbeits- und Gesundheitsschutz

- **CS:**

Wir haben im Moment ca. 50 bis 60 verschiedene Einzelinterventionen in unserem Programm. Ich erläutere kurz ein Beispiel aus dem Themenkreis Schichtarbeit. Ein Betrieb hat hohe Fehlzeiten und lässt eine Gefährdungsanalyse erstellen. Das Ergebnis bestätigt, was bei vielen Mitarbeitern schon lange ein Thema ist: Die Mitarbeiter leiden körperlich wie seelisch unter den Belastungen der Schichtarbeit. In einem ersten Schritt präsentieren wir den Verantwortlichen im Betrieb unterschiedliche Schichtmodelle. Wir erläutern, bei welchen Schichtsystemen arbeitsmedizinisch belegt ist, dass sie weniger gesundheitsgefährdend sind. Danach diskutieren wir die Umsetzung. Häufig stoßen wir bei der Umsetzung auf große Widerstände. Mitarbeiter wünschen sich zwar, dass es ihnen besser geht, aber viele haben sich mit dem Schichtsystem, trotz gesundheitlicher Belastungen, ganz gut arrangiert. Hier liegt die Herausforderung darin, den Veränderungsprozess zu begleiten und die Mitarbeiter zu motivieren. Daher beraten wir auf Organisationsebene, ob wir das Schichtsystem überhaupt ändern. Wenn es geändert werden soll, stellt sich die Frage, welches System am besten passt, wie es kommuniziert wird und wie die Mitarbeiter in der Umsetzung motiviert werden können. Die Mitarbeiter müssen in diese Diskussion mit einbezogen werden.

In einem zweiten Schritt bieten wir Kurzworkshops zum besseren Umgang mit Schichtarbeiten an. Diese Workshops bieten wir in modularisierter Form im Abstand von ca. vier Wochen mit jeweils fünf Terminen an. Dazwischen erhalten die Mitarbeiter Gelegenheit, das Gelernte in der Praxis zu erproben. Wir zeigen in diesen Veranstaltungen auf, was die Mitarbeiter selbst gegen die Auswirkungen von Schichtarbeit tun können. Dabei werden Themen wie Bewegung, soziale Beziehungen, Schlafhygiene und auch die Gestaltung des eigenen Schlafzimmers angesprochen. Wir diskutieren Vor- und Nachteile verschiedener Schichtmodelle, um die Mitarbeiter in diesem Veränderungsprozess mitzunehmen. Zudem schulen wir auch die Führungskräfte zum selben Thema. Anschließend gibt es eine Implementationsphase von ein bis zwei Jahren, nach der wir die Ergebnisse messen.

- **I:**

Wo werden Maßnahmen durchgeführt?

- **CS:**

Das kommt auf die Maßnahme an. Häufig arbeiten wir direkt in den Betrieben. Die Maßnahmen sollten ja möglichst arbeitsplatznah und -spezifisch sein. Wenn Sie die Leistungsfähigkeit und die Gesundheit bspw. im Bürobereich verbessern wollen, dann müssen Sie selbstverständlich die räumlichen und ergonomischen Verhältnisse der Büros kennen. Wenn neben ergonomischen Veränderungen auch verhaltensspezifisches Training erforderlich ist, führen wir diese Trainings zumeist in Seminarräumen durch – entweder direkt in der Firma oder manchmal auch extern. Gerade beim Verhaltenstraining und bei Interventionen wie Selbstmanagement, Pausengestaltung, Kommunikation oder Konfliktmanagement arbeiten unsere Psychologen auch in Seminarhäusern oder Seminarhotels.

Ich habe ein aktuelles Projekt, bei dem Führungskräfte mit sehr vielen Veränderungsprozessen belastet sind. Sie benötigen Hilfestellung in der Arbeitsorganisation, um diese Herausforderungen zu bewältigen. Wenn Sie mit diesen

Führungskräften auf dem Firmengelände arbeiten würden, wären das eher ungünstige Voraussetzungen. Hier ist ein Ortswechsel manchmal ein wichtiger Impuls, um Veränderungsprozessen neue Anstöße zu geben. Hinzu kommt, dass Führungskräfte höherer Hierarchieebenen immer irgendwo gebraucht werden. Das führt zu Störungen und Unterbrechungen, wenn sie zu leicht erreichbar sind. Dem können Sie durch eine externe Durchführung entgegenwirken. Manchmal helfen neue und auch außergewöhnliche Lokalitäten, die Teilnehmer in andere Stimmung zu versetzen und dadurch auch andersartige Impulse zu geben. Ein solcher Ort könnte ein Kloster oder ein Ort in der Natur sein.

- I:

Sicherlich sind Ihre Kunden zumindest prinzipiell daran interessiert, wie erfolgreich die Maßnahmen umgesetzt wurden und mit welchen Konsequenzen zu rechnen sind. Wie evaluieren Sie Ihre Arbeit, und welche Folgeprozesse schließen sich hier an?

- CS:

Die Evaluation ist eine wichtige Aufgabe, die leider in vielen Firmen nicht konsequent verfolgt wird. Wir plädieren stark dafür, sowohl Gesamtprojekte als auch Teilmaßnahmen zu evaluieren. Es ist zwar verständlich, dass manche Auftraggeber diese Arbeit scheuen, denn es ist ein hoher personeller und finanzieller Aufwand. Aber langfristig – und ich spreche auch aus der Perspektive unseres Berufsstandes – werden wir uns nur mit diesen Maßnahmen etablieren, deren Wirksamkeit wir auch belegen können. Dies setzt voraus, dass der Erfolg im Vorhinein als messbare Größe definiert wird. Aber was sind in diesem Kontext „messbare Größen"? Arbeitsunfähigkeitszahlen, Fluktuation, Produktivität oder ganz einfach Zufriedenheit und Motivation können dabei als Kennzahlen herangezogen werden. Um allerdings tatsächlich Fehltage zu reduzieren, braucht es meist sehr komplexe und nachhaltig organisierte Maßnahmen. Überall dort, wo unsere Maßnahmen auch in der Weiterbildung von großen Firmen integriert sind, wird auch standardmäßig evaluiert. Manchmal unterstützen uns auch Hochschulen bei der Evaluation. Sie können im Rahmen von Bachelor- oder Masterarbeiten unsere Arbeit begleiten. Wenn das geschieht, ist das für uns und die Firmen natürlich ein Glücksfall. Die Firmen wollen selbstverständlich wissen, ob und wie sich ihr Engagement auswirkt. Für diesen Nachweis müssen sie künftig deutlich mehr Ressourcen zur Verfügung stellen.

- I:

Führen Sie selbst Follow-up-Maßnahmen durch?

- CS:

Ja, vor allem dann, wenn wir auch langfristig in einem Betrieb tätig sind. So arbeiten wir bereits viele Jahre hier im Saarland mit einem großen Automobilzulieferer zusammen. Dort schulen wir kontinuierlich Führungskräfte und führen Ergonomie- und Bewegungsprogramme für Produktionsarbeiter durch. Aus den einzelnen Maßnahmen wurden immer wieder neue Maßnahmen begleitet. Die Nachhaltigkeit wurde durch Folgeprogramme zum Transfer des Gelernten in den Berufsalltag gesichert. Eine solche umfassende und langfristig angelegte Prozessbegleitung ist für alle Beteiligten sinnvoll und befriedigend.

Arbeits- und Gesundheitsschutz

- **I:**

Kommt es häufig vor, dass sich für einzelne Mitarbeiter individuelle Anschlussmaßnahmen ergeben?

- **CS:**

Es kommt immer wieder vor, dass ein Mitarbeiter nach einer Gruppenmaßnahme einen Coaching-Bedarf für sich feststellt. Führungskräfte wenden sich in einem solchen Fall direkt an die Personalabteilung und die leitet dann das Anliegen an uns weiter. Es gibt natürlich auch Mitarbeiter, die sich damit direkt an uns wenden, weil sie das Coaching nicht über die Firma, sondern „anonym" und ohne Wissen der Personalabteilung durchführen möchten. Der Anteil an Einzelfallmaßnahmen macht ca. 5 bis 10 % unserer Gesamtarbeit aus.

- **I:**

In unterschiedlichen Branchen liegen die Belastungen und Gesundheitsprobleme in sehr verschiedenen Bereichen. Bei einigen Berufen überwiegen körperliche Belastungen, andere Tätigkeiten sind eher psychisch belastend für die Arbeitnehmer. Welches sind die häufigsten Gesundheitsprobleme, mit denen Sie bei Ihrer Arbeit zu tun haben, und wie kann man diesen effektiv entgegenwirken?

- **CS:**

Der Trend in allen Branchen ist, dass biologische Belastungen abnehmen und psychosoziale Belastungen zunehmen. So haben verbesserte Arbeitsschutzmaßnahmen in den letzten 20 Jahren erheblich dazu beigetragen, dass viele Gefährdungen wie Hitze, Kälte, schweres Heben und Tragen sowie einseitiges körperliches Arbeiten oder unzureichende Ergonomie abgenommen haben. Selbstverständlich gibt es noch Arbeitsplätze, an denen biologische Einflussfaktoren eine zentrale Rolle spielen, z. B. bei den Baubetrieben, in der Stahlindustrie oder in manchen Handwerksbranchen.

Nach wie vor sind in der Krankheitsartenstatistik Erkrankungen des Muskel- und Skelettsystems an erster Stelle. Die Zahl der psychischen Erkrankungen ist in den letzten Jahren stark gestiegen. Die Krankheitsart sagt aber nichts über die Verursachung aus. Der Rückenschmerz kann physisch ebenso wie psychisch mitverursacht sein. Physische Belastungen können zu psychischen Erkrankungen führen, und psychische Belastungen können für körperliche Beschwerden verantwortlich sein. Mitarbeiter fast aller Branchen – vor allem diejenigen in großen Betrieben – beklagen sich zunehmend mehr über zu wenig Anerkennung und Respekt seitens ihrer Vorgesetzten. Sie wünschen sich mehr Anerkennung und soziale Unterstützung am Arbeitsplatz. Daneben erleben viele eine zunehmende Verdichtung ihrer Arbeit, der Zeittakt wird als immer enger empfunden, und viele können nur noch schwer von der Arbeit abschalten. Gesundheitliche Probleme können wir allerdings nicht spezifischen Belastungen zuordnen. Wenn zwei Mitarbeiter unter denselben körperlichen und/oder seelischen Belastungen leiden, dann entwickelt der eine Rückenschmerzen, der andere vielleicht Schlafstörungen als Reaktion darauf. Wir arbeiten in der betrieblichen Gesundheitsförderung daher nicht mit Diagnosegruppen.

Effektiv vorbeugen können die Mitarbeiter, indem sie in einem ersten Schritt ihre ganz spezifischen und individuellen Belastungen erkennen und in einem zweiten Schritt diese Belastungen vermindern oder lernen, mit ihnen besser umzugehen. An dieser Stelle hat auch der Arbeitgeber eine wichtige Funktion zu erfüllen, da nicht alle Belastungen allein in der Verantwortung des Mitarbeiters liegen. Viele Probleme können nur in Zusammenarbeit mit dem Unternehmen gelöst werden.

- **I:**

Achten Arbeitnehmer Ihrer Meinung nach ausreichend auf ihre Gesundheit?

- **CS:**

Ja und nein. Viele Menschen haben ein hohes Gesundheitsbewusstsein und fühlen sich auch für ihre Gesundheit selbstverantwortlich. Wenn Sie sie fragen, ob ihnen ihre Gesundheit wichtig ist, antworten alle mit Ja. Die meisten wissen auch relativ viel über die Einflussfaktoren zur Gesundheitserhaltung. Man braucht heute niemandem mehr zu erzählen, dass Rauchen schädlich ist, wie wichtig Obst und Gemüse für eine ausgewogene Ernährung sind oder dass es wichtig ist, sich regelmäßig zu bewegen. Die meisten wissen also relativ gut Bescheid über Bewegung, Ernährung und Genussgifte, aber sie tun eher wenig – das Bewusstsein ist da, aber die Umsetzung lässt noch zu wünschen übrig.

Ein Wissensdefizit in der Gesundheitsförderung haben viele beim Thema psychosoziale Einflussfaktoren auf Gesundheit und Leistungsfähigkeit. Emotionsregulation, Förderung der Resilienz, Stärkung der sozialen Beziehungen und das Pflegen guter Kontakte stehen bisher leider selten im Fokus der Gesundheitsförderung. Die Menschen haben also überwiegend eine grundsätzliche Bereitschaft, sich damit auseinanderzusetzen, und ein Bewusstsein für das Thema, aber sie benötigen einen erweiterten Blick auch auf psychosoziale Anteile der Gesundheitsförderung. Zusätzlich brauchen sie Hilfe bei der Umsetzung des Wissens in konkretes Verhalten im Alltag.

Wir erreichen mit unseren Programmen zur Verhaltensveränderung manche Menschen in den Betrieben gut und schnell, manche nur langsam und mit viel Aufwand und einige wenige leider gar nicht. Die Programme zur betrieblichen Gesundheitsförderung sollten daher für alle Mitarbeiter verbindlich sein. Wenn die Teilnahme nur auf freiwilliger Basis basiert, dann erreichen Sie die Risikopopulationen nicht. Genauso wie der Arbeitsschutz und die damit verbundenen Schulungen ein selbstverständlicher Bestandteil des Arbeitslebens sind, genauso selbstverständlich muss das künftig auch für den Gesundheitsschutz gelten.

- **I:**

Manche Krankenkassen stellen Zertifikate an Unternehmen aus, die sich besonders für die Gesundheit ihrer Mitarbeiter engagieren. Fühlen sich Arbeitgeber Ihrer Meinung nach grundsätzlich verantwortlich für die Gesundheit ihrer Mitarbeiter, oder besteht hier Aufklärungsbedarf?

- **CS:**

Arbeitgeber fühlen sich zunehmend verantwortlicher für die Gesundheit ihrer Mitarbeiter, sonst würden wir ja nicht seit 25 Jahren in diesem Feld Aufträge erhalten.

Arbeits- und Gesundheitsschutz

Wir haben jedes Jahr Zuwachszahlen und immer mehr Aufträge aus Industrieunternehmen, dem Mittelstand und den öffentlichen Verwaltungen. Es gibt ein steigendes Bewusstsein, und die Fürsorgepflicht der Arbeitgeber für ihre Mitarbeiter wird überwiegend ernst genommen. Natürlich sind noch nicht alle überzeugt von der Sinnhaftigkeit des betrieblichen Gesundheitsmanagements. Zumeist sind hier Mangel- oder Fehlinformationen verantwortlich. Hier muss weiterhin mehr Aufklärungsarbeit geleistet werden: Was unterscheidet die betriebliche Gesundheitsförderung von der persönlichen Gesundheitsförderung? Wie lässt sich das finanzieren? Wo erhalten Firmen kompetente Unterstützung für die Umsetzung? Was sind gesetzliche Auflagen, die der Betrieb erfüllen muss? Und vor allem: Profitiert das Unternehmen wirklich davon? Wenn diese Fragen beantwortet sind, dann steigt auch die Bereitschaft der Arbeitgeber, sich hier zu engagieren. Denn ihr wichtigstes Potenzial sind ihre Mitarbeiter.

- **I:**

Was sind schwierige Aufgaben in Ihrer Arbeit, und wo gibt es häufig Herausforderungen?

- **CS:**

Eine der größten Herausforderungen ist die Organisation von Maßnahmen. Stellen Sie sich ein Unternehmen mit 2000 Mitarbeitern vor, von denen 800 Schichtarbeiter sind. Sie sollen alle geschult werden. Diese Schulung besteht aus drei Modulen zu je sechs Stunden, die im Abstand von jeweils vier Wochen durchgeführt werden sollen. Sie müssen also 800 Mitarbeiter für drei mal sechs Stunden freistellen und aus dem Produktionsprozess herausziehen. Die Produktion soll aber weiterlaufen. Nach Ablauf eines halben Jahres soll die Umsetzung der Seminarinhalte überprüft werden. Das ist schon eine organisatorische Höchstleistung.

Die zweite Herausforderung ist die Kommunikation. Wir müssen Ideen entwickeln, wie wir alle Mitarbeiter des Betriebes erreichen. Wie können wir sie am besten ansprechen? Wie am besten motivieren, sich aktiv einzubringen? Welche Medien eignen sich dazu? Wie gestalten wir die Informationen inhaltlich gut und dennoch unterhaltsam?

Die dritte Herausforderung: Wie fördern wir mehr Eigenverantwortlichkeit? Wir hören immer wieder, dass die Mitarbeiter sagen: „Die Geschäftsleitung soll … !" Der Betriebsrat sagt: „Die Organisation soll … !" Und der Vorstand sagt: „Die Mitarbeiter sollen … !" Jeder zeigt also mit dem Finger auf die anderen und schiebt ihnen die Verantwortung zu. Natürlich müssen alle miteinander arbeiten und jeder im System muss Eigenverantwortung übernehmen. Wir erleben es als eine zentrale Herausforderung zu vermitteln, dass jeder dort, wo er steht, schon mal anfangen kann. Eigenverantwortlichkeit ist auch von der Bildung und Sozialisierung abhängig; sowohl die Überbehüteten als auch die Vernachlässigten haben ein Problem mit Eigenverantwortlichkeit. Darüber hinaus gibt es gerade im Gesundheitswesen seit Jahrzehnten die Sozialisation, dass es immer Experten gibt, die Ihnen sagen, was für Sie gesund ist. Das führt dazu, dass keine Eigenverantwortlichkeit zustande kommt. Hier müssen wir uns über ganz neue Formate Gedanken machen. Es reicht nicht aus, den Menschen Verantwortlichkeit zu predigen, sondern wir müssen sie erlebbar machen, bspw. mit Humor, mit Überraschungseffekten und neuen Medien arbeiten. Ein Mitarbeiter, der am Fließband arbeitet, wird keine Abhandlung über Selbstverantwortung lesen wollen. Wir arbeiten im Moment z. B. daran, humorvolle Zweieinhalb-Minuten-Filme zu produzieren, die sich die Mitarbeiter zwischendurch auf ihren Smartphones ansehen können.

- **I:**

Haben Sie abschließend Ratschläge an diejenigen Leser, die sich das betriebliche Gesundheitsmanagement als Arbeitsfeld für sich vorstellen können? Von welchem Zusatzwissen könnten diese profitieren?

- **CS:**

Ein Studium der Psychologie, Pädagogik oder Sozialwissenschaften ebenso wie eine Ausbildung in einem Gesundheitsfachberuf sind exzellente Voraussetzungen für die Arbeit im betrieblichen Gesundheitsmanagement. Diese Grundausbildung oder einer dieser Studiengänge sind zumindest bei uns in der GGW die Ausgangsbasis. Zusätzlich werden spezifische Weiterbildungen im betrieblichen Gesundheitsmanagement und in der betrieblichen Gesundheitsförderung benötigt. Die meisten Berufsverbände bieten mittlerweile solche Zusatzqualifikationen an. Wir haben selbst eine Weiterbildung entwickelt, die wir sowohl in den Firmen, aber auch für Berufskollegen anbieten. Ebenso haben wir eine Online-Weiterbildung konzipiert, die man bequem von zu Hause aus absolvieren kann. Diese Weiterbildung richtet sich schwerpunktmäßig an Physiotherapeuten, kann aber auch für Psychologen, die sich für das Bewegungssystem interessieren, durchaus hilfreich sein. Weiterhin helfen Hospitationen. Man lernt am allerbesten durch das Tun. Die Arbeit „live" zu erleben, dürfte zu den besten Lernerfahrungen überhaupt gehören. Die Kombination zwischen Weiterbildung und Hospitation gibt nach Abschluss des Studiums sicherlich den besten Einblick und vermittelt auch schon Sicherheit für die ersten Schritte im Berufsleben.

Selbstverständlich gilt auch hier wie in anderen psychologischen Arbeitsfeldern: lesen – lesen – lesen. Es gibt mittlerweile eine gute Literaturauswahl zum Thema.

Durch die Kombination aus Weiterbildung, Hospitation und Lesen sollte jeder Psychologe innerhalb von anderthalb Jahren gut arbeitsfähig werden. Gute Arbeitgeber in diesem Bereich geben Ihnen natürlich auch die Chance, im Tun zu lernen. Ich bekomme bei Bewerbungen nie – und das erwarte ich auch gar nicht – fertige Experten für das betriebliche Gesundheitsmanagement. Ich bin ja auch nicht als Expertin gestartet.

Im Studium lernen Sie, wie ein Psychologe zu denken, und im Beruf lernen Sie dann das psychologische Handeln.

Video des Interviews (siehe ◘ Abb. 6.1):

Arbeits- und Gesundheitsschutz

Abb. 6.1 Video 6.1 (▶ https://doi.org/10.1007/000-8hn)

Literatur

Berger, M., Schneller, C., & Maier, W. (2012). Arbeit, psychische Erkrankungen und Burn-out. *Der Nervenarzt, 83*(11), 1364–1372.
Badura, B., Ducki, A., Schröder, H., & Close, J. (2014). *Fehlzeitenreport 2014*. Springer.
Schneider, C. (2012). *Gesundheitsförderung am Arbeitsplatz*. Hogrefe.
Schneider, C., & Schneider, L. J. (2014). *Erfolgreich älter werden im Beruf*. Herder.
Schneider, C., & Schneider, L. J. (2016). Psychotherapeuten im Betrieblichen Gesundheitsmanagement. *PiD; Psychotherapie im Dialog, 2*.

Forschung

Michael Gielnik

Inhaltsverzeichnis

7.1 **Einleitung** – 180

7.2 **Entrepreneurship: Interview mit Prof. Dr. Michael Gielnik der Leuphana Universität Lüneburg** – 181

Ergänzende Information Die elektronische Version dieses Kapitels enthält Zusatzmaterial, auf das über folgenden Link zugegriffen werden kann ▶ https://doi.org/10.1007/978-3-662-65821-5_7. Die Videos lassen sich durch Anklicken des DOI Links in der Legende einer entsprechenden Abbildung abspielen, oder indem Sie diesen Link mit der SN More Media App scannen.

© Der/die Autor(en), exklusiv lizenziert an Springer-Verlag GmbH, DE, ein Teil von Springer Nature 2022
N. Bajwa und C. König (Hrsg.), *Karriereperspektiven in der Arbeits- und Organisationspsychologie*, Meet the Expert: Wissen aus erster Hand, https://doi.org/10.1007/978-3-662-65821-5_7

7.1 Einleitung

Nida ul Habib Bajwa und Cornelius J. König

Ein beachtlicher Teil von Absolventen, die sich für die Arbeits- und Organisationspsychologie interessieren, entscheidet sich nach Beendigung des Masterstudiums für eine weitere Ausbildung in der Forschung und somit für die Erlangung eines Doktorgrads. Die Gründe für eine weitere wissenschaftliche Ausbildung sind dabei vielfältig: Etliche beschäftigen sich gegen Ende ihres Studiums mit der Frage, ob sie sich eine weitere Zeit an der Universität vorstellen können. Manche Studierende haben bereits während ihres Studiums als wissenschaftliche Hilfskraft an einem Lehrstuhl gearbeitet und kennen entsprechend die Arbeit als Wissenschaftler und entdecken spätestens beim Schreiben ihrer Abschlussarbeit, ob sie sich vorstellen können, dieser Arbeit weiterhin nachzugehen. Andere Absolventen wiederum sehen vielleicht ihre langfristige Zukunft nicht unbedingt in der Forschung, erhoffen sich aber Expertenwissen in einem bestimmten Bereich, was einen späteren Jobeinstieg in der Wirtschaft erleichtern könnte.

Unabhängig von persönlichen Beweggründen ist es sicherlich auch die Forschung im Fach selbst, die für großes Interesse bei Absolventen sorgt. Im Vergleich zu den klassischen Naturwissenschaften ist die Arbeits- und Organisationspsychologie noch ein sehr junges Fach, und somit gibt es eine Vielzahl an Fragestellungen, die noch unerforscht sind und über die sich die Forscher vielleicht noch keine oder nur wenige Gedanken gemacht haben. Gleichzeitig ist die Vielfalt an Themenstellungen in der Arbeits- und Organisationspsychologie so groß, dass alle Interessierten Forschungsnischen finden können, mit denen sie sich über Jahre auseinandersetzen.

Einerseits gibt es Schwerpunkte, mit denen sich die arbeits- und organisationspsychologische Forschung bereits seit Längerem auseinandersetzt. So gehört die Frage danach, mit welchen Methoden man aus einer großen Zahl an Bewerbern für einen Job den geeignetsten Kandidaten auswählt, zu einer der zentralen Forschungsfragen. Man weiß beispielsweise seit Langem, dass das Ausmaß an Intelligenz eine gute Vorhersagekraft für späteren Berufserfolg hat und somit Intelligenz ein sehr gutes Auswahlkriterium darstellt. Etwas kniffliger wird die Sache schon beim Thema Persönlichkeit, da es zwar Erkenntnisse darüber gibt, dass die Persönlichkeitsfacette Gewissenhaftigkeit einen Zusammenhang zu Berufserfolg aufweist, aber im Gegensatz zu einem Leistungsverfahren wie einem Intelligenztest können die Ergebnisse von Persönlichkeitstests durch sozial erwünschtes oder absichtliches falsches Beantworten von Fragen verzerrt werden. Die Forschung geht dann hier der Frage nach, ob diese Verzerrungen ein Problem für die Vorhersagekraft von Persönlichkeit für Berufserfolg darstellt oder wie man mit diesen Verzerrungen in der Personalauswahl umgehen kann.

Neben der Personalauswahl und der Personalentwicklung dreht sich in der arbeits- und organisationspsychologischen Forschung auch viel um das Thema positive und negative Faktoren am Arbeitsplatz (z. B. Mitarbeitermotivation, Stress am Arbeitsplatz, Arbeitszufriedenheit, Kündigungsabsicht, unproduktive Verhaltensweisen).

Anderseits gibt es Themen, die erst in den letzten Jahren mehr Anklang in der Arbeits- und Organisationspsychologie gefunden haben. Die Gründer- bzw. Entrepreneurship-Forschung stellt dabei ein besonderes Thema dar, da sie sich damit beschäftigt, ob es Faktoren gibt, die manche Menschen eher zu einer Unternehmensgründung verleiten, was erfolgreiche von weniger erfolgreichen Unternehmern unterscheidet und wie man unternehmerische Kompetenzen gezielt entwickeln kann. Sehr allgemein gesprochen fokussiert die Forschung in der Arbeits- und Organisationspsychologie auf für Menschen und Organisationen förderliche und hinderliche Erlebnisse und Verhaltensweisen am Arbeitsplatz. Aber wie man vielleicht am oben genannten Beispiel der Gründerforschung merkt, sind die Grenzen des Fachs hier nicht sehr starr und klar abgrenzbar.

Neben der Tätigkeit in der Forschung gehört zu den Aufgaben von wissenschaftlichen Mitarbeitern (also Doktoranden und Postdoktoranden), die Hochschullehre sicherzustellen, d. h. Vorlesungen, Seminare und andere Lehrveranstaltungen für Studierende abzuhalten. Für Absolventen, die sich langfristig eine Karriere in der Wissenschaft vorstellen können, ist dies eine gute Gelegenheit, über die Zeit hinweg ihre Lehrkonzepte auszuprobieren und sich als Lehrkraft weiterzuentwickeln. Aber auch für Absolventen, die planen, nach der Promotion die Universität zu verlassen, bietet die Arbeit in der Lehre Vorteile: Die Wahrscheinlichkeit, auch in Unternehmen später Gruppenveranstaltungen im Kontext der Personalentwicklung durchzuführen, ist groß, sodass die Universität hier eine gute Möglichkeit zur Übung bietet.

Psychologen, die sich für die Forschung als Karriereweg entscheiden, sind jedoch mit einigen Hürden konfrontiert, die in ähnlicher Weise für Forscher anderer Fachgebiete gelten: Nach Beendigung des zumeist dreijährigen Bachelor- und darauffolgenden zumeist zweijährigen Masterstudiums sind eine ca. drei- bis fünfjährige Promotion sowie eine weitere mehrjährige Phase als Postdoktorand bzw. Habilitand notwendig. Es kann also nach Abschluss des Masterstudiums durchaus zehn Jahre dauern, bis man das Endziel, einen Ruf auf eine Professur, erlangt und somit eine gesicherte Zukunft in der Forschung hat. Ist das Interesse an Forschung geringer ausgeprägt, das Interesse an Hochschullehre jedoch größer, so besteht für Arbeits- und Organisationspsychologen, die einen Doktorgrad erlangt haben und einige Jahre Berufserfahrung in der Wirtschaft nachweisen können, auch die Möglichkeit, eine Professur an einer Fachhochschule anzustreben. Aufgrund der Verbreitung des Fachs und des gestiegenen Bedarfs an arbeits- und organisationspsychologischem Wissen sind in den letzten Jahren an einer Vielzahl von staatlichen wie privaten Fachhochschulen Professuren für Wirtschaftspsychologie entstanden.

Um einen Eindruck von der Arbeit und Karriere eines Forschers zu erlangen, stellt Prof. Dr. Michael Gielnik von der Leuphana Universität Lüneburg im Folgenden seinen Werdegang und seine Forschung innerhalb der Arbeits- und Organisationspsychologie näher vor.

7.2 Entrepreneurship: Interview mit Prof. Dr. Michael Gielnik der Leuphana Universität Lüneburg

Das Interview und die Transkription führten Andy Bornträger und Yannick Zobel durch.

- **Interviewer:**

Schönen guten Tag, Herr Gielnik. Zunächst einmal vielen Dank, dass Sie sich heute Zeit für dieses Interview genommen haben. Sie haben bereits in jungen Jahren eine beachtliche wissenschaftliche Laufbahn durchlaufen und sind mittlerweile Professor für HR Development an der Leuphana Universität Lüneburg. Könnten Sie kurz Ihren bisherigen Karriereweg skizzieren?

- **Prof. Dr. Michael Gielnik:**

Ich habe 2005 mein Diplomstudium der Psychologie abgeschlossen und damals noch gar nicht gedacht, dass ich in der Forschung bleiben möchte. Nach meinem Abschluss war ich zunächst ein Jahr in der Marktforschung tätig, eher weg von dem klinischen Teil der Psychologie und stärker hin zur betriebswirtschaftlichen Seite. Im Laufe dieser Zeit habe ich festgestellt, dass zwar die Arbeit in der Marktforschung interessant war, aber für mich nicht so erfüllend wie das Studium oder das Schreiben von beispielsweise einer Diplomarbeit.

Im Anschluss daran bin ich zurück zur Universität und habe innerhalb von vier Jahren mein Promotionsstudium im Jahr 2010 abgeschlossen, wobei ich davon die ersten dreieinhalb Jahre in Gießen und das letzte halbe Jahr an der Leuphana Universität verbracht habe. Im Anschluss arbeitete ich dreieinhalb Jahre als Postdoc in Singapur an der Business School der National University of Singapore. Gegen Ende dieser Zeit stellte sich mir die Frage, ob ich in Singapur bleiben oder nach Deutschland zurückkehren wolle. Schlussendlich entschied ich mich, nach Deutschland zurückzukehren, wobei ich das Glück hatte, dass zu diesem Zeitpunkt drei Juniorprofessuren in Kassel, Saarbrücken und an der Leuphana Universität ausgeschrieben waren. Nach dem Ruf zur Juniorprofessur der Leuphana Universität folgte ein halbes Jahr später ein Ruf der Universität Siegen auf eine W2-Professur. Danach erhielt ich einen Ruf der Leuphana Universität auf eine W2-Professur für Personalentwicklung, die ich seit 2015 innehabe.

- **I:**

Das Ganze begann ja, wie Sie bereits erwähnt haben, mit Ihrer Entscheidung, Psychologie zu studieren. Weshalb haben Sie sich eigentlich damals gerade für dieses Studium entschieden?

- **MG:**

Erstaunlicherweise war bereits in der 11./12. Klasse für mich klar, dass ich Psychologie studieren wollen würde. Dabei interessierte mich auf der einen Seite der Mensch an sich und auf der anderen Seite das Beeinflussen von Menschen. Der Begriff der Beeinflussung oder Manipulation soll dabei aus neutraler Sichtweise als Verändern verstanden werden, im Sinne von Therapie, Coaching oder Mentoring. Mit dieser Art von Manipulation beschäftige ich mich heute noch, nämlich in Form von Trainingsimplementierungen in Afrika. Diese Trainings sollen Fähigkeiten und Fertigkeiten der Teilnehmer entwickeln und sie auf eine Karriere als Unternehmer vorbereiten. Wir konnten dabei feststellen, dass die Menschen tatsächlich ihr Verhalten nach dem Training ändern.

Forschung

- **I:**

Haben Sie bereits in Ihrem Studium einen Schwerpunkt gesetzt?

- **MG:**

Grundsätzlich war das Studium der Psychologie für mich sehr spannend, da ein sehr breites Spektrum – von der Arbeits- und Organisationspsychologie über die Klinische Psychologie – an Themen abgedeckt wird. Dabei fand ich vor allem die Inhalte der Neurowissenschaften sehr spannend zu erlernen. Für mich war jedoch relativ schnell klar, dass die Klinische Psychologie nicht das Arbeitsfeld sein würde, in dem ich später tätig sein wollte. Infolgedessen spezialisierte ich mich im Studium stärker auf den Bereich der Arbeits- und Organisationspsychologie.

- **I:**

Für viele Studenten ist die Tätigkeit als studentische Hilfskraft ein erster praktischer Einblick in die Tätigkeit eines Forschers. Konnten auch Sie während Ihres Studiums bereits erste Einblicke in diesen Bereich sammeln?

- **MG:**

Ja, während ich noch in meiner Zeit im Vordiplom als studentische Aushilfskraft außeruniversitären Beschäftigungen nachging, trat ich nach meinem Vordiplom eine HiWi-Tätigkeit in der Methodenlehre an. Mein Tätigkeitsfeld in diesem Rahmen erstreckte sich von dem Leiten einzelner Tutorien über methodische und statistische Beratung. Der damalige Dozent war sehr engagiert und daran interessiert, dass seine HiWis auch erste Erfahrungen im Wissenschaftsbetrieb, insbesondere das Erstellen und Durchführen von Experimenten, aber auch die Präsentation der Ergebnisse auf Konferenzen, sammeln konnten. Im Rahmen dessen sind auch zwei Paper entstanden, die retrospektiv betrachtet als erste Erfahrungen in diesem Bereich dienten.

- **I:**

Auf dem klassischen Karriereweg der Wissenschaft spielt die Promotion eine entscheidende Rolle. Wie promoviert man eigentlich, und wie haben Sie dies konkret umgesetzt?

- **MG:**

Zunächst möchte ich gerne meinen Promotionsweg darstellen, wobei ich nicht weiß, ob dieser den typischen Weg zur Promotion darstellt. Das erste Mal „Blut geleckt" habe ich im Rahmen meiner Diplomarbeit, und ich glaube, dass im Zuge einer solchen Arbeit die Frage beantwortet werden kann, ob die Wissenschaft als solches einen Karriereweg für einen persönlich darstellen könnte. Dabei sollte die Frage beantwortet werden können, ob die Schritte, wie beispielsweise die Konzeption oder Datenerhebung, aber auch die Verschriftlichung dessen, Spaß bereiten und ob man dafür gegebenenfalls auch ein Talent entwickelt. Im Rahmen der Promotion wird diese Arbeit weitergeführt und intensiviert werden, wobei man – falls die oben genannte Frage nicht bejaht werden kann – eventuell Abstand von einer Promotion nehmen sollte.

Wie bereits eingangs erwähnt, arbeitete ich nach dem Studium zunächst ein Jahr in der Marktforschung, wobei ich damals immer wieder an meine Zeit während der Diplomarbeit zurückdenken musste. Irgendwann in dieser Zeit schickte Herr Prof. Dr. Frese eine E-Mail mit einer Ausschreibung für eine Promotionsstelle in Afrika. Für mich begann dann ein Abwägungsprozess über die Vor- und Nachteile der Aufgabe der Tätigkeit in der Marktforschung hin zur neuen Aufgabe als Promotionsstudent. Für mich überwogen damals die Vorteile der Promotionsstelle, nämlich für drei bis vier Jahre die Tätigkeiten durchzuführen, die mir während meiner Diplomarbeit so viel Spaß bereitet hatten. Wenn man dann in die Promotion eintritt, ist es eine ganz individuelle Entscheidung, wie man diesen Prozess gestaltet. Ich persönlich bin nie die Person gewesen, die sehr intensiv mit meinen Betreuern zusammengearbeitet hat, da es mir sehr schwerfällt, Feedback einzuholen. Dies hat sehr gut mit Herrn Prof. Dr. Frese zusammengepasst, da er mir sehr viele Freiheiten bezüglich meiner Forschung zugestanden hat. Im Zuge dessen entstand auch unser gemeinsames Entrepreneur-Trainingsprojekt, was ich zusätzlich zu meiner Promotion erarbeitete. Während der Promotion arbeitete ich eng mit Diplomanden zusammen, was nicht zuletzt auch als Ansporn für mich selbst diente, die Themen mit denen ich mich beschäftigte, vollends theoretisch zu durchdringen, um meinen Diplomanden auch etwas beibringen zu können. Somit regulierte ich mich stärker über die Diplomanden als über meine Betreuer in dem Sinne, dass falls ich ein Thema bereitstelle, dieses auch auf einer soliden Basis aufbaut. Im Zuge dieser Zusammenarbeit entwickelten sich dann die Bauteile meiner Promotion.

Auf der anderen Seite gibt es auch Promotionsstudenten, die einen stärkeren Input von ihrem Betreuer wünschen. Grundsätzlich ist es während der Promotion so, dass entweder ein gewisses Selbstverständnis für die eigenen Aufgaben langsam, durch den Input des Betreuers, entwickelt werden muss oder dass dieses Selbstverständnis von Anfang an vorhanden ist. In diesem Zusammenhang hat der Betreuer einen starken Einfluss auf die Themen und die Herangehensweise an diese. Dabei ist natürlich auch eine individuelle und interpersonelle Komponente von Betreuer und Promotionsstudent zu bedenken.

- **I:**

Bestehen bestimmte Anforderungen oder Voraussetzungen, die ein Student zur Promotion mitbringen sollte? Was wäre für Sie der ideale Promotionsstudent?

- **MG:**

Der ideale Promotionsstudent für uns ist jemand, der bereits seine Bachelor- und Masterarbeit unter unserer Leitung verfasst hat. In diesem Zusammenhang ist es meiner Meinung nach sehr entscheidend, wie Studierende sozialisiert worden sind. Wenn grundsätzlich die Idee zur Karriere in der Wissenschaft besteht, dann würde ich ganz stark meine Bachelor- und Masterarbeit nach den Betreuungsverhältnissen ausrichten. Im Zuge dessen würde ich mir solche Betreuer wählen, die mich intensiv fördern. Die Zeit während der Bachelor- bzw. Masterarbeit ist von kritischer Bedeutung, da in dieser Zeit entweder sehr viel gelernt oder bereits der Anschluss an andere Studierende verloren werden kann.

Die Studenten, die bei uns ihre Abschlussarbeiten verfassen und sich auf eine Promotionsstelle bewerben, haben aufgrund der intensiven Betreuungssituation einen Vorteil. Konkret bedeutet dies, dass unsere Betreuung sehr stark auf das Schreiben eines Papers ausgerichtet ist. Die Studenten bearbeiten dann eine kleinere Forschungsfrage, die exzellent bearbeitet werden soll. Von entscheidender Bedeutung für einen Promotionsstudenten sind somit die Fähigkeiten und Fertigkeiten in der Reife der Denkweise, also wie ein gutes Paper zu erstellen ist. Aber auch andere Aspekte wie beispielsweise die Fähigkeiten in der Statistik und Methodik spielen eine gewichtige Rolle. Als weiteren Faktor sollte der ideale Promotionsstudent eine starke Gewissenhaftigkeit bis hin zur Zwanghaftigkeit mitbringen. Er sollte das Thema verstehen und durchdringen wollen, um die Kriterien an seine Arbeit, die durch den Betreuer, aber auch durch Fachzeitschriften angelegt werden, erfüllen zu können. Dafür sind eine gewisse Zwanghaftigkeit und Obsession vonnöten, um auch die notwendige Zeit aufbringen zu wollen und zu können. Letztlich sollte noch ein Verständnis für die analytischen, technischen und theoretischen Zusammenhänge des Themas vorhanden sein.

- **I:**

Was zeichnet die Zeit während der Promotion aus? Welche Aufgaben erledigt ein Promotionsstudent hauptsächlich?

- **MG:**

In unserem Falle ist es so, dass wir unseren Promotionsstudenten eine Basis mitgeben möchten, dass sie weiterhin in der Wissenschaft beschäftigt sein können. Dabei kann man als Promotionsstudent hervorstechen, wenn während der Promotionszeit sehr gut, d. h. zwei bis drei Veröffentlichungen in exzellenten Fachzeitschriften, publiziert wurde bzw. sich diese bereits in einem fortgeschrittenen Gutachterprozess befinden. Dies ist von zentraler Bedeutung, da die Publikationen bei allen Stellen in der Wissenschaft eine sehr gewichtige Rolle einnehmen. Demnach ist der Job eines Promotionsstudenten, solche Studien zu konzipieren, die das Potenzial haben, in einer sehr guten, hoch gerankten Fachzeitschrift erscheinen zu können. Auf der einen Seite kann dies mithilfe von empirischen Studien zu einer bestimmten Fragestellung geschehen. Auf der anderen Seite können auch theoretische Paper erstellt werden, die jedoch theoretisch so exzellent durchdacht werden müssen, dass auch diese Paper die Chance auf eine Veröffentlichung in einer renommierten Fachzeitschrift haben.

Zusammenfassend ist die Zeit während der Promotion dadurch gekennzeichnet, dass relativ viele Papiere in einem relativ kurzen Zeitraum gelesen werden müssen, um sich in den aktuellen Kenntnisstand der Forschung einzuarbeiten. Des Weiteren muss dann ein eigener Beitrag zu dieser Forschung geleistet werden, welcher den Wissensstand in diesem Themengebiet vorantreibt. Meiner Ansicht nach ist es dabei wichtiger, solide Arbeit zu leisten, statt mit einer bahnbrechenden Idee die Promotion als glorreiches Werk anzusehen.

- **I:**

Mit welchem Thema haben Sie sich während Ihrer Promotionszeit beschäftigt? Könnten Sie dies bitte kurz für uns beschreiben?

- **MG:**

In meiner Promotion habe ich mich mit den psychologischen Erfolgsfaktoren einer Gründung im Bereich des Entrepreneurship auseinandergesetzt. Dies ist natürlich ein sehr breites Feld, welches ich sehr kleinteilig bearbeitet habe. Schlussendlich bin ich dann bei der Kreativität gelandet. Innerhalb dieses Feldes gibt es verschiedene theoretische Ansätze, die sich zum Teil widersprechen. Zum einen besteht der Ansatz, dass bereits vorhandenes Wissen dabei hilft, kreativ zu sein und neue Ideen zu kreieren. Im Unterschied dazu gibt es den Ansatz der „functional fixedness", der besagt, dass vorhandenes Wissen diese kreativen Prozesse behindert. Im Rahmen dieses Widerspruches habe ich dann zwei Studien entwickelt, die diesen Widerspruch integrieren. In meiner dritten Studie ging es darum, welche regulativen Momente, z. B. Handlungs- und Selbstregulation, sich darauf auswirken, wie man sich motivieren kann, den Gründungsprozess erfolgreich zu bewältigen. Die Datenerhebung für meine Studien erfolgte in Uganda und Südafrika, da ich – wie bereits erwähnt – parallel noch in Zusammenarbeit mit einigen Kollegen ein Projekt zur Förderung von Unternehmertum bei Studierenden in Afrika durchführte.

- **I:**

Wie Sie gerade ausführten, haben Sie im Rahmen Ihrer Forschung auch das „Student Training for Entrepreneurial Promotion" (STEP) entwickelt, dass jungen Studierenden in Afrika Appetit auf eine Unternehmensgründung machen soll. Können Sie das Training etwas näher vorstellen und erläutern, was Sie daran erforscht haben?

- **MG:**

Die Arbeit von Prof. Dr. Frese und mir fing damals mit einer „fact finding mission" an. In diesem Rahmen sind wir durch Uganda gereist und haben uns mit verschiedenen Vertretern von NGOs, Universitäten und regierungsnahen Einrichtungen getroffen und besprochen, wie wir unsere Expertise im Bereich der Unternehmerforschung praktisch einbringen können. Im Dialog mit diesen aufgeführten Stellen wurde uns immer wieder das große Problem der Jugendarbeitslosigkeit in Entwicklungsländern, das bis zu 60 % der Jugendlichen betrifft, berichtet. Dies bedeutet, dass das Humankapital, welches während dem Studium aufgebaut wurde, im Prinzip brachliegt. Das Problem vieler Entwicklungsländer ist, dass kein klassischer Mittelstand existiert. Die größten Arbeitgeber stellen in diesen Regionen große Firmen oder die Regierung dar, die jedoch nicht alle Absolventen, die auf den Arbeitsmarkt drängen, absorbieren können.

Die Essenz, die wir aus unserer Forschungsreise mitnahmen, war, dass es gut wäre, wenn die Studierenden es schaffen würden, sich selbstständig zu machen. Das Ziel davon ist zum einen, dass die Studenten ihr eigenes Wissen für sich selbst nutzen können. Zum anderen könnten sie darüber hinaus auch Arbeitsplätze für andere Menschen schaffen. Wir entwickelten infolgedessen in Zusammenarbeit mit Kollegen aus Uganda, Tansania und Rwanda ein neues Training, welches Studenten befähigen soll, selbstständig zu sein. Ein weiterer wichtiger Faktor für uns war, dass das Training im afrikanischen Kontext entwickelt werden sollte, um somit kulturimmanent zu wirken. Außerdem entwickelten wir das Training unter dem Blickpunkt der Handlungsregulationstheorie. Daraus folgend sollte ein effektives

Training nicht nur auf theoretischer Ebene erfolgen, sondern sehr stark handlungsorientiert sein und sehr viele praktische Elemente aufweisen.

Zusätzlich wollten wir die Expertise, die wir und unsere Kollegen erlangt haben, nutzen. Wir entwickelten dann ein Training von zwölf Wochen mit wöchentlichen Sitzungen über drei Stunden. Die Studenten wurden bereits in der ersten Sitzung aufgefordert, ein kleineres Produkt- oder Serviceunternehmen zu starten, bei dem die Möglichkeit besteht, dieses innerhalb von zwölf Wochen umzusetzen, und bei dem sie den unternehmerischen Prozess durchlaufen können. Dieser praktische Teil dient dazu, anhand seiner eigenen Handlungen festzustellen, dass man in der Lage ist, ein Unternehmen zu gründen. Dabei wird die Selbstwirksamkeit hinsichtlich der eigenen Fähigkeiten gesteigert und das Selbstvertrauen, dass man selbst in der Lage ist ein Unternehmer zu werden, gefördert. Die theoretischen Grundlagen, die wir den Studenten an die Hand geben, werden in den dreistündigen wöchentlichen Sitzungen in Form von Handlungsanweisungen, z. B. falls es Probleme im Unternehmen gibt, gehe dabei entsprechend vor, vermittelt. Zwischen diesen Sitzungen können die Studenten diese Handlungsanweisungen ausprobieren und dabei Handlungswissen entwickeln. Durch diese Eigenanwendung können die Studenten das Wissen viel besser internalisieren und gegebenenfalls adaptieren, z. B. welche Methoden für sie persönlich sehr gut und welche Methoden für sie persönlich eher weniger gut funktionieren. Zu Anfang werden die Studenten in Fünfergruppen mit etwas Startkapital ausgestattet, umgerechnet 100 $, um ihr Unternehmen gründen zu können. Die Erfahrung hat gezeigt, dass im Rahmen dieser zwölf Wochen sehr tolle Ideen, die meisten im Bereich Ernährung oder leichte Servicetätigkeiten, entstehen und umgesetzt werden können. Nach diesen zwölf Wochen wird das Unternehmen wieder aufgelöst, wobei das Startkapital von den Studenten zurückgezahlt werden muss und der Profit von den Studenten behalten werden darf. Im Anschluss daran sollen sie dann ihr eigentlich geplantes Unternehmen starten.

Wir konnten zeigen, dass die Studenten im Vergleich mit einer Kontrollgruppe innerhalb eines Jahres viel erfolgreicher im Gründungsprozess waren. Innerhalb von zwei Jahren zeigte sich, dass diese signifikant mehr Leute in ihrem Unternehmen beschäftigen, lebenszufriedener und effizienter – in dem Sinn, dass sie weniger Startkapital benötigten, um ein gleichwertiges Unternehmen aufzuziehen – sind und dass sie mit einen Mangel an Finanzierungsmöglichkeiten besser umgehen können.

- **I:**

Zusätzlich liegt Ihr Forschungsinteresse in dem Themenbereich Sustainability Entrepreneurship, also dem nachhaltigen Wirtschaften. Welche Gründe gibt es für Unternehmen, nachhaltig zu wirtschaften, und welchen Beitrag kann hierzu die psychologische Forschung leisten?

- **MG:**

Hierbei können grundsätzlich zwei Faktoren unterschieden werden: zum einen das eigene, intrinsische Motiv des Unternehmers und zum anderen institutionelle Faktoren, z. B. bestimmte gesellschaftliche Normen, die zu nachhaltigem Handeln führen. Die psychologische Forschung kann dabei den Beitrag leisten, dass das Verhalten eines Unternehmers immer auf individueller Ebene angesiedelt ist und daher immer psychische Faktoren eine Rolle spielen. Zwar geben die institutionellen Faktoren die Rahmenbedingungen vor, wie jedoch mit diesen Bedingungen umgegangen wird, ist auf psychologischer Ebene erklärbar. In dieser Hinsicht spielt die Psychologie also eine wesentliche Rolle bei der Erklärung des nachhaltigen Wirtschaftens.

- **I:**

Wie konkret wird auf diesem Gebiet geforscht? Sprechen Sie dazu konkret Gründer an, die Interesse an Ihrer Forschung haben?

- **MG:**

Wir nutzen dafür verschiedene Ansätze, wobei man dabei das Unternehmertum als verschiedene Prozesse, die durchlaufen werden, ansehen sollte. Beispielsweise ist einer der ersten Schritte, noch bevor der eigentliche Gründungsprozess überhaupt einsetzt, die Identifikation der Geschäftsidee. Zu diesem Thema untersuchen wir in Deutschland, aber auch parallel mit Kollegen in Südafrika, welche Menschen überhaupt Geschäftsideen entwickeln, die man als nachhaltig bezeichnen könnte. Nachhaltig ist in diesem Zusammenhang nicht nur im Sinne der Profitabilität, sondern auch im Sinne der ökologischen und sozialen Nachhaltigkeit zu verstehen. Im Rahmen dieser Studie untersuchen wir eine repräsentative Stichprobe von 120 Personen, die wir über einen Zeitraum von vier Wochen begleiteten, um eine Idee zu gewinnen, wie der eigentliche Prozess der Ideengenerierung abläuft. Die Personen wurden wöchentlich in Bezug auf die Geschehnisse der vergangenen Woche, die zu einer sozialen oder ökologisch nachhaltigen Idee führten, befragt. Solche Studien ermöglichen es, bestimmte Faktoren, die zur Entwicklung solcher Ideen beitragen, zu identifizieren. Falls es uns gelingt, solche Faktoren herauszustellen, dann können wir diese im nächsten Schritt in unsere Trainings miteinbeziehen, um Menschen zu unterstützen, die genau solche Ideen entwickeln wollen. Somit ist das Ziel unserer Grundlagenforschung, ein solides, theoretisches Fundament für die Entwicklung von Maßnahmen, die zukünftig das Training modifizieren sollen, bereitzustellen.

- **I:**

Sie konnten einerseits durch die Veröffentlichungen in international renommierten Fachzeitschriften und andererseits durch den Besuch von internationalen Fachtagungen im Rahmen der Promotionstätigkeit die Internationalität der Wissenschaftskarriere herausstellen. Sie selbst waren nach Ihrer Doktorandenzeit drei Jahre in Singapur tätig. Inwiefern spielt ein solcher Auslandsaufenthalt eine Rolle für die Karriere in der Wissenschaft? Welche Vor- und Nachteile bringt dies mit sich?

- **MG:**

Meiner Ansicht nach ist ein längerer Auslandsaufenthalt kein Must-have für die Karriere als Wissenschaftler. Jedoch ist es meiner Meinung nach extrem hilfreich, wenn man in den Bewerbungsprozess, beispielsweise für eine Professur, einsteigt. Dort wird die Berufskommission unter anderem darauf achten, ob Auslandsaufenthalte bzw. internationale Erfahrung vorhanden sind. Dabei spielen verschiedene Aspekte wie die Vernetztheit mit anderen Forschern, auf die man gegebenenfalls später zurückgreifen kann, oder die Expertise in englischer Lehre bzw. Forschung eine große Rolle. Ein weiterer wichtiger Faktor eines Auslandsaufenthaltes ist, dass man seinen eigenen Horizont erweitern konnte, im Sinne des Kennenlernens einer anderen Denke, beispielsweise wie Wissenschaft eigentlich in anderen Systemen funktioniert. Sowohl die Kontakte und Sprachkenntnisse, die man durch einen Auslandsaufenthalt herstellen bzw. verbessern kann, als auch die Weiterentwicklung der eigenen Denke sind Faktoren, die in der Karriere als Wissenschaftler eine Rolle spielen. Aus diesem Grund ist es sicherlich vorteilhaft für diejenigen, die die Zeit, Muße und über die Möglichkeiten verfügen, einen solchen Aufenthalt wahrzunehmen. Auf der einen Seite ist der Auslandsaufenthalt ein Türöffner, auf der anderen Seite stellt er auch eine bereichernde Erfahrung für sich selbst dar.

Man muss sich jedoch darüber im Klaren sein, dass auch Nachteile durch einen Auslandsaufenthalt entstehen können. Dabei spielen vor allem die Rahmenbedingungen, unter denen dieser Aufenthalt abläuft, eine kritische Rolle. Ich selbst war damals relativ blauäugig, in dem Sinne, als dass ich mein damaliges Umfeld in Frankfurt als selbstverständlich betrachtete und mir über die sozialen Konsequenzen überhaupt nicht bewusst war. Gerade in Singapur waren meine privaten Beziehungen aufgrund der starken Fluktuation eher oberflächlicher Natur. Dabei spielen meiner Ansicht nach die eingangs erwähnten Rahmenbedingungen eine große Rolle wie beispielsweise, ob ich zusammen mit meinem Partner ins Ausland gehe. Insgesamt würde ich aus eigener Erfahrung sagen, dass bei einem alleinigen Auslandsaufenthalt, insbesondere wenn man in seiner Heimat sehr stark verwurzelt ist, sicherlich ein sozialer Preis gezahlt wird, wenn man diese Erfahrung jedoch mit dem Partner teilen kann, dies auch sehr bereichernd sein kann.

- **I:**

Nach der Promotion ist es für viele Forscher sehr schwierig, an eine dauerhafte Stelle im Wissenschaftsbetrieb zu kommen. Wir haben ja bereits über Karrierewege in der Wissenschaft gesprochen. Können Sie auch alternative Karriereperspektiven nach der Promotion darstellen und erläutern, welche Rolle diese für Sie spielten?

- **MG:**

Ich glaube, dass das Wichtigste nach der Promotion ist, ehrlich zu sich selbst zu sein. In den Medien erscheinen in einer gewissen Regelmäßigkeit Berichte über die Schwierigkeiten in der Wissenschaftskarriere, beispielsweise das Herausfallen von Postdocs aus dem System. Sicherlich bringt das System gewisse Nachteile mit sich, aber es ist teilweise auch ein gewisses Problem der Wissenschaftler selbst. Das System ist eigentlich sehr weich, da Verträge in der Regel über einen gewissen Zeitraum immer wieder über ein weiteres Jahr verlängert werden. Mittlerweile gibt es relativ klare Kriterien, die ein Indiz dafür sind, ob es in der Wissenschaftskarriere weitergehen kann oder eben nicht.

Das erste Kriterium stellt die Publikationsliste der Person dar. Dabei sollte darauf geachtet werden, dass mindestens ein Paper in einer Zeitschrift mit einem „Impact Factor" von mindestens eins veröffentlicht ist. Sehr gut wäre es, wenn die Zeitschrift einen „Impact Factor" von mindestens zwei aufweist. Als weiteres Kriterium ist die Lehre zu nennen, also welche Erfahrung man in Bezug auf die Lehre, beispielsweise im Rahmen von Vorlesungen oder Seminaren, mitbringt. Das dritte

Kriterium stellt die Mitarbeit bzw. den Erwerb von Drittmitteln dar. Dies sind die wesentlichen drei Kriterien, die z. B. bei der Vergabe einer Professur entscheidend sind. Auf Basis dieser Kriterien sollte man sich dann selbst die Frage stellen, ob man die Kriterien erfüllt oder nicht. Falls dies nicht der Fall sein sollte, liegt es an einem selbst, aktiv aus dem System auszuscheiden. Die Alternativen, die es dann gibt, umfassen ein extrem breites Themenfeld, je nach den eigenen Interessen. Wichtig ist dabei nur, dass man früh genug eine eigene Entscheidung trifft und dann ggf. die Konsequenzen aus dieser Entscheidung zieht.

- **I:**

Welchen Mehrwert bringt die Promotion in der Praxis?

- **MG:**

Ich glaube, dass einem die Promotion sehr stark hilft, eine wissenschaftlich solide Denke zu erwerben. Sowohl im Rahmen der Dissertation als auch in der Praxis, z. B. im Rahmen von Marktforschungskonzepten, müssen Konzepte entwickelt und umgesetzt werden, was die Überlappung der Tätigkeitsfelder verdeutlicht. Zusätzlich kann das Expertenwissen, welches man in einem gewissen Gebiet erlangt hat, in die Arbeit eingebracht werden. Ein dritter Punkt ist, dass wissenschaftliche Erkenntnisse sehr viel leichter und schneller verstanden und für das Unternehmen nutzbar gemacht werden können. Beispielsweise spielt es in der Beratung eine große Rolle, welche neuen Erkenntnisse in dem speziellen Bereich gewonnen werden und wie man diese als Beratungstool nutzen kann. Nicht zuletzt bedeutet ein promovierter Mitarbeiter aus unternehmerischer Perspektive so sowohl Legitimation als auch Reputation.

- **I:**

Welche konkreten Alternativpläne hatten Sie?

- **MG:**

Um ehrlich zu sein, ist es bei mir so gewesen, dass ich zunächst nicht gedacht habe, dass ich in der Wissenschaft bleiben würde. Im Gegenteil, zunächst bin ich gerade so ins Psychologiestudium reingerutscht und habe mich damals eigentlich schon mit dem Gedanken abgefunden, dass ich während des Studiums eher im unteren Leistungsbereich – aufgrund der Konkurrenzsituation durch den NC – abschließen würde. Trotzdem lief mein Studium erfolgreich, wobei ich danach in die Wirtschaft wechselte. Zu Anfang meiner Promotionsphase war ich eigentlich nur froh darüber gewesen, dass ich die Arbeit, die mir im Rahmen meiner Diplomarbeit so viel Spaß gemacht hatte, weitere drei bis vier Jahre machen durfte. In dieser Zeit kam auch der Gedanke wieder hoch, dass ich nicht einer von denen sein würde, die die Promotion mit außerordentlichem Erfolg abschließen. Zunächst war also der Plan, nach meiner Promotion aus der Wissenschaft auszusteigen, vielleicht wieder in Richtung Marktforschung. Nach eineinhalb bzw. zwei Jahren habe ich dann gemerkt, dass die Sachen, die ich bis dahin gemacht hatte, relativ gut gewesen sind. Zu diesem Zeitpunkt habe ich die Entscheidung getroffen, es doch mit einer Karriere in der Wissenschaft zu versuchen. Im Zuge dessen habe ich dann auch schon für die Zeit nach meiner Promotion als Postdoc geplant, also beispielsweise

Forschung

Veröffentlichungen vorbereitet, deren Gutachtensprozess über meine Promotionszeit hinausging.

- **I:**

Zurzeit haben Sie einen Lehrstuhl für HR Development in Lüneburg inne. Zuvor haben Sie bereits einige Angebote für Juniorprofessuren erhalten. Wie wird man eigentlich Professor?

- **MG:**

Das Gute an dem Bewerbungsprozess zum Professor ist, dass es keine Initiativbewerbungen gibt. Die Professuren bzw. Juniorprofessuren werden ausgeschrieben. Falls eine passende Stelle dabei sein sollte, schickt man dort seine Bewerbungsunterlagen hin. Danach erfolgt eine Vorauswahl basierend auf der Aktenlage der Bewerber. Es werden dann in der Regel vier Kandidaten zu einem Vorstellungsgespräch eingeladen, das recht unterschiedlich sein und beispielsweise einen Vortrag über 30 min der vergangenen und geplanten Forschung oder eine Lehrprobe beinhalten kann. Hier in Lüneburg war es so gewesen, dass ich morgens eine Lehrprobe zu einem speziellen Thema halten musste und nachmittags einen Vortrag mit anschließender Diskussion über meine vergangenen und zukünftigen Forschungsvorhaben gehalten habe. Ist dieser Prozess abgeschlossen, werden die vorliegenden Unterlagen zu externen Gutachtern verschickt, welche dann noch einmal ein eigenes Urteil abgeben. Basierend darauf wird in der Folge eine Rangreihe der Bewerber gebildet. Daraufhin wird diese Liste abgearbeitet und der jeweilige höchste Kandidat kontaktiert und gefragt, ob er sich eine Zusammenarbeit vorstellen könne.

- **I:**

Welche generellen Faktoren spielen bei der Entscheidungsfindung zur Annahme einer Professur eine Rolle?

- **MG:**

Grundsätzlich ist es so, dass man jede Professur annehmen kann. Auf diesen Karriereschritt hat man schließlich lange Zeit hingearbeitet und freut sich, dass die große Leidenszeit der Zeitverträge und des Publikationsdrucks endlich vorüber ist. Im Nachhinein sind die Doktoranden- und Postdoc-Phase für mich jedoch viel schöner gewesen als das, was anschließend kam. Ich persönlich hatte das große Glück, dass ich drei Auswahloptionen – Kassel, Saarbrücken und Lüneburg – hatte. Aus diesem Grund konnte ich persönliche Faktoren in meine Entscheidungsfindung einfließen lassen. Ich entschloss mich dann dazu, keine rein karriereorientierte Entscheidung zu treffen, sondern auch meine privaten Interessen zu berücksichtigen. Da ich schon einen persönlichen Bezug zu Hamburg hatte und mich hier sehr wohlfühlte, entschied ich mich schlussendlich für Lüneburg.

- **I:**

Viele Studierende haben nur ein rudimentäres Verständnis von den alltäglichen Aufgaben eines Professors und kennen Professoren nur als Lehrkräfte aus ihren Vorlesungen. Könnten Sie kurz beschreiben, mit welchen Aufgaben Sie sich in ihrem universitären Alltag beschäftigen?

- **MG:**

Zunächst geht extrem viel Arbeit, die man aus der Postdoc-Phase mitnimmt, in die Arbeit als Professor über. Die zentralen Faktoren sind Forschung, Drittmittelakquise und Lehre. Als neues Arbeitsfeld kommt die Universitätsentwicklung hinzu, innerhalb derer beispielsweise neue Studienprogramme entwickelt werden. Momentan entwickeln wir hier einen neuen Masterabschluss, der ein European Master werden soll und den wir gemeinsam mit Maastricht und Valencia anbieten wollen. Dabei sollen die Studenten zunächst im ersten Semester in Maastricht, im zweiten Semester in Lüneburg und im dritten Semester in Valencia studieren. Im vierten Semester können sie sich dann einen Studienort aussuchen. Innerhalb dessen übernehme ich beispielsweise die Aufgabe zur Planung und Konzeption dieses Studiengangs.

Eine weitere Aufgabe innerhalb der Universität ist die Verbesserung des Betreuungsangebots oder der Lehre auf einer strategischen Ebene. Des Weiteren hat sich meine Arbeit in der Forschung gewandelt. Während ich in meiner Doktoranden und Postdoc-Phase viel eigenständige Forschung betrieben habe, investiere ich nun die meiste Zeit in die Betreuung meiner Doktoranden. Meine eigene Forschung suche ich mir nun gezielt aus, und dabei beschäftige ich mich ausschließlich mit Themen, an denen ich persönlich weiterarbeiten möchte.

- **I:**

Neben dem Wirkungskreis der Universität sind manche Professoren auch in den Medien sehr präsent und haben dort die Möglichkeit, ihre Themen einem breitem Publikum zu präsentieren. Wie sieht das für einen Professor wie Sie aus, der auf einem sehr anwendungsorientierten Feld forscht? Gibt es auch andere Tätigkeiten, denen man als Professor nachgeht?

- **MG:**

Was die Medien anbelangt, gibt es sehr viele Anfragen für Interviews, Zeitschriftenartikel, Radiobeiträge oder auch Fernsehbeiträge, denen ich je nachdem ob es gerade in den zeitlichen Plan passt, nachkomme. Eine weitere Tätigkeit, der ich außerhalb des universitären Alltags nachgehe, ist die Beratung einer Ex-Doktorandin, die basierend auf dem von uns entwickelten Training eine Unternehmensgründung durchgeführt hat.

- **I:**

Es gibt ja eine Debatte um den Forschungs-Praxis-Gap in der Arbeits- und Organisationspsychologie. Kann mediale Aufmerksamkeit helfen, diesen zu verringern?

- **MG:**

Ich glaube schon, dass die mediale Aufmerksamkeit dazu beitragen kann, und zwar geht es beispielsweise darum, ob man Management evidenzbasiert betreiben sollte, also welche Managementtechniken funktionieren, und welche funktionieren nicht. Zu diesem Themenkomplex herrscht immer noch eine gewisse Skepsis. Ich glaube, dass ein evidenzbasierter Ansatz einen Schub geben könnte hinsichtlich der Effizienz und Effektivität von Management. Dies ist auch verbunden mit gewissen Normen und Einstellungen in einer Gesellschaft. Um eine solche Einstellungsänderung oder Normänderung zu vollziehen, benötigt es ein Momentum bzw. eine breite Bewegung, die durch mediale Präsenz erreicht werden kann.

- **I:**

Abschließend soll es noch einmal um Ihre Forschung gehen. Mit welchen Herausforderungen sieht sich die aktuelle Entrepreneur-Forschung konfrontiert, und welche aktuellen Trends gibt es?

- **MG:**

Entrepreneurship wurde lange Zeit aus drei unterschiedlichen Perspektiven betrachtet: zum Ersten aus einer strategischen Perspektive, die mit einer strikten Businessplanung einhergeht, zum Zweiten aus einer ökonomischen Perspektive, die beinhaltet, dass sich die vorhandenen monetären Mittel entscheidend auf die Gründungsraten auswirken. Diesen Ansatz verfolgt beispielsweise auch zeitweise die World Bank mit der Vergabe von Mikrokrediten an Gründer. Neben diesen beiden Perspektiven gibt es noch die institutionelle Perspektive, die beinhaltet, dass sich die Rahmenbedingungen, wie beispielsweise vereinfachte rechtliche Rahmenbedingungen zur Gründung, auf die Unternehmensgründung auswirken.

Momentan kommt eine weitere Perspektive, die psychologische, hinzu. Diese beinhaltet eine sehr starke handlungsorientierte Komponente, bei der Unternehmertum als Prozess verstanden werden kann. Dies ist ein sehr dynamischer Prozess, wobei sich ein Unternehmer durch Feedback der Umwelt und seiner Kunden weiterentwickeln kann. Dies fällt auch mit dem momentanen Zeitgeist zusammen. Unternehmertum war in Deutschland immer mit einem Kaufmann oder Ingenieur verbunden, wobei dies nun viel stärker im Flux gesehen werden kann. Ich glaube, dass man in diesem Bereich noch sehr viel erforschen kann. Beispielsweise zeigten sich in Deutschland bisher immer Unternehmertumraten von 4–5 %, wobei wir aktuell einen Trend in Richtung der USA, die Raten zwischen 9 und 11 % aufweisen, feststellen können.

Eine Herausforderung der Entrepreneurship-Forschung ist es, an passende Stichproben zu kommen. Das Problem, welches sich dabei auftut, ist, dass die Menschen, die in naher Zukunft ein Unternehmen gründen wollen, nirgendwo registriert sind und daher nicht verortet werden können. Um diesem Problem zu begegnen, haben Forschergruppen aus Schweden, den USA oder Australien Telefonumfragen mit dem Ziel durchgeführt herauszufinden, ob eine Person gerade plant, sich selbstständig zu machen. Dies ist eine Schwierigkeit, die ich bei meiner Forschung weniger habe, da diese Schwierigkeit in Afrika nicht existiert. Wir kommen dort viel besser und schneller mit solchen Personen in Kontakt als hier in Deutschland. Aus diesem Grund sind die Schwierigkeiten, die mir im Rahmen meiner Forschung begegnen sehr kontextabhängig.

- **I:**

Dann bedanke ich mich für das Interview und das angenehme Gespräch.
    Video des Interviews (siehe ◘ Abb. 7.1):

◘ **Abb. 7.1** Video 7.1 (▶ https://doi.org/10.1007/000-8hp)

Weitere Berufsfelder/ Bundeswehr

Roland Motsch

Inhaltsverzeichnis

8.1 **Einleitung – 196**

8.2 Truppenpsychologie: Interview mit Roland Motsch, Truppenpsychologe der Luftlandebrigade 1 – 197

Ergänzende Information Die elektronische Version dieses Kapitels enthält Zusatzmaterial, auf das über folgenden Link zugegriffen werden kann ▶ https://doi.org/10.1007/978-3-662-65821-5_8. Die Videos lassen sich durch Anklicken des DOI Links in der Legende einer entsprechenden Abbildung abspielen, oder indem Sie diesen Link mit der SN More Media App scannen.

© Der/die Autor(en), exklusiv lizenziert an Springer-Verlag GmbH, DE, ein Teil von Springer Nature 2022
N. Bajwa und C. König (Hrsg.), *Karriereperspektiven in der Arbeits- und Organisationspsychologie*,
Meet the Expert: Wissen aus erster Hand, https://doi.org/10.1007/978-3-662-65821-5_8

8.1 Einleitung

Nida ul Habib Bajwa und Cornelius J. König

Neben den bereits in diesem Buch dargestellten Arbeitsbereichen für Arbeits- und Organisationspsychologen gibt es eine Vielzahl an weiteren Betätigungsfeldern. Arbeits- und Organisationspsychologen sind beispielsweise bei der Agentur für Arbeit im berufspsychologischen Dienst sehr gefragt. Die Tätigkeiten bei der Arbeitsagentur sind dabei sehr unterschiedlich und können von der Durchführung diagnostischer Testverfahren wie Intelligenz- oder Persönlichkeitstests über die Durchführung von Beratungsgesprächen zur Berufswahl bis zur Hilfe bei der Reintegration in den Berufsalltag nach längerer Arbeitslosigkeit reichen. Aufgrund der hohen Zahl an Personen, die die von der Agentur für Arbeit selbst entwickelten diagnostischen Verfahren durchlaufen, gibt es gleichzeitig auch einen Bedarf an statistikaffinen Psychologen, die fortwährend die Qualität der Verfahren überprüfen und diese weiterentwickeln. Insgesamt ist die Arbeit bei der Agentur für Arbeit auch gerade deshalb so vielfältig, weil die Klienten mit unterschiedlichen Anliegen und in unterschiedlichen Karrierephasen die Dienstleistungen in Anspruch nehmen, sodass neben Kenntnissen der Arbeits- und Organisationspsychologie auch fundierte Kompetenzen in den Bereichen Psychologische Diagnostik und Klinische Psychologie von Vorteil sind.

Das Thema Karriereberatung wird auch jenseits der Agentur für Arbeit behandelt und stellt einen eigenen Themenbereich innerhalb der Arbeits- und Organisationspsychologie dar. Normalerweise kennt man das Thema Karriereberatung in Deutschland aus der Perspektive des Schülers, der sich im Laufe der Schulzeit beraten lässt, welche Studienfächer zu den eigenen Interessen passen würden. Bei der Karriereberatung, die zumeist durch freiberufliche und selbstständige Psychologen durchgeführt werden, stellt dies nur einen Teil der Beratungsdienstleistungen dar. Neben Schülern sind die Zielgruppen auch Absolventen, Berufsanfänger sowie Menschen mit Berufserfahrung, die sich nach einer Veränderung in ihrem Beruf sehnen oder mögliche Karriereoptionen durchgehen möchten. Interessanterweise ist das Thema Karriereberatung in der Schweiz Staatsaufgabe, sodass in den verschiedenen Kantonen Seminare, Vorträge und Einzelcoachings mit dem Ziel der Berufs- und Laufbahnberatung angeboten werden.

Aus arbeits- und organisationspsychologischer Perspektive ist auch das Thema interkulturelle Zusammenarbeit interessant. In einer zunehmend stärker vernetzten globalisierten Welt spielt in Unternehmen die Zusammenarbeit über Ländergrenzen hinweg eine immer größere Rolle und erfordert von Mitarbeitern ein hohes Maß an Flexibilität bzgl. des Einsatzorts. So gibt es einerseits Mitarbeiter, die sich aktiv dafür entscheiden, an einem ausländischen Standort des eigenen Unternehmens für eine bestimmte Zeit zu arbeiten, und entsprechend auf kulturelle Unterschiede im Gastland vorbereitet werden müssen. Andererseits kommen ausländische Mitarbeiter nach Deutschland, um Know-how aufzubauen. Hier stellen sich folgende Fragen:

- Wie bindet man diese Personen in den Arbeitsalltag ein?
- Welche kulturellen Unterschiede gibt es, die sich auf die Art und Weise der Arbeit sowie das Arbeitsverständnis auswirken?

– Wo gibt es Konfliktpotenzial, weil unterschiedliche Erwartungen an Personen sowie deren Arbeit gestellt werden?

Im Bereich der interkulturellen Zusammenarbeit kommt Arbeits- und Organisationspsychologen der Fokus auf verhaltensbasierte Unterschiede zugute, sodass sie Mitarbeiter gut auf Auslandseinsätze sowie multikulturelle Zusammenarbeit vorbereiten sowie bei diesen begleiten können.

Last but not least stellt die Bundeswehr einen großen Arbeitgeber für Arbeits- und Organisationspsychologen mit vielfältigen Tätigkeiten dar. So kann man als Wehrpsychologe beispielsweise bei der Ausgestaltung von Assessment Centern für Führungskräfte sowie der Personalauswahl von Luftfahrzeugführern, Kampfschwimmern oder Minentauchern mitwirken. Im Bereich der Schifffahrtspsychologie geht es um die Identifizierung von psychologischen Faktoren, die bei der Arbeit in der Marine relevant sind. Diese können sich auf die Arbeitsbedingungen an Bord von Schiffen beziehen, aber auch Fragen der Ergonomie betreffen, also der Gestaltung des Wehrmaterials unter Wasser. An der Schnittstelle zur Klinischen Psychologie befindet sich die Tätigkeit als Truppenpsychologe, bei der es darum geht, klassische Themen der Personalentwicklung, der Einzelberatung von Soldaten sowie der psychologischen Krisenintervention nach besonders belastenden Ereignissen abzudecken. Je nach Interessenslage können Arbeits- und Organisationspsychologen somit vielfältige Kenntnisse aus dem Studium in der Praxis bei der Bundeswehr anwenden.

Im Folgenden stellt Roland Motsch von der Luftlandebrigade 1 der Bundeswehr seine Tätigkeit als Truppenpsychologe näher vor.

8.2 Truppenpsychologie: Interview mit Roland Motsch, Truppenpsychologe der Luftlandebrigade 1

Das Interview und die Transkription führten Julia Rothamel und Anja Frisch durch.

- **Interviewer:**

Guten Tag, Herr Motsch. Ich freue mich, dass Sie sich heute Zeit für uns genommen haben, und begrüße Sie ganz herzlich zu unserem Interview zum Thema Truppenpsychologie. Auch wenn viele das nicht wissen, so ist die Bundeswehr ein großer Arbeitgeber für Psychologen. Können Sie uns exemplarisch beschreiben, welche Tätigkeiten es in der Bundeswehr für Psychologen gibt?

- **Roland Motsch:**

Ja, das ist richtig. Die Bundeswehr ist meines Wissens der zweitgrößte Arbeitgeber im öffentlichen Dienst nach der Agentur für Arbeit. Es gibt bei der Bundeswehr unterschiedliche Bereiche, in denen Psychologen arbeiten können. Als erster und auch größter Bereich wäre die Personalpsychologie, die sich mit der Personalauswahl von z. B. Soldaten und Zivilisten sowie mit der Auswahl für spezielle Verwendungen, wie zum Beispiel Feldjägern oder Tauchern, beschäftigt, zu nennen. Dann folgt schon der Bereich Truppenpsychologie, d. h. psychologische Dienstleistungen jeglicher Art für die Truppe – angefangen bei Führungsberatung und Krisenintervention über Einzelfallberatung bis hin zu Coaching und Ähnlichem. Ein dritter Bereich ist die Klinische Psychologie an den Bundeswehrkrankenhäusern. Hier sind Kollegen mit therapeutischer Zusatzausbildung in der Behandlung von Soldaten tätig, die an psychischen Erkrankungen leiden. Ein weiteres Arbeitsfeld stellt die Ergonomie dar, die sich zum Beispiel mit der Gestaltung von Arbeitsplätzen und Arbeitsmaterialien nach psychologischen Gesichtspunkten befasst. Als Letztes möchte ich Ausbildung und Lehre nennen, also alles, wo Psychologen ihr Wissen und ihre Kenntnisse in Form von Seminaren, Workshops und Unterrichten weitervermitteln können. Unabhängig davon gibt es noch verschiedene weitere Bereiche wie Flieger- oder Marinepsychologie, Testentwicklung und vieles mehr. Das heißt, die Bundeswehr bietet eine Vielzahl von Beschäftigungsmöglichkeiten aus fast allen Bereichen der Psychologie.

- **I:**

Bereits früh gerieten Sie in Kontakt mit Ihrem heutigen Arbeitgeber. Nach dem Abitur verpflichteten Sie sich als Soldat auf Zeit für einige Jahre. Was bewegte Sie dazu, die Bundeswehr damals zu verlassen und ein Psychologiestudium aufzunehmen?

- **RM:**

Nach dem Abitur musste ich im Rahmen der Wehrpflicht für ein Jahr zur Bundeswehr, da Zivildienst für mich nicht in Betracht kam. Weil ich noch nicht wusste, was genau ich studieren wollte, habe ich mich für vier Jahre bei der Bundeswehr verpflichtet. Ich war bei der Luftwaffe im Bereich Flugsicherung eingesetzt. Während meiner Bundeswehrzeit wuchs mein Interesse für die Psychologie. Leider war – im Gegensatz zu heute – zum damaligen Zeitpunkt ein Psychologiestudium an einer Bundeswehrhochschule noch nicht möglich, sodass ich die Bundeswehr nach vier Jahren verließ. Aus heutiger Sicht haben mir diese vier Jahre als Soldat für meine jetzige Tätigkeit viele wertvolle Einblicke und Erkenntnisse gebracht.

- **I:**

Kam denn dann schon während des Studiums der Wunsch auf, im Bereich der Arbeits- und Organisationspsychologie arbeiten zu wollen?

- **RM:**

Nicht direkt *(lacht)*. Zum damaligen Zeitpunkt hatte ich während meines Studiums an der Universität des Saarlandes so ziemlich alle Leistungsnachweise sowohl im Bereich Arbeits- und Organisationspsychologie als auch in der Klinischen Psychologie abgelegt. Dann kam es zu einem Professorenwechsel, der dazu führte, dass es einen etwas ungewöhnlichen, aber sehr interessanten, Lehrstuhl für Organisations- und Medienpsychologie gab. Das hat mein Augenmerk auf die Organisationspsychologie, aber insbesondere auf die Medienpsychologie gelenkt und das Interesse für diesen Arbeitsbereich geweckt. Mein Studium beendete ich mit einer Diplomarbeit zum Thema Verhaltensänderungen durch Medien.

Weitere Berufsfelder/Bundeswehr

- **I:**

Nach dem Abschluss an der Uni entschieden Sie sich, anschließend als wissenschaftlicher Assistent in der Medienbranche tätig zu sein. Was haben Sie da genau gemacht, und was hat Sie an der Tätigkeit gereizt?

- **RM:**

Das Thema und der Inhalt meiner Diplomarbeit sowie meine Kenntnisse in psychologischer Marktforschung, die ich durch verschiedene Praktika und Nebentätigkeiten während des Studiums erworben hatte, waren die Grundlage meiner erfolgreichen Bewerbung bei der Firma Media Micro Census der Arbeitsgemeinschaft Mediaanalyse in Frankfurt. Die AG Mediaanalyse ist ein Forschungsinstitut, das Medienforschung beziehungsweise Medienwirkungs- und Reichweitenforschung betreibt, und dort war ich als Assistent des Geschäftsführers tätig. Die Tätigkeit war angesiedelt im Grenzgebiet zwischen Betriebswirtschaft und Psychologie. Ich habe z. B. die betriebswirtschaftliche und psychologische Seite von Studien mit abgewickelt – eine sehr interessante Tätigkeit, die sowohl konzeptionelles Arbeiten als auch viele Kontakte zu verschiedenen Gremien und Marktforschungsinstituten beinhaltete. Die Tätigkeit hat mir völlig neue Einblicke in die praktische Arbeit eines Psychologen gegeben, die mir an der Universität doch deutlich gefehlt hatten, und war als erster Schritt in die Berufswelt eine abwechslungsreiche und spannende Sache.

- **I:**

Im Anschluss an diese Tätigkeit waren Sie drei Jahre lang Aus- und Weiterbilder bei der Dekra AG. Wie kam es zu diesem Tätigkeits- und Branchenwechsel?

- **RM:**

Bei der AG Mediaanalyse hat mir irgendwann die betriebswirtschaftliche Seite der Tätigkeit zu sehr überwogen, und ich wollte zurück zu mehr originär psychologischen Aufgaben. Als Psychologe im Bereich Aus- und Weiterbildung bei der Dekra AG habe ich zum einen Seminare mit den unterschiedlichsten Berufs- und Interessengruppen, hauptsächlich aus technischen Berufen, durchgeführt. Zum anderen war ich mit der Integration von psychisch kranken Arbeitslosen in das Berufsleben beschäftigt. Beide doch sehr unterschiedliche Tätigkeiten haben mich in meiner beruflichen Entwicklung deutlich weitergebracht.

- **I:**

Nach diesen beiden Stationen führte Sie Ihr Weg wieder zurück zu Ihrem einstigen und heutigen Arbeitgeber, der Bundeswehr. Welche Stelle haben Sie damals angetreten, und was waren Ihre Arbeitsschwerpunkte?

- **RM:**

Nach der Dekra AG wechselte ich als Leiter des Psychologischen Dienstes zum Kreiswehrersatzamt Saarlouis. Jeder junge Bürger musste bis zur Aussetzung der Wehrpflicht zum Kreiswehrersatzamt und wurde dort sowohl auf seine körperliche als auch psychische Eignung überprüft, soweit er nicht den Dienst mit der Waffe verweigerte. Die Idee war es, den richtigen Mann für die richtige Stelle zu finden, und zwar entsprechend seiner Eignung und seiner Neigung. Die intellektuelle Eignung wurde computergestützt mithilfe psychologischer Intelligenz- und Leistungstests erfasst, die psychologische Eignung unter anderem durch Interviews und Gespräche sowie durch Gruppensituationsverfahren. Wir haben damals ca. 4000 junge Menschen im Jahr auf ihre psychologische Eignung getestet. Dies war ein Teil meiner Tätigkeit. Des Weiteren habe ich auch weiterhin Seminare und Schulungen durchgeführt. Es war mir wichtig, beide Arbeitsbereiche – Personalauswahl und Aus- und Weiterbildung – verbinden zu können.

- **I:**

Ist es Ihnen denn anfangs schwergefallen, von diesem wirtschaftlichen Kontext wieder zurück zur Bundeswehr zu wechseln?

- **RM:**

Den Wechsel hatte ich nicht wirklich als dramatisch erlebt. Denn auch viele zivile Firmen, die eine gewisse Größe haben, besitzen eine dem öffentlichen Dienst nicht unähnliche hierarchische Struktur. Auch war vieles, was damals im wirtschaftlichen Kontext zum Beispiel in den Bereichen Personal- und Teamentwicklung gerade „in" war, auch in der damaligen Bundeswehrverwaltung – vielleicht etwas zeitverzögert – angekommen.

- **I:**

Nachdem Sie dann 19 Jahre als Diplompsychologe in der Personalpsychologie tätig waren, wechselten Sie 2012 in die Truppenpsychologie. Was ist eigentlich ein Truppenpsychologe?

- **RM:**

Ein Truppenpsychologe ist ein Psychologe, der seine Tätigkeit bei der Truppe und mit der Truppe ausübt. In meinem Fall bin ich als Psychologe für die Luftlandebrigade 1 zuständig, einer Fallschirmjägereinheit mit ca. 3000 Soldaten. Ich verstehe mich als Dienstleister für die Truppe, der in einer Vielzahl von Themen seine psychologische Expertise einbringt.

- **I:**

Könnten Sie vielleicht ganz kurz typische Aufgabenbereiche eines Truppenpsychologen anschneiden?

- **RM:**

Die Arbeit des Truppenpsychologen umfasst mehrere Kernaufgaben. Als Erstes ist hier die Führungs- und Organisationsberatung zu nennen. Führungsberatung kann von Vorgesetzten jeder Hierarchieebene in Anspruch genommen werden. Zielsetzung ist dabei die Optimierung von Arbeitsbeziehungen sowie die Erweiterung individueller Führungskompetenzen. In der Regel stehen dabei aktuelle Aufgaben und Fragestellungen im Mittelpunkt.

Ein weiterer Schwerpunkt ist die Einzelfallberatung von Soldaten und deren Angehörigen. Der Truppenpsychologe steht diesem Personenkreis bei persönlichen und beruflichen Problemen mit psychologischen Mitteln zur Seite. Ziel ist hierbei die individuelle Entwicklung von Lösungsansätzen für psychologische Fragestellungen jeglicher Art. Der Schwerpunkt liegt dabei auf Beratung und Unterstützung; es handelt sich nicht um psychotherapeutische Maßnahmen. Über die Einzelfallberatung kann der Truppenpsychologe jedoch therapeutische und unterstützende Maßnahmen einleiten.

Eine dritte Kernaufgabe ist die psychologische Krisenintervention. Es handelt sich dabei um eine besondere psychologische Betreuung nach besonders belastenden und potenziell traumatisierenden Ereignissen wie Tod und Verwundung. Der Truppenpsychologe wird bei Bedarf von besonders ausgebildeten psychologischen Ersthelfern unterstützt und leitet diese auch fachlich an.

Abschließend seien noch die Durchführung von Fort- und Weiterbildungen zu truppenpsychologischen Themen erwähnt sowie die aktive Mitarbeit im Psychosozialen Netzwerk, einem Zusammenschluss von Ärzten, Pfarrern, Sozialarbeitern und Sozialberatern.

Darüber hinaus läuft beim Truppenpsychologen erst einmal alles auf, was „Nichtfachleute" mit Psychologie und psychologischer Arbeit in Verbindung bringen.

- **I:**

Sie sprachen davon, dass eine Ihrer Aufgaben sei, den Soldaten bei persönlichen Problemen mit psychologischer Hilfe zur Seite zu stehen. Wie muss man sich das konkret vorstellen? Könnten Sie exemplarisch schildern, mit welchen Problemen die Soldaten zu Ihnen kommen?

- **RM:**

Die Bandbreite der Problematiken, mit denen Soldaten bzw. deren Angehörige zu mir kommen, ist sehr groß. Es lassen sich zwei Problemgruppen ausmachen: Probleme, die größtenteils im privaten Bereich angesiedelt sind wie zum Beispiel Partnerschaftsprobleme, Schwierigkeiten mit der Kindererziehung, Lebenskrisen, Kontaktprobleme und vieles mehr. Die Ursache der anderen Problemgruppe ist hauptsächlich im dienstlichen Bereich zu finden wie Konflikte mit Vorgesetzten und Kameraden, psychische Belastungen bedingt durch häufige Versetzungen, Mobbing, Burnout, Boreout und Ähnliches. Jedoch nicht nur der Inhalt, sondern auch die Intensität und die Behandlungsbedürftigkeit der Probleme variieren stark – beginnend bei einer kurzen, vorübergehenden Befindlichkeitsstörung über eine leichte depressive Episode bis hin zu akuten Suizidgedanken.

In vielen Fällen nehmen die Soldaten von sich aus telefonisch oder persönlich mit dem Truppenpsychologen Kontakt auf. Oft empfiehlt aber auch ein Truppenarzt oder ein militärischer Vorgesetzter einem Soldaten, den Truppenpsychologen aufzusuchen. Organisatorisch läuft danach alles ähnlich wie bei einer zivilen Beratungsstelle. Für einen Ersttermin plane ich ca. 1,5 h, für Folgetermine ca. 1 h ein.

Oft ist der Truppenpsychologe der einzige Angehörige unserer Berufsgruppe, den ein Soldat kennt und zu dem er eventuell Vertrauen hat. Dies mag eine Erklärung für die Vielzahl und Bandbreite der Probleme sein, die an einen Truppenpsychologen herangetragen werden.

- **I:**

Neben den physischen Belastungen von Soldaten bei einem Einsatz sind insbesondere die psychischen Belastungen enorm. Sind Sie manchmal auch therapeutisch tätig?

- **RM:**

Der Truppenpsychologe ist kein Therapeut. Er ist Berater und kann aufgrund seines Studiums und seiner Erfahrung die Notwendigkeit einer Therapie meist besser einschätzen als ein Laie und daher den Weg zum Therapeuten weisen und ebnen. Das heißt, ein Soldat, der beim Truppenpsychologen mit einem Problem vorstellig wird, bei dem im Verlauf des Gespräches eine Therapie angezeigt erscheint, wird über den behandelnden Arzt zur Abklärung und Weiterbehandlung an ein Bundeswehrkrankenhaus, eine Fachklinik oder an einen niedergelassenen psychologischen Psychotherapeuten weiterüberwiesen. Also zusammenfassend: keine Therapie!

- **I:**

Bei einer Truppengröße von 3000 Menschen ist es sicherlich schwierig, als einzelne Person den Überblick über den gesamten Trupp zu behalten. Wie halten Sie Kontakt zu den Soldaten, sodass diese Sie auch kennen und Ihre Dienste in Anspruch nehmen können?

- **RM:**

Ein ganz wichtiger Teil der Arbeit des Truppenpsychologen ist es, möglichst oft als Person präsent zu sein. Ich sitze nicht nur in meinem Büro, sondern ungefähr die Hälfte meiner Arbeitszeit bin ich in den einzelnen Einheiten unterwegs und spreche dabei mit den Vorgesetzten, den Kompaniefeldwebeln, den Vertrauenspersonen und vielen mehr, das heißt ständiges Kontakthalten zu möglichst vielen Menschen auf allen hierarchischen Ebenen. Eine weitere Möglichkeit, Kontakte herzustellen oder zu erhalten, ist es, an militärischen Veranstaltungen und Übungen teilzunehmen. Ich begleite die Soldaten zum Beispiel zum Schießen oder Marschieren – letztendlich bei allen Tätigkeiten, die die Soldaten durchführen. Durch das persönliche Kennenlernen wird für viele Soldaten der Zugang zum Truppenpsychologen niederschwelliger, für viele Truppenpsychologen das Verständnis für die Belastungen der Soldaten greifbarer. Im Unterschied zur Arbeit eines Psychologen in einer Praxis sehe ich den Klienten nicht nur in der jeweiligen Sitzung, sondern erlebe ihn auch beim Mittagessen, beim Sport, während des Dienstes und so weiter. Der Truppenpsychologe – obwohl Zivilist unter Soldaten – ist nicht der Externe, sondern auch Teil des Systems. Die Kaserne ist eine Art Mikrokosmos, in dem er agiert, d. h., nach einer gewissen Zeit in einer Einheit wird man automatisch bekannt. Und nicht zuletzt „werben" wir auch ganz klassisch für uns: mit Flyern, Aushängen und Vorträgen, in denen wir unser Leistungsspektrum aufzeigen.

- **I:**

Die Bundeswehr ist ja oft in den Medien, wenn es um Auslandseinsätze geht. Die Soldaten, die zu Ihnen kommen, bringen sicherlich auch die eine oder andere Auslandserfahrung mit. Welche Möglichkeiten gibt es für Truppenpsychologen, gute

Einblicke in den Alltag der Soldaten zu bekommen, und was ist vor allem Ihre Funktion im Auslandseinsatz?

- **RM:**

Die beste Möglichkeit, entsprechende Erfahrungen zu sammeln, ist, einen Auslandseinsatz als Truppenpsychologe zu begleiten. Die Bereitschaft, an Auslandseinsätzen der Bundeswehr teilzunehmen, ist eine unabdingbare Voraussetzung für die Tätigkeit als Truppenpsychologe. Das bedeutet, dass der Truppenpsychologe, der normalerweise als Zivilist tätig ist, seinen Status ändert – er wird zum Soldaten, und als solcher begleitet er die Soldaten in den Einsatz. Begleiten heißt nicht nur, dass er mit hinfährt und sich das Geschehen labormäßig anschaut, sondern er durchläuft schon in der Vorbereitung die gleiche Ausbildung wie ein Soldat. Der Truppenpsychologe muss die Grundausbildung und eine einsatzvorbereitende Ausbildung absolviert haben, um in den Auslandseinsatz gehen zu können. Er lebt dann unter den gleichen Bedingungen wie die Soldaten. Diese Erfahrungen sind wichtig, um Probleme zu verstehen, die während und nach dem Einsatz auftauchen können: Trennung von Familie, von Kindern, von Freunden, über Monate nur Telefonkontakt zu haben, keine Möglichkeit, vor Ort zu sein oder trösten und intervenieren zu können. Dazu kommen das Erleben von Armut, extremem Klima und Bedrohung. Gleichzeitig geht der Truppenpsychologe seinen Kernaufgaben, Führungs- und Einzelfallberatung, nach – im Auslandseinsatz jedoch meist unmittelbarer, direkter und oft anlassbezogen.

- **I:**

An welchen Auslandseinsätzen haben Sie bisher teilgenommen, und was hat Sie daran persönlich am meisten herausgefordert?

- **RM:**

Ich war 2014 im Rahmen der Kosovo-Mission der Bundeswehr im Einsatz. Was mich am meisten herausgefordert hat, war die eingeschränkte Bewegungsfreiheit, das heißt nicht dahin gehen zu können, wohin ich wollte. Dazu kam das absolut ungewohnte Gefühl, beim Verlassen der Kaserne eine Waffe tragen zu müssen. Zusätzlich bedeutete das Leben in der soldatischen Gemeinschaft Einschränkungen in dem von zu Hause gewohnten Komfort und eine deutliche Reduzierung der Privatsphäre. Dieses persönliche Erleben weitet jedoch auch den persönlichen Horizont und lässt einem die Schilderung der Soldaten in der täglichen Arbeit deutlich besser verstehen.

- **I:**

Wo wir noch beim Thema Ausland sind: Können Sie exemplarisch erklären, wie die Entsendung beziehungsweise Rückkehr von Soldaten aus dem Auslandseinsatz psychologisch begleitet wird und was Ihre Rolle dabei ist?

- **RM:**

Die Truppenpsychologie ist nicht nur an der Einsatzbegleitung beteiligt, sondern ist auch im Rahmen der Einsatzvor- und -nachbereitung tätig. Einsatzvorbereitung heißt, die Soldaten werden sowohl physisch als auch psychisch auf diesen Einsatz vorbereitet. Sie lernen bestimmte Einsatzszenarien kennen und werden mit den daraus möglicherweise resultierenden Problemen konfrontiert. D. h., es wird sowohl in Form von Unterricht und Seminaren als auch von praktischen Übungen versucht, psychischer Überlastung vorzubeugen, indem man die Soldaten vorab schon mental darauf vorbereitet. Beispiele hierfür sind: Unterrichte über die Entstehung von und den Umgang mit Stress und gleichzeitig das Erlernen von stressreduzierenden Methoden oder auch Seminare und Übungen zum Verhalten im Falle einer Geiselnahme. Ziel all dieser Maßnahmen ist es, die psychische Resilienz des Soldaten zu erhöhen.

Einsatznachbereitung bedeutet: Jeder Soldat, der aus dem Auslandseinsatz zurückkommt, muss ungefähr vier bis sechs Wochen nach dem Einsatz an einem zwei- bis dreitägigen Einsatznachbereitungsseminar teilnehmen. In diesem Seminar werden in der Gruppe unter Anleitung psychologisch ausgebildeter Moderatoren der Einsatz, die persönlichen Erfahrungen und Erlebnisse der Soldaten aufgearbeitet und der Einsatz für die Teilnehmer „abgeschlossen". Im Rahmen dieser Seminare sollen auch solche Soldaten identifiziert werden, denen weitergehende Beratungs- und Nachbereitungsangebote gemacht werden müssen. Auf Wunsch können auch Familienangehörige daran teilnehmen. In der Regel kann jeder Einsatzteilnehmer ergänzend an einer dreiwöchigen Präventivkur zur Unterstützung der Regeneration durch Maßnahmen im vortherapeutischen Bereich teilnehmen. Der Truppenpsychologe unterstützt, falls erforderlich, in diesen Seminaren und steht mit seinem Fachwissen für Einzelfall- oder Gruppenberatungen zu Verfügung.

- **I:**
Sie erwähnten ja, dass die Aufgaben der Truppenpsychologen sich auch stark im Bereich der Arbeits- und Organisationspsychologie bewegen. Was konkret sind hier Ihre Aufgaben?

- **RM:**
Konzepte und Methoden aus dem Bereich der Arbeits- und Organisationspsychologie kommen hauptsächlich im Bereich der Führungsberatung zum Tragen. Ich möchte Ihnen dafür zwei Beispiele nennen: Im Rahmen von Umstrukturierungen innerhalb der Bundeswehr kommt es nicht selten vor, dass aus zwei Organisationseinheiten (Kompanien) eine neue gebildet wird – ein Prozess, der Konflikte und Reibungsverluste mit sich bringt. Hier ist der Truppenpsychologe möglicherweise gefordert, sein Wissen über Teamentwicklungsprozesse einzubringen. Begriffe wie „Forming", „Storming", „Norming" usw. sollten ihm dann nicht fremd sein. Und nicht selten wird ein solcher Prozess dann auch praktisch durch Unterrichte und Workshops begleitet und gefördert. Das zweite Beispiel: der militärische Führer, der mich mit einer konkreten Fragestellung zu einer problematischen Konfliktsituation aufsucht und bei dem sich in der Beratung ein Wunsch nach einer allgemeinen Verbesserung seiner Handlungs- und Bewältigungskompetenz zeigt. Das Angebot eines Coaching wurde in diesem Fall gerne angenommen.

Je vielfältiger und fundierter die Kenntnisse eines Truppenpsychologen im Bereich Beratung und Arbeits- und Organisationspsychologie sind, umso besser kann er natürlich seiner Kernaufgabe Führungsberatung nachkommen.

Weitere Berufsfelder/Bundeswehr

- **I:**

Was ja das Charakteristikum der Bundeswehr ist: starke Hierarchien. Das könnte natürlich die Umsetzung von beispielsweise Führungskonzepten, die in der Forschungsliteratur etabliert sind und auf flache Hierarchien und ein hohes Maß an Partizipation setzen, eher erschweren. Was bedeutet das denn für Sie und die Führungskräfteberatung?

- **RM:**

Aus meiner Sicht unterscheidet sich die Führungskräfteberatung im Bereich Bundeswehr oder öffentlicher Dienst allgemein nicht grundlegend von der Beratung im Bereich ziviler Unternehmen. Ja, diese Hierarchien bestehen natürlich und müssen auch bestehen. Für die Aufgaben des Soldaten sind eine klare Hierarchie und ein klares Befehls- und Gehorsamsverhältnis wichtig. Gleichwohl werden durch die bei der Bundeswehr vorherrschende Führungsmethode – das Führen mit Auftrag –, bei der der militärische Führer den Soldaten Ziel und meist Zeitansatz und benötigte Kräfte vorgibt und diese dann das Ziel selbstständig erreichen, eigene Urteils- und Entschlusskraft sowie die Bereitschaft, selbstständig und verantwortungsvoll zu handeln, gefördert. Auch bei dieser Art der Führung ist ein hohes Maß an Partizipation des Einzelnen gefordert. Gleichzeitig haben durch die Komplexität der Anforderungen, die enge Bindung an die Wirtschaft und die internationale Vernetzung die unterschiedlichsten Führungsmethoden und Management-by-Konzepte bei der Bundeswehr Einzug gehalten.

- **I:**

Die Akzeptanz dieser Führungskräfteentwicklung scheint auf jeden Fall gegeben zu sein, hört man da raus. Wie könnte man den Stellenwert der Psychologen in der Bundeswehr denn generell beschreiben, und wo würden Sie sich in der Hierarchie einordnen?

- **RM:**

Die Truppenpsychologie, obwohl noch ein recht junger Teil der Militärpsychologie, ist bei den Soldaten angekommen. Dies zeigt sich nicht nur an der stetig wachsenden Anzahl von Dienstposten, sondern auch an der konstant zunehmenden Inanspruchnahme der von der Truppenpsychologie angebotenen Dienstleistungen. Einen bedeutenden Beitrag zu dieser Akzeptanz haben die Präsenz und Unterstützung von Psychologen bei den Auslandeinsätzen der Bundeswehr und in deren Vor- und Nachbereitung geleistet. Auch im Grundbetrieb ist es weitestgehend kein Makel mehr, sondern Normalität, mit Problemen jedweder Art den Truppenpsychologen – obwohl er Zivilist unter Soldaten ist oder gerade deswegen – aufzusuchen. Truppenpsychologen sind als feste Bestandteile einer Einheit akzeptiert und integriert, und dies auf allen Hierarchieebenen. Die Wertigkeit und die Effizienz psychologischer „Dienstleistungen" werden gesehen und als wertvoll erachtet.

Zur konkreten Position des Truppenpsychologen in einer Einheit: Er ist normalerweise Berater des Kommandeurs der jeweiligen Einheit. In seiner Funktion hat er direktes Vorspracherecht, das heißt, er ist an keinen Dienstweg gebunden. Dadurch wird sichergestellt, dass der Psychologe unabhängig arbeiten kann. In fachlichen Belangen wird der Truppenpsychologe durch den Truppenpsychologen der nächsthöheren militärischen Einheit geführt.

- **I:**

Man kann demnach sagen, dass der Beruf des Truppenpsychologen innerhalb der Psychologie sehr interdisziplinär zu sein scheint, also Elemente der Klinischen sowie Arbeits- und Organisationspsychologie zu beinhalten. Wie sieht es eigentlich bezüglich der Verwendung von psychologischen Testverfahren aus? Ist deren Anwendung Bestandteil der Tätigkeiten eines Truppenpsychologen?

- **RM:**

Psychologischen Testverfahren wie Intelligenz- und Leistungstests sind Bestandteil der Eignungsdiagnostik und der Potenzialanalyse, sprich, sie kommen bei der Personal- und Spezialistenauswahl zum Einsatz. Klinische Testverfahren sowie Persönlichkeitstests finden wir in den Bundeswehrkrankenhäusern oder der Psychologischen Psychotherapie. Im Rahmen der Truppenpsychologie werden psychologische Tests so gut wie nie angewandt, lediglich im Rahmen eines Coachings wäre über den Gebrauch von Verfahren zur Selbsteinschätzung nachzudenken.

- **I:**

Bei der Vielfältigkeit Ihrer Tätigkeit ist es sicherlich auch notwendig, sich ständig weiterzubilden. Entsprechend haben Sie zusätzlich zu Ihrem Diplom in Psychologie noch eine Zusatzausbildung in Mediation und eine Coaching-Ausbildung absolviert. Worin bestand der Mehrwert dieser Ausbildungen im Vergleich zu Ihrem Psychologiestudium bzw. Ihrer Berufserfahrung?

- **RM:**

Im Rahmen des Fort- und Weiterbildungskonzepts des Psychologischen Dienstes der Bundeswehr bestehen fortlaufend die Möglichkeit und die Verpflichtung, im Rahmen von Tagungen, Seminaren und Kongressen sein Fachwissen auf dem neusten Stand zu halten. Darüber hinaus hat mir mein Arbeitgeber Zusatzausbildungen gefördert: beispielsweise ein Fernstudium Mediation an der FernUniversität Hagen und eine Coaching-Ausbildung des Bunds deutscher Psychologen (BDP). All diese Zusatzausbildungen haben mein im Studium erworbenes spezifisches Wissen gebündelt, vertieft, erweitert und in einen Bezug zu meinen praktischen Tätigkeiten gesetzt. Die Mediation als Verfahren der außergerichtlichen Konfliktregelung mit ihren Elementen der systemischen Therapie, des psychologischen Problemlösens und den Ansätzen aus der Konflikt- und Verhandlungsforschung hat sich in meiner Arbeit als effizientes Mittel bei der Arbeit mit Konflikten zwischen Einzelpersonen und auch Gruppen und bei Problemlagen im Bereich Mobbing erwiesen. Ebenso ist Coaching als Verfahren zur professionellen Beratung, Begleitung und Unterstützung aus dem Bereich der Führungsberatung nicht mehr wegzudenken. Beide Methoden erfahren eine außerordentliche Akzeptanz – und nicht zuletzt NLP, das mit seinem reichhaltigen Methodenmix meinen psychologischen „Werkzeugkasten" deutlich erweitert und bereichert hat.

- **I:**

Wie haben Sie das zeitlich neben dem Beruf geschafft, und wurden diese zusätzlichen Ausbildungen eigentlich von Ihrem Arbeitgeber finanziert?

- **RM:**

In Bezug auf Fort- und Weiterbildung ist mein Arbeitgeber sehr entgegenkommend. Meine Zusatzausbildungen wurden vollständig finanziert, und ich wurde für die Zeiten der Präsenzveranstaltungen bei fortlaufenden Bezügen von der Arbeit freigestellt. Insgesamt gibt es für Psychologen bei der Bundeswehr viele Fortbildungsmöglichkeiten. Das fängt bei den Teilnahmemöglichkeiten an nationalen und internationalen Kongressen, Tagungen und Seminaren an, geht über die Förderung von verschiedensten Zusatzqualifikationen wie z. B. Coaching oder EMDR (Eye Movement Desensitization and Reprocessing) bis hin zu mehrmonatigen Austauschprogrammen mit anderen Nationen. Für mich persönlich haben diese Zusatzausbildungen zwar weniger Freizeit bedeutet, in der Summe habe ich aber sowohl beruflich als auch privat sehr davon profitiert.

- **I:**

Gibt es für Truppenpsychologen eigentlich eine standardisierte Aus- oder Weiterbildung? Wird da irgendetwas erwartet oder gefordert, zum Beispiel eine Grundausbildung?

- **RM:**

Ja, für Truppenpsychologen gibt es eine standardisierte Ausbildungsreihe innerhalb der Bundeswehr. Es handelt sich um eine Folge von Seminaren zum einen zu allgemeinen militärischen und truppenpsychologischen Themen, z. B. militärische Stabsarbeit, Führungsberatung und Einzelfallberatung, zum anderen aber auch zu sehr speziellen Themen, z. B Überbringen einer Todesnachricht, Umgang mit Tod und Verwundung und Beratung im Einsatz. Gleichzeitig erfolgt eine intensive Einarbeitung auf dem Dienstposten und im Rahmen von Mentoring die Begleitung von Neulingen in der Truppenpsychologie durch erfahrene Kollegen.

Ein Truppenpsychologe begleitet normalerweise „seine" Einheit in den Auslandseinsatz. Dazu ist es notwendig, dass der Truppenpsychologe eine dem Soldaten entsprechende gesundheitliche Eignung mitbringt und eine militärische Grundausbildung und eine spezielle einsatzspezifische Ausbildung zu durchlaufen bereit ist. Die Bedingungen setzen eine gewisse physische und psychische Fitness voraus, die in anderen Berufsfeldern der Psychologie üblicherweise nicht gefordert wird. Gleichzeitig erhält der Truppenpsychologe auch Einblick in Tätigkeiten, die ihm in vielen anderen psychologischen Tätigkeiten verschlossen bleiben.

- **I:**

Würden Sie alles in allem Ihren Werdegang als prototypisch für einen Truppenpsychologen bezeichnen?

- **RM:**

Ja und nein. Ja, weil es keinen prototypischen Werdegang hin zum Truppenpsychologen gibt. Es gibt Truppenpsychologen mit den unterschiedlichsten Vorverwendungen: Berufseinsteiger, Kollegen mit psychotherapeutischer Zusatzausbildung, Quereinsteiger aus der Wirtschaft und vieles mehr. Nein, weil die meisten Truppenpsychologen lebensjünger sind.

- **I:**

Um zu einem Abschluss zu kommen: Was würden Sie jungen Absolventen, die sich für das Berufsbild der Truppenpsychologie interessieren, raten? Welche Schritte sollten diese einleiten?

- **RM:**

Zusammenfassend möchte ich sagen, dass ich meine Tätigkeit als Truppenpsychologe als äußerst vielfältig und interessant erlebe. Sie bietet mir die Möglichkeit, in verschiedenen Bereichen unseres Berufsfeldes – hier will ich beispielhaft ABO-Psychologie, Krisenintervention, systemische Beratung nennen – zu arbeiten, und zwar mit Einzelpersonen und auch mit Gruppen auf den unterschiedlichsten Hierarchieebenen. Gleichzeitig ist die interdisziplinäre Zusammenarbeit mit Ärzten, Pfarrern, Sozialarbeitern, Sozialberatern und vielen anderen integraler Bestandteil dieser Arbeit. Und wenn man dann noch die „nichtpsychologischen" Elemente der Tätigkeit wie Auslandseinsatz oder die Teilnahme an soldatischen Tätigkeiten als bereichernd empfindet, ist man als Truppenpsychologe gut aufgehoben. Zusätzlich können etwas körperliche Fitness, ein wenig Improvisationsfähigkeit und ein bisschen Abenteuerlust nicht schaden.

Interessenten, gleichgültig welchen Geschlechts und unabhängig davon, ob jemand schon aktiv bei der Bundeswehr war, würde ich raten: Machen Sie ein Praktikum im Bereich Truppenpsychologie oder – für ganz Mutige – bewerben Sie sich.

- **I:**

Okay, ein schönes Schlusswort und damit vielen Dank für das Interview, Herr Motsch!

Video des Interviews (siehe ◘ Abb. 8.1):

◘ **Abb. 8.1** Video 8.1 (▶ https://doi.org/10.1007/000-8hq)

The manufacturer's authorised representative in the EU is Springer Nature Customer Service Centre GmbH, Europaplatz 3, 69115 Heidelberg, Germany. If you have any concerns regarding our products, please contact ProductSafety@springernature.com

Printed and bound by CPI Group (UK) Ltd, Croydon, CR0 4YY
23/03/2026
02076457-0016